ILOの対中関与と
上海YWCA

労働と平和の国際機構間関係史
1919-1946

小野坂 元

法政大学出版局

ＩＬＯの対中関与と上海ＹＷＣＡ／目次

序章

1　本書の目的と問題の所在

本書は、第一次世界大戦の講和条約のヴェルサイユ条約をはじめとする諸条約を根拠に、各国政府および労資双方の代表者で構成される国際機関として一九一九年に設立され、第二次世界大戦に際しては連合国への協力を経て、現存する国際労働機関（ＩＬＯ）[1]の歴史を検討するものである。そのため、ＩＬＯ史の入り口は第一次世界大戦の「講和」であるが、ＩＬＯの再起は第二次世界大戦中の連合国への肩入れとなった「戦時協力」によって準備されていった、という対比に着目した。この「講和」の産物としてのＩＬＯ設立から、連合国に対する「戦時協力」にいたる過程を本書で扱う。二つの世界大戦の政治的衝撃を無視してＩＬＯ史を理解することは困難であり、一般に想像されるような、ＩＬＯ条約を中心とする国際労働法の蓄積という特定分野の歴史としては語り得ないのである[2]。すなわち、労働分野の国際機関の歴史をたどる作業には、戦争と平和についての考察が求められることになる。したがって、この時期のＩＬＯ史を理解するには、労働者保護を目的としたその活動の詳細もさることながら、国際情勢や各国の内政上の変化を受けてＩＬＯがどのように対応したのかを明らかにする必要があろう。こうした理由で、本書は国際機構間関係史という視点からＩＬＯ史に取り組む。以下ではまず、

現在の ILO の表札（筆者撮影）

本書で扱う時期と対象について概観するところから始めよう。

(1) 第一次世界大戦後の地域統合と民族運動

第一次世界大戦と第二次世界大戦との間には、ヨーロッパ統合に向けた試み[3]があり、他方でアジア、アフリカ、ラテンアメリカでは国民国家形成に向けた動きが本格化していた。後者については、トルコと中国の国民国家の建設に着目した論考がある。[4]地域統合であれ国民国家建設であれ、それらの過程においては、一九一七年のロシア革命の影響もあって、労働者の権利をめぐる問題が国内政治にとどまらず対外的な認識および政策との結びつきを深めていった。そこでは、ソヴィエト・ロシア（一九二二年からソ連）の共産主義に対する保守的な反動や、社会民主主義の立場からの競合、あるいは共産主義に基づく反帝国主義運動への共鳴など、複数の反応が存在した。[5]

ＩＬＯの設立もそうした反応の一つである。共産主義の伝播を恐れつつ、国際的な労働基準の設定によって漸進的な社会・経済の改良を目指すヨーロッパの社会主義者、労働運動家や第一次世界大戦中の戦時動員を担った経済官僚らがＩＬＯの設立を主導した。この設立過程で注意すべきこととして、ＩＬＯの設立を議論した講和会議の労働法制委員会においては、政府系の代表者と労働運動の代表者との間に労資紛争とは異なった対立が生じていたことが挙げられる。この委員会には各国の閣僚だけでなく労働組合運動家や社会・経済部門の官僚が出席していた。そこでの対立は第1章で詳細に検討する点であるが、労働条件の改善のために、資本家に対決姿勢をとる労働運動を活性化させるのか、それとも政府主導の労資協調政策を重視するのか、という二つの路線が存在していた。急進的な労働組合運動家が画一的な国際基準を適用すべきだと主張する一方で、政府主導の労資協調政策を志向する側は、ＩＬＯの設立を最優先するために、既存の帝国秩序に基づく階層的な国際関係を認めたうえで実現可能な国際労働基準の設定を模索していた。このように、どのような労資関係を望ましいと考えるかは、国際関係の認識と連動していたのである。(6) 結論を先取りすれば、ＩＬＯ設立時のこの対立は、西欧諸国の政府系代表者が優勢となった形で決着した。その結果、ＩＬＯ事務局と各国の労働組合運動家はあらためて協力関係を築かねばならなかった。しかも帝国秩序を容認する国際労働基準を設けたため、(7) 現状維持的な性格を残すことになった。こうしてＩＬＯは、労働組合運動家よりも西欧諸国政府の意向を強く反映した形で設立された。

設立当初から、このような政治的交渉を伴っていたＩＬＯの歴史を理解するには、単に国際労働法の発展をたどるだけではなく、国際関係史の観点から実際の交渉や運動の過程を分析する必要がある。むろん過程分析を詳細に進めていく以上、一定の検討対象の絞り込みはやむを得ないが、ＩＬＯ史の再構成にあたってこれは避けられない作業だと考えている。本書の目的は、選択した事例の地理的、時期的な位置づけを探ることによって、ＩＬＯ史を外交史と社会運動史の両要素を含んだ国際関係史として捉え直すことにある。以下、この作業の前提となる事実関係について略述していく。

国際関係史の観点からＩＬＯを検討するにあたって、まず、国際機関であるＩＬＯが加盟国にどのように関与し、そこからどのような影響を受けたかが問われるであろう。そして、政府だけでなく、労働運動の動向が重要となってくるのはいうまでもない。しかしながら、労働運動の担い手としては、労働組合や社会主義政党といった、国境、経済利害や理念の輪郭が比較的はっきりした組織だけではなく、キリスト教団体の慈善事業から派生した国際的な活動も無視できない。社会事業に関与する国際ＮＧＯとしてまず思い浮かぶのがキリスト教団体である。[8] そうした存在が国際機関と加盟国の社会運動とを媒介する役割を担うことで、国境を越えた労働運動を成立させる要素として機能する場合もあるのではないか。そして、現地の行政機構がそれにどのように対応したのか、その過程もＩＬＯ史に含めることができれば、加盟国政府との関係にとどまらない形で、国際関係史における国際機関の位置づけを再考することができるのではないか。

本書が目指すのは、労働問題を扱う国際機関のＩＬＯを取り上げることによって、公的な権限を有する各国政府、特定の階級の利益を代表する労働組合、社会運動に従事したキリスト教団体まで包含して国際関係史を構成することである。そのため法制史の枠内でＩＬＯを語るのではなく、制度的な性格や問題関心の異なる組織間の関係性をＩＬＯ史という観点で把握しようと試みる。国際機関、労働組合、宗教団体の国際機構間関係の歴史に着目するのは、本研究が外交史と社会運動史という大きく分けて二つの要素を含む史的展開を検討することで、ＩＬＯ史研究で扱う対象を広げたいからである。

(2) 事例の選択

その検討のために選んだのが、一九二〇年代半ばから一九三七年七月の日中戦争勃発直前までの中華民国、とりわけ上海における労働問題である。国民国家の確立を目指していた中国にとって、欧米列強および日本と結んだ不平等条約の改正は悲願だった。不平等条約が存続したままでは中国の法律を列強に適用できないため、中国側は治外法権の撤廃を強く求めた。ただし、この時期の中国外交は、その全面撤廃を主張するだけではなく、列強権益の一つである外国人行政区画の租界については個別に行政権の回収を試みるなど、柔軟な姿勢をとっていた。[9] ＩＬＯの対中関与を扱う本書の主題との関連で注目すべきことは、条約改正の争点として、列強の在外権益と中国の労働法との関係が浮上していた点である。とくに労働基準を定めた工場法（南京国民政府期の一九二九年制定、一九三一年施行）を、上海などの工業都市にある租界に適用できるのかどうかは、不平等条約の改正交渉に大きく影響した。なぜなら、日英をはじめとする外国資本の工場は、租界内で本国の労働法制に拘束されずに操業していたため、中国政府が労働法を施行しようとすると、すぐさま対英、対日経済を扱う外交問題となったからである。労資間および国家間の対立が激化した際には、中国労働運動の延長で大規模な排外暴動にいたる場面もあった。その代表例が、一九二五年の五・三〇運動である。上海の在華紡（中国における日系資本の紡績工場）でストライキが発生し、上海租界警察がこれを弾圧すると、単なる抗議を超えて激しい反英・反日運動にいたったのである。

国際的な団体であるキリスト教女子青年会（ＹＷＣＡ）には、中国支部の中国ＹＷＣＡ（本部は上海租界内）と、都市支部の上海ＹＷＣＡがあった[10]。この状況で排外暴動の標的にされる危険に直面したにもかかわらず、いずれも現地の紡績工場の女性労働者と関係を深めることに中国で活動を続ける活路を見出した。ＹＷＣＡの労働者事業は、政界や財界との結びつきを求める傾向が強い中国キリスト教青年会（ＹＭＣＡ）とは方向性が異なっていた[11]。

YWCA のポスター，1919 年
（Wikimedia Commons より）

一九二五年の五・三〇運動を受けて、ＩＬＯは労働問題を扱う国際機関としてこの事態に参入することになった。対中関与に本腰を入れたことを表すように一九二八年一二月には、ＩＬＯ初代事務局長のアルベール・トーマ（Albert Thomas）の訪中が実現する。第3章で詳述するが、彼は中国の不平等条約改正をめぐる政治交渉と国際的な労働者保護を一体として扱うことで、ＩＬＯの事業を拡大していこうと考えていた[12]。ここで、当時ＩＬＯ外交部長であったエドワード・Ｊ・フィーラン

(Edward J. Phelan) の回想（一九三六年刊）に基づいて、訪中の意図を示しておきたい。ＩＬＯの公的な報告書では明確に書かれていない、トーマの関心の所在やその論理がうかがえる。トーマは「ヨーロッパの資本主義システムが帝国主義を導き、帝国主義が在外権益を導いている」が、中国は自国内の「外国権益の維持を決して受け入れない」点で反資本主義的だと述べていたという。そして、中国ナショナリズムの高揚を受け、国際労働基準の地理的な拡大を目指す必要を感じていた。トーマが孫文 (Sun Yat-sen) の三民主義を称賛したのも、ヨーロッパでは第二インターナショナルが資本主義と妥協してしまったために労働運動は現状維持的な路線をとる傾向があったなかで、その限界を超える可能性を中国に見出したからであった。[13] こうした事務局長トーマの意図を糸口にして、ＩＬＯ史研究の進展のために対中関与を検討する必要がある。

他方でトーマの訪中は、その約半年前に北伐を完了し中国の統一政権となった南京国民政府にとって、中央政府としての正統性を示す機会となり得た。実際、翌年のＩＬＯ総会に、南京国民政府は中国初の完全代表（政労資の三者で構成された代表）を派遣している。それまでは在欧の外交官だけが中国の代表だったのである。

ＩＬＯは対中関与を試みるにあたり、日英中といった加盟国の中央政府と日英の上海総領事、労働組合、国際ＮＧＯ、租界当局、そして中国系・外資系の経営者団体と接触する必要があった。具体的には、工場に立ち入って労働条件を臨検する工場監督官制度を、上海租界内に設けることが焦点となった。[14] そこで本書では検討対象を絞り込むために、各国の対外政策の決定や交渉過程よりも、これまで詳細に論じられることのなかった、中国の労働問題をめぐるＩＬＯとＹＷＣＡの協力関係に注目する。

一見すると、ＹＷＣＡとの協力は、ＩＬＯ史における特殊なエピソードの一つに思われるかもしれない。[15] しかし、一九二五年の五・三〇運動を受けて始まった対中関与は、それまでヨーロッパの機関という性格が強かったＩＬＯが、名実ともに国際機関となる端緒だったのではなかろうか。実際、対中関与は、ＩＬＯの非ヨーロッパ地域向け事業の先がけであった。この点に関しては通常、アジア、アフリカの植民地における労働条件を念頭

ILO 敷地内，インド寄贈の梃子の銅像（筆者撮影）

に置いたＩＬＯ第二九号条約（強制労働に関する条約）が重視されている。しかし、その内容が定まって採択されたのは、一九三〇年の第一四回ＩＬＯ総会である。一九二九年の世界大恐慌でラテンアメリカ諸国が甚大な影響を受けた後、ＩＬＯの地域会議や技術協力は一九三〇年代半ばから始まった。[16] 東南アジアの調査事業でまとまった報告[17]が作成されたのは、一九三八年である。そして、第二次世界大戦中には、アジア・アフリカ諸国で脱植民地化に関わる事業が本格化する。[18] また、国際機関史研究を牽引してきた一人であるマデレーン・ヘレン（Madeleine Herren）によれば、インド代表はＩＬＯを政治的主張の場、いわばフォーラムとして活用していたという。しかし、ＩＬＯによるインド向け事業は、労働経済調査を刊行した一九三九年まで待たなければならない。[19]

　このように、ＩＬＯの非ヨーロッパ地域を対象とした事業は、一九二五年の五・三〇運動を受けた対中関与から始まったのである。そのためＩＬＯの事業の地理的拡大を考えるうえで、対中関与は重要である。ただし外国人行政区画の租界や、現地の労働運動と結びつきを深めた国際ＮＧＯの存在は、他の事例にはない特殊な要素であった。とはいえ、とくに上海ＹＷＣＡの存在がＩＬＯの対中関与の始まりにつながったのであれば、このことは単なる特殊な事例にとどまらない意義を有するであろう。本書ではこのことを先行事例ゆえに必要であったきっかけとして位置づける。

地理的に事業が拡大するのに伴って、ＩＬＯ自体の問題関心や手法も変化したはずである。近年の研究では、二つの世界大戦を経て、国際基準の設定者から主に途上国の経済発展を目的とする技術協力の実行組織となったことが強調されている。そうした研究からは、ＩＬＯの事業の地理的拡大と組織の目的の変化が同時に進行したことがうかがえる。[20] しかし、事業内容の変化に伴う認識の変遷については、ややもすると時間とともに自然に転換したような印象を受ける。だが、実際には一直線に転換したわけではなく、紆余曲折があった。

そこで本書では、ＩＬＯの事業が地理的に拡大するきっかけとなった一九二五年以降の中国問題を取り上げる。また、こうした変化を理解するには、その前段階のＩＬＯの対ヨーロッパ事業の意義を問い直す必要も、同時に生じる。この作業を通じて、対中関与が始まる前と後とでの事業内容や目的意識の断絶面が明確になる。他方で、一九三七年に始まった日中戦争から第二次世界大戦までのＩＬＯ史研究も、国際機関のＩＬＯが連合国に戦時協力するという重要な局面を含むにもかかわらず、蓄積は十分でない。[21] 交戦国の一方の勢力である連合国への肩入れとなったＩＬＯの戦時協力は、戦間期に掲げた普遍的な多国間協調とは区別されるべきであろう。だが、第一次世界大戦の講和条約を設置根拠とするＩＬＯが、第二次世界大戦中には連合国の戦争目的を支持したという、このもう一つの断絶面も詳細に検討されてこなかった。そのため、戦時期のＩＬＯ史に着目することで、国際機関史研究における不足を補うことが可能であり、本書はこの可能性も追求する。

2　三つの検討事項

本書では、外交史と社会運動史の両要素を含んだ国際関係史からＩＬＯを捉え、とりわけ組織の性格（構成員の範囲）や問題関心の異なる他の組織との関係性に着目する。この検討を通じて、第一次世界大戦の講和によって設立されたＩＬＯが第二次世界大戦を経てどのように変化したのかという、この一連のつながりを転換点となった出来事に注意しつつ理解することを目的とする。研究対象は、国際機関のＩＬＯ、公的な権限を有する各国政府、特定の階級の利益を代表する労働組合、社会運動に従事した宗教団体のＹＷＣＡである。

そこで、前節で述べた基本的な事実経過や背景説明を三つの検討事項に整理し直し、第1章から具体的に取り組む課題を特定していこう。

(1) 民族・階級・ジェンダー

外交史と社会運動史の要素を含む国際関係史という視点でＩＬＯを捉えるために、一九二〇年代半ば以降の上海租界における労働問題を事例にとり、国際機構間の関係に焦点を当てる。外交史的な要素とは、租界という治外法権区域で生じた労働問題を糸口に中国が不平等条約の改正を目指したことを表している。社会運動史的な要素とは、上海ＹＷＣＡが、ＩＬＯと中国労働運動、ＩＬＯと現地の行政機構を媒介しようとした動きを指している。

この課題に取り組むにあたり、参照すべき研究分野の知見にふれながら、本書の立ち位置を示しておきたい。外交という国家間関係、経済的な階級関係に加えて、労働問題の検討で社会的な性差を問うジェンダーの観点が浮上する点を切り口に述べていこう。まず、本書の検討対象には、フェミニズム研究が扱ってきたような、「三重の苦しみ」としての民族・階級・ジェンダーにおける非対称な関係性が含まれる。[22] そのため、ＩＬＯ史研究を単に階級政治史にとどめず、フェミニズム研究の知見をふまえて進めていく必要がある。だが本書で取り上げる各組織は、問題関心や利害の違いだけでなく、国際機関、加盟国の政府と社会運動、それらを媒介する働きをなした国際ＮＧＯといったように組織の性格が異なる点でも非対称な関係性を有する。そうした三重苦に対する労働運動や女性運動は、複数の争点が交差するなかで醸成されてきたものである以上、先入観を持たずに史料に向き合って事実を発掘しなければならない。本書は、ＩＬＯという労働分野の国際機関の歴史を国際ＮＧＯとの関係を中心に分析するものであるが、ＩＬＯ史を階級史のみならず、帝国史やジェンダー史の観点に接続する契機も探究していく。

加えて、二つの世界大戦が含まれた国際秩序の変容過程においては、民族・階級・ジェンダーという専門分野ごとの分析対象や方法論に沿って切り分けられがちな要素が、相互に関連し合ったり、国際認識へ接続したりする。国際秩序が不安定になると、国内外の関係性は変化し、社会も個々の多元的なつながりの一面として発見されるであろう。[23] 中央集権的な政府に対して社会が立ち現れたという、単純な二項対立の図式では捉えられない状況が生じていた。また本書では、多元的な社会問題への取り組みを通じて、国内で複数のナショナリズムが併存したことに注意を向けている。そして、複数のナショナリズムが国際機関への関与という形で、別々の経路でインターナショナリズムへ接続した側面に注目している。そのためには国際機構間関係論と呼ぶべき既存の研究[24]をふまえる必要はたしかにある。しかし、そうした理論研究では、ナショナリズムは克服すべき対象にされがちである。歴史的に考察する際、ナショナリズムはインターナショナリズムを阻むものと前提してはならない。

本書では、民族・階級・ジェンダーのように複数の非対称な関係があった上海租界における女性労働問題に着目した。そこで、事実を史料的に跡づけることから着手したい。ＩＬＯがこの問題に対応できる組織だったのかどうかが、まず問題となろう。設立当初のＩＬＯは、事務局幹部の前職や理事会・総会の構成員の点で政府系が優位となっており、労働運動との協力関係は不十分であった。この点をふまえ、ＹＷＣＡとどのように関係を構築したのかを考察し、国際機関と加盟国（の運動および行政機構）を媒介する上海ＹＷＣＡの働きを浮き彫りにしよう。

(2) ＩＬＯの事業の地理的拡大

ＩＬＯの事業拡大において中国はどのような位置を占めるのであろうか。ＩＬＯはヨーロッパが主たる戦場となった第一次世界大戦の講和によって誕生した。中国は列強と不平等条約を結んでおり、労働条件を改善するには国際基準と帝国秩序の矛盾を問わざるを得ないため、当初ＩＬＯは関与を避けていた。そのため国際機関の看板を掲げていたとはいえ、ヨーロッパの機関という性格が強かった。一九二〇年代のＩＬＯの事業内容を検討する際、ヨーロッパの政治・経済の状況をふまえる必要がある。ＩＬＯの地理的制約ならびに国際労働基準の限界が浮き彫りになるだろう。そのうえで、非ヨーロッパ地域の中国への関与を論じる。本部から遠い地域での事業は順調とはいかず、成果が乏しい局面もあったはずである。以降の各章では、この過程を可能な限り詳細に跡づける。

この作業を通じて、国際機関の事業の拡大が、事務局や主導的な加盟国（必ずしも「列強」と一致するわけではない）の意思と行動によって能動的に生じるのか、あるいは情勢の変化を受けて受動的に起きたのかという選択的な議論ではなく、能動性と受動性の両方の働きを論じたい。

(3)「生活水準」概念の変化

事業の地理的拡大によって、ＩＬＯの性格はどのように変化したのであろうか。国際的な労働基準を定める目的で誕生した機関は、第二次世界大戦後に途上国の経済開発のために技術協力を推進する機関へ変化した。しかし、この変化が、事業の地理的拡大と併行していたのかどうかは、詳細に検討する必要がある。当事者の回想や先行研究では、第一次世界大戦の講和によって生まれたＩＬＯと、第二次世界大戦後のＩＬＯの比較となりがちで、その差異が生じた過程を通時的かつ詳細に分析した研究もない。個別事例や隣接する領域の先行研究をふまえつつ、この課題に取り組みたい。

そのために、労働基準と開発経済の両分野にまたがる「生活水準」という用語に着目した。[25] 加えて、国際的な公衆衛生に関する近年の歴史研究でこの用語に焦点が当てられていることにも触発されている。[26]

そこで、「生活水準」という用語がＩＬＯの対ヨーロッパ事業においてどのように用いられ、その後の非ヨーロッパ向け事業や第二次世界大戦後の開発経済構想ではこの用語が何を意味したのかを検討していく。本書では、両大戦の終結時ではなく、一九二〇年代半ばと第二次世界大戦末期のＩＬＯを対比する。

この対比を考えるにあたり新たに史料的な実証研究を要する部分として、日中戦争や第二次世界大戦中にＩＬＯが果たした中国、そして連合国への戦時協力が挙げられる。この時期の検討をふまえ、ＩＬＯにとっての「生活水準」の意味を明らかにする。戦時期のＩＬＯについて明らかになった点から、戦後および冷戦期の国際関係を論じる前提が部分的にでも得られるであろう。

「生活水準」の意味の変化は、本書の目的および全体の構成に関わるため、結論の一部を先に述べておく。生活水準は、一九二〇年代には、労働者の利益と、均衡財政や国家間の経済的な緊張緩和とが調和する水準を意味した。通貨価値の暴落による物価上昇が何よりも恐れられた。賃労働者の生活がすぐさま困窮するからであり、ひいては国際的な緊張を生み出すからである。[27]一方、第二次世界大戦後の「生活水準」は、各国の経済規模の拡大と国際協力を結びつける理念として用いられた。一九三〇年代ではその理念は、各国の政策や国際機関の活動に反映されていなかった。[28]資本主義諸国にせよ、社会主義国にせよ、行政機構の権限を強化して経済規模の拡大を目指したが、その意図は国際主義や国際機関の制度と結びついていなかった。「生活水準」は、あくまで一国単位での向上が目指されたのであった。[29]

近年の研究に、第二次世界大戦後のＩＬＯの技術協力事業の起源として、一九三〇年代の介入主義的な経済政策の議論を重視するものがある。しかしながら、一九三〇年代の構想を第二次世界大戦後のＩＬＯの実践へと直結させてよいのかといった疑問が残る。[30]そのため、本書は一九三〇年代の経済政策史よりも第二次世界大戦中に用いられた「生活水準」という用語の分析に比重を置き、かつそれに先立つ日中戦争についてＩＬＯも関わった対中支援を取り上げる。この国際的な中国支援運動は、政府とは一線を画す各国の労働組合やキリスト教団体、反戦運動団体が主導していた。この状況でのＩＬＯの対中関与を詳細に検討することで、第二次世界大戦期の意味での「生活水準」概念を、その直近の前史を伴って理解することができるだろう。

3　先行研究と本書で用いる史料

ＩＬＯ史研究は単に国際労働法の約一〇〇年間の歩みをまとめたものではなく、労働法制史にとどまらない成果が近年に入って蓄積されている。本書の主題は先行研究の不在から導かれたものではない。むしろ精緻な各論の成果を活用しながら、独自の観点でＩＬＯ史を構成していくことを目指して設定されたものである。以下では、研究動向を概観しつつ、本書で主に活用する史料を提示する。

(1)　ＩＬＯ史研究

先駆的なＩＬＯ研究としては、国際関係論での成果が挙げられる。エルンスト・Ｂ・ハース（Ernst B. Haas）は、国際機関としての目的を定めたＩＬＯ規約と権力政治の均衡、とくにその規約の修正や国際技術協力の政治的性格に注目した新機能主義を提唱し、権力政治論と労働専門機関の役割を重視する観点（機能的アプローチ）との架橋を試みたことで知られる。(31)

ただし歴史研究においては、理論研究とは接続しづらい形で研究が進められていった。ＩＬＯ加盟国の労働運動史、国際労働組合連盟（ＩＦＴＵ）史として業績が蓄積されていったためである。ある国の政府や労働組合がＩＬＯにいかに働きかけたかという、一国史的な図式になりがちであった。各国の労働組合中央組織とＩＬＯ事務局との人的関係(32)や、ＩＬＯ条約を根拠にした各国政府への働きかけを中心として労働運動史を描いていく傾向があった。[33] ＩＦＴＵ史研究においても同様に、加盟国の労組中央組織それぞれの動きに注目する方法は引き継がれており、一国史的な研究とあまり違いはない。ＩＬＯの設立を扱う第1章で、この問題を克服するための視座を提示し、本書の分析の始点としたい。

(2) 国際機関の地理的拡大に関する先行研究

一九七一年にＩＬＯ事務局の協力を得て出版されたアントニー・オルコック（Antony Alcock）のＩＬＯ通史では、第二次世界大戦後から刊行当時にいたる途上国の技術協力の進展との関連で、非ヨーロッパ地域を対象とした事業に紙幅を割いている。[34] ＩＬＯ事務総長を一九四八年から一九七〇年まで務めたデヴィッド・Ａ・モース（David A. Morse）は、途上国への技術協力の意義を強調した。[35] 一九九〇年代に入ると、植民地の労働問題やその後の脱植民地化の歴史について、個別の事例が詳細に論じられるようになった。[36]

先行研究は、第二次世界大戦後の脱植民地化と冷戦との交錯を取り上げ、開発経済をめぐる論点の一部として労働問題を位置づけている。「冷戦と開発」という観点では、戦間期の中国における労働問題はＩＬＯの事業の地理拡大のきっかけを作ったにもかかわらず、これまで主題とはなりにくかったといってよい。

そこで、東アジア国際関係史の先行研究を参照する。東アジア国際関係史では、国際連盟やアメリカのロックフェラー財団による対中技術協力についての研究が蓄積されている。技術協力としては、公衆衛生、[37] 治水、[38] 食料生産[39]といった分野が挙げられる。ラナ・ミッター（Rana Mitter）は日中戦争史を論じた著書で公衆衛生を取り上げ、「健康管理は、世界保健機関（ＷＨＯ）の前身の国際連盟保健機関（ＬＮＨＯ）がグローバルに先導し促進した中国の国家的アイデンティティを支える、「衛生的近代」の一環であった」[40]と、国際機関から中国への影響を強調している。しかし、その一方でミッターが指摘したのとは逆の中国発の国際機関への影響については、検討の余地が残されているように思われる。本書ではこの関心から、中国史とＩＬＯ史との接点を探っていく。

上海租界の労働法制については、ＩＬＯ史[41]も中華民国史[42]も基礎的な事実を明らかにしている。中国外交史では近年、実力行使を伴った在華権益の回収など「革命外交」の側面を強調しがちな従来の研究を批判する論者が、南京国民政府も、北京政府の「修約外交」を引き継いだ柔軟な手法を用いていたという見解を示している。その外交的な戦略は、条約改正という法的な全面解決を求める手前で、個別の行政分野をめぐる実務的な権利の回収を目指すものであった[43]。こうした中国外交の特定の行政分野に対する実務的な関心は、ＩＬＯによる対中関与の受け皿になり得るものであった[44]。なお、日本の外交文書にも上海租界の労働問題に関する史料はある。しかしながら、日本外交史研究では対中関係と対ＩＬＯ関係が別個に論じられてきたこともあってか、有効に活用されているとはいえない[45]。

それでは、ＩＬＯと日本との関係はどのように研究されてきたのであろうか。ＩＬＯの設立に際して日本は、労働法制や労働組合が未発達な理事国（八大工業国）であった。概説としては、労働立法および行政が立ち遅れた近代日本、およびその遅れを克服できていない刊行当時の現状に対する批判としてＩＬＯ史に取り組んだ中山和久（一九八三年）や吉岡吉典（二〇〇七年）の研究がある[46]。ただ、戦間期にＩＬＯ東京支局長を務めた鮎沢巌の、日本との関係を通史的に論じた著書（一九六六年）をひもとくと、ＩＬＯの国際労働基準という外圧が日本の労働立法や労働組合運動を促進したことも否定できない[47]。中山や吉岡のように現代的な関心から国際労働基準に対する日本の立ち遅れや反動を強調しすぎるのは、歴史研究としては衡平を欠いているきらいがある。不十分ながらもある程度国内の労働法や行政機構を整備していたがゆえに、日本はＩＬＯの国際労働基準に反発したという側面にも目を向ける必要がある。なお、日本とＩＬＯという主題に接近する場合、そのための研究が狭い意味の労働法や労働運動の歴史を扱うものになるとは限らない。近代日本の労働問題を検討するにあたり、外交文書は、日付と作成者が明記された史料として有用である[48]。本書では、日本外務省がＩＬＯへの対応や貿易摩擦交渉のために産業政策や労働行政を所管する商工省や、ＩＬＯ設立後に設置された労働行政部門である内務省

ILO 文書館閲覧室（筆者撮影）

外局の社会局など他省庁から文書を受け取っていたこと、すなわち、労働問題の史料が外務省記録として残った点に着目している。

(3) ＩＬＯ史に隣接するＹＷＣＡ史

上海租界の労働法制に関して、史料的に注目に値する人物がいる。オーストラリア出身のソーシャル・ワーカーで上海ＹＷＣＡの産業部[49]顧問のエレノア・Ｍ・ヒンダー（Eleanor M. Hinder）である。彼女は、一九三三年一月から上海共同租界の行政当局である工部局（Shanghai Municipal Council, 以下ＳＭＣ）の産業社会部長を務め、第二次世界大戦中はＩＬＯニューヨーク支局の調査員に転じている。オーストラリアのニューサウスウェールズ州立図書館付属ミッチェル図書館所蔵のヒンダー文書にはＹＷＣＡ、ＩＬＯ、上海租界、そして在上海イギリス総領事館とヒンダーのやり取りを示す史料が残っている。日中戦争期のヒンダー文書からは、対中支援活動に従事していたイギリス労働党左派の人物との関係が裏づけられる。本書で扱う時期を超えるが第二次世界大戦後では、中国国民党系労組中央組織の中国労働協会に関する史料や、ヒンダーが嘱託として従事した連合国救済復興機関（ＵＮＲＲＡ）の東南アジア社会経済調査の記録、さらには、国際関係論における機能的アプローチを提唱したデヴィッド・ミトラニー（David Mitrany）の論文も同文書に収められており、ヒンダーの書き込みも確認できる。

これを受けて本書では、ヒンダー文書に登場する諸組織の史料を用いた。ジュネーブのＩＬＯ文書館、世界ＹＷＣＡの所蔵文書をはじめとして、ロンドンのイギリス国立公文書館の外務省および労働省文書、さらにコヴエントリーのウォーリック大学付属近代史料センター所蔵のイギリス労働組合会議（ＴＵＣ）文書を用い、東京の外務省外交史料館の文書も参照した。これらの史料が現存する場所からも、上海租界をめぐって、ＩＬＯ、ＹＷＣＡ、中国労働運動、租界当局とイギリスや日本の外務省が関わっていたことがわかる。ヒンダー文書は、これまでのＹＷＣＡ史研究がとっていた、中国「における」キリスト教団体の社会的な実践という視点[50]ではなく、その活動「をめぐる」国際機構間関係史研究の必要性を示唆しているだろう。[51]

4　本書の構成

本書の構成は以下の通りである。各章の冒頭では、ＩＬＯと上海ＹＷＣＡとの関係を中心に検討する意義を提起した序章を補足する形で、外交史的な観点に寄せて検討対象それぞれの時代背景および研究史を説明する。

第1、2章を通して、設立過程および対ヨーロッパ事業にみられる、ＩＬＯの現状維持的な性格や地理的限界を明らかにする。第1章では、一九一九年のパリ講和会議における設立から同年の第一回ＩＬＯ総会にいたる交渉過程を、日本側の代表者であった商工官僚の岡実《おかみのる》に着目して検討する。ここで日本を取り上げるのは、ＩＬＯ設立交渉で意外に重要だっただけでなく、ＩＬＯ史における地理的要因を考察するために必要だからである。また、実際の国際会議においては、労働代表よりも政府代表が優位に立った採決にいたる過程を検証した。そのため初期のＩＬＯは労働組合運動と協力関係を結ぶのを自ら困難にしてしまった。第2章では、一九二〇年代半ばの英独仏における連立政権の成立およびヨーロッパの国際協調、とりわけ石炭・鉄鋼カルテル結成の機運に、ＩＬＯがどのような役割を果たしたのかを検討する。この時期のＩＬＯはヨーロッパの相対的安定に合致するように、労働者の利益を物価の安定（インフレ抑制）や国家間の経済的な緊張緩和によって守ろうとしていた。しかし、現状維持的な性格のＩＬＯは、急進化する中国の労働運動に衝撃を受けることになる。

第3章では、一九二〇年代後半からの中国の民族運動、労働運動の高揚を受けて、ＩＬＯの対中関与がどのように開始されたのか検討する。それによって、上海ＹＷＣＡや世界ＹＷＣＡとの連携の萌芽が明らかにされる。第4章では、次第にＩＬＯが対日宥和政策のために行政当局間で閉じた交渉を好むようになり、上海ＹＷＣＡや中国労働運動との協力関係を発展させられなかった過程を検討する。他方で、上海ＹＷＣＡの労働者教育事業が日中戦争期の活動の前提を生み出していったことにも着目する。

第5章では、日中戦争期における英米の労働組合やキリスト教団体による中国支援を取り上げ、第二次世界大戦中のＩＬＯやＹＷＣＡ、各国の労組指導者や労働官僚の活動もあわせて検討する。各組織は協働していても、必ずしも規範を共有しているわけではなかった。そこで、複数の意味を持つ「生活水準」に即して、第二次世界大戦中の労働および通貨をめぐる国際会議についても考察した。国際機関の機能的な分化を強調するだけでなく、諸機関の統合の契機を解明する参考にもなるだろう。

こうした各章での検討を通じて、第一次世界大戦の講和によって誕生したＩＬＯがどのような限界を抱えていたのか、一九二〇年代半ばからの対中関与をきっかけにＩＬＯにどのような変化が生じたか、日中戦争から第二次世界大戦を通して連合国に協力したＩＬＯが、加盟国などとどのような関係を構築していったのかを明らかにする。

注

（1）　ＩＬＯは、第一次世界大戦の講和条約第一三編労働編（ＩＬＯ規約）を根拠に設立された。国際連盟の枠組み内の機関であるが、独自の総会、理事会、事務局を有する。事務局はジュネーブに置かれた。ＩＬＯ総会で採択されたものがＩＬＯ条約ないし勧告となる。予算は国際連盟理事会で採決の上、配分される。総会、理事会は政労資の三者代表により構成されており、民間代表が投票権を有する。国際政府組織としての性格を有しており、国際労働組合のような意味でのＮＧＯではない。なお、本書においては労働者や使用者の団体として「連盟」と呼称する組織に言及するため、国際連盟を「連盟」と略記することはしない。また、本書は「労使」ではなく「労資」の表記を用いている。それは当時の用例として、カーが国際関係論の入門を意図した著作で“relations between capital and labour”（労資関係）および“disputes between capital and labour”（労資紛争）と表記していることに鑑み、「資本」の語を残したかったからである。E. H. Carr, *The Twenty Years' Crisis, 1919-1939: An Introduction to the Study of International Relations* (1939, reprinted New York: Perennial, 2001), pp. 213, 220.

（2）このように、国際労働法研究と本書とを対置したが、国際労働法研究の意義を過小評価しているわけではない。ＩＬＯを国際関係史として論じることが可能なのは、法律の専門家による編著である、日本ＩＬＯ協会『講座ＩＬＯ（国際労働機関）－社会正義の実現を目指して－』全二巻（日本ＩＬＯ協会、一九九九年）の存在が大きい。なお、文献の初出表記は、章ごとの初出とした。固有名詞も一部は章初出の表記としたものがある。また、中国人名については、英文史料との対応のためにアルファベット表記を付した人物がいる。それらは、現在のピンイン表記とは一致しないことをお断りしておく。

（3）本書と密接に関係するヨーロッパ統合についての先行研究は、戦間期フランスの産業合理化の模索とヨーロッパ統合との関係や、第二次世界大戦後のヨーロッパ統合を主導したジャン・モネ（Jean Monnet）の構想における計画主義について論じたものである。廣田功『現代フランスの史的形成－両大戦間期の経済と社会－』（東京大学出版会、一九九四年）第三章、遠藤乾『統合の終焉－ＥＵの実像と論理－』（岩波書店、二〇一三年）第二章。さらに、一九世紀半ばから近年までの長期のヨーロッパ統合の歴史について、福祉国家の建設、発展、危機といった展開から構成する試みがある。次の論文はそうした論点に関わる近年の研究史に沿って、現時点での見取り図を示したものといえる。Simone Paoli, “A European Society?: Social Policy and Migration,” in Brigitte Leucht, Katja Seidel, Laurent Warlouzet, eds., *Reinventing Europe: The History of the European Union, 1945 to the Present* (London: Bloomsbury Academic, 2023), Chap. 12. こうした地域統合の進展という地理的変化と、社会・経済分野の国家機能の変遷の共時性を捉える研究をふまえつつ、労働分野の国際機関であるＩＬＯの歴史を検討し、その共時的な展開におけるＩＬＯの位置を明らかにする端緒をつかむことも、本書の目的となる。

（4）古厩忠夫「従属地域における国民国家の形成－中国とトルコの国民革命－」歴史学研究会編『講座世界史６必死の代案－期待と危機の20年－』（東京大学出版会、一九九五年）第五章。第一次世界大戦の衝撃と民族運動との関連で中国とトルコの両国を扱った研究をここで引いた。ラテンアメリカのアメリカ合衆国への経済的な従属の問題はこの文脈では扱いきれなかったが、終章でふれている。

（5）斉藤孝『ヨーロッパの一九三〇年代』（岩波書店、一九九〇年）八－一六頁。同書は書名に反して、時期的、地域的な面で広範な見取り図を有する。

（6）労資関係は英語で industrial relations、国際関係は international relations である。本書は、この二つのＩＲが重なる歴史を考察するものとなる。

（7）ＩＬＯ設立時のアメリカの非加盟については第2章で述べる。

（8）たとえば、戦間期に主として活動していた国際ＮＧＯの太平洋問題調査会（ＩＰＲ）の起源には、キリスト者のネットワークがある。Tomoko Akami, *Internationalizing the Pacific: The United States, Japan and the Institute of Pacific Relations in War and Peace 1919–45* (London: Routledge, 2002), pp. 117–118.

（9）植田捷雄『支那に於ける租界の研究』（巌松堂書店、一九四一年）四三二–四三三頁。

（10）ＹＷＣＡは一八五五年にイギリスで発足。イギリス、ノルウェー、スウェーデン、アメリカとで一八九四年に国際事務局の世界ＹＷＣＡが設立された。中国ＹＷＣＡは一八九〇年のアメリカ人宣教師による学校ＹＷＣＡ（杭州）の設立が起源。一九〇五年に、中国ＹＷＣＡを設立し、翌年世界ＹＷＣＡ加盟。一九〇八年に、都市支部の上海支部が設立された。一九二三年に杭州で全国集会を開き、上海租界内に本部として全国協会が置かれた。Elizabeth A. Littell-Lamb, *The YWCA in China: The Making of a Chinese Christian Women's Institution, 1899–1957* (Vancouver: UBC Press, 2023), p. 23.

（11）イスラエル・エプスタイン著、王唯斯訳『わが中国–革命・戦争・建国–』（左右社、二〇二〇年、原書二〇一五年）は、中国通のアメリカ人ジャーナリストの回想である。邦訳書二八一頁には、戦間期の上海ＹＷＣＡについて、「彼女〔アメリカＹＷＣＡから中国に派遣されたモード・ラッセル、Maud Russell〕は上海の貧しい女性労働者たちのために働いた。中国における外国の帝国主義や国内統治者に反対する革命運動では、モードは徐々にだがはっきりと、圧迫され搾取される人びとの側につくようになった。中国キリスト教女子青年会のアメリカ職員は大部分がその立場だったことは、注目に値する。男子のキリスト教青年会はキリスト教女子青年会と違っていた。彼らの一部活動は外国人社会で行われていた。メンバーには利益とチャンスを求めて権威ある人物と知り合おうとする中国人青年が多くいた。それとは異なり、中国に派遣されてくる女性志願者は中国の組織に身を置き、それを凌駕するわけでも、平等でもなかった。彼女たちに割り当てられる社会的、教育的業務は主に女性職員の間で行われ、多くは滅私奉公的な中国人指導者がいる工業部門で行われた。仕事によって彼女たちのなかには一種の特別な共感が生まれた」とある。他方で、中国ＹＭＣＡの社会主義運動と結びつきを検討した研究もある。しかし、中国ＹＭＣＡの場合は学生運動や非政党系の労働組合との交流という形をとっていた。そのため繊維女工との結びつきが強く、中国共産党とも関係を持っていた中国ＹＷＣＡほどには、中国ＹＭＣＡは革新的な労働運動との関係は密接ではなかった。Jun Xing, *Baptized in the Fire of Revolution: The American Social Gospel and the YMCA in China 1919–1937* (Bethlehem: Lehigh University Press,

1996), pp. 105–117.

(12) "The Director's Visit to the Far East," in ILO ed., *Minutes of the 43rd Governing Body* (March 1929), pp. 136, 150.

(13) Edward J. Phelan, *Yes and Albert Thomas* (London: Cresset, 1936), pp. 207–208.

(14) Camille Pône, "Towards the Establishment of a Factory Inspectorate in China," *International Labour Review*, 25-5 (May 1932), pp. 591–604. カミーユ・ポーヌは当時ＩＬＯ外交部次長で、掲載誌はＩＬＯの機関誌である。

(15) 以上の中国情勢の概観については、姫田光義ほか『中国20世紀史』（東京大学出版会、一九九三年）三六―四七頁、中華全国婦女連合会編著、中国女性史研究会編訳『中国女性運動史1919–49』（論創社、一九九五年）一五九―一六〇頁。上海租界における中国工場法をめぐる問題の構図については、前注のポーヌによる報告記事も参照した。

(16) Jill Jensen, "From Geneva to the Americas: The International Labor Organization and Inter-American Social Security Standards, 1936–1948," *International Labor and Working-Class History*, 80 (Fall 2011), pp. 215–240; Corinne A. Pernet, "Developing Nutritional Standards and Food Policy: Latin American Reformers between the ILO, the League of Nations Health Organization, and the Pan-American Sanitary Bureau," in Sandrine Kott and Joëlle Droux, eds., *Globalizing Social Rights: The International Labour Organization and Beyond* (New York: Palgrave, 2013), Chap. 14.

(17) Harold Butler, *Problems of Industry in the East: With Special Reference to India, French India, Ceylon, Malays and the Netherlands Indies* (Geneva: International Labour Office, 1938).

(18) 日本ＩＬＯ協会、前掲書、上巻、一七八頁。

(19) Madeleine Herren, "Global Corporatism after First World War - the Indian Case," in Kott and Droux, eds., *op. cit*., Chap. 8.

(20) 代表的な研究としては、Guy Fiti Sinclair, *To Reform the World: International Organizations and the Making of Modern States* (Oxford: Oxford University Press, 2017), pp. 67–74. この点と一致する当事者の言としては、ＩＬＯ事務総長（一九四八―一九七〇年在任）のモースの書籍がある。David A. Morse, *The Origin and Evolution of the I.L.O. and Its Role in the World Community* (New York: New York State School of Industrial and Labor Relations, 1969), pp. 45–48.

(21) 第二次世界大戦時の国際機関再編の事実関係については、Dan Plesch and Thomas G. Weiss, eds., *Wartime Origins and the Future United Nations* (New York: Routledge, 2015) が代表的な研究である。これを受けた本書は、第二次世界大「戦時の起源」という前掲書の主題を、第一次世界大戦の講和とその後の戦後体制の限界から派生した出来事であると考え、そうした限界が第二次世界大戦中にどのように理解され、そしてどのような代案が提出されたのかを探るものである。

(22) この観点の代表的な研究として、Silvia Federici, *Caliban and Witch: Women, the Body and Primitive Accumulation* (2004, reprinted Dublin: Penguin Classics, 2021). 邦訳は小田原琳・後藤あゆみ訳『キャリバンと魔女―資本主義に抗する女性の身体―』(以文社、二〇一七年)。民族・階級・ジェンダーの三重の苦しみとそれに対する抵抗について、近年では大正・昭和戦前期の日本史を扱った、Wendy Matsumura, *Waiting for the Cool Moon: Anti-imperialist Struggles in the Heart of Japan's Empire* (Durham: Duke University Press, 2024) があり、「三重の苦しみ」という表現は、一般民に対して差別的な境遇に置かれた部落の女性労働者の手記にみられる。

(23) カール・ポランニー著「ファシズムの本質」(一九三五年)、木畑洋一訳、玉野井芳郎・平野健一郎編訳『経済の文明史』(筑摩書房、二〇〇三年)一八四頁、同「共同体と社会―われわれの社会秩序のキリスト教的批判―(キリスト教左派グループ講義草稿)」(一九三七年)、若森みどり・植村邦彦・若森章孝編訳『市場社会と人間の自由―社会哲学論選―』(大月書店、二〇一二年)一二八頁。

(24) 大道寺隆也『国際機構間関係論―欧州人権保障の制度力学―』(信山社、二〇二〇年)一八―一九頁、John Gerard Ruggie, "Global Governance and 'New Governance Theory': Lessons from Business and Human Rights," *Global Governance*, 20 (2014), pp. 5–17; Kenneth W. Abbott, et al., eds., *International Organizations as Orchestrators* (Cambridge: Cambridge University Press, 2015), pp. 21–26.

(25) 「生活水準」概念が、その曖昧さゆえに一九三〇年末から「大衆政治」の領域において、グローバルな訴求力を持ち得た点に着目した最近の研究がある。Tara Zahra, *Against the World: Anti-Globalism and Mass Politics between the World Wars* (New York: W. W. Norton, 2023), p. 229.

(26) 近年の研究として次のものが挙げられる。それらは、「社会医学」の系譜に着目しているため、「生活水準」概念の史的検討に密接に関わる。なお、「社会医学」は、特定の感染症の根絶にのみ関心を集中させるのではなく、人々の健康を全般的に向上させる社会・経済的条件を生み出すことを目指すアプローチを意味している。西平等『グローバル・ヘルス法―理念と歴史―』(名古屋大学出版会、二〇二二年)序章、第二章。Randall M. Packard, *A History of Global Health: Interventions into the Lives of Other Peoples* (Baltimore: Johns Hopkins University Press, 2016), pp. 89–90, 99–104. ドイツ・モデルの「社会医学」を受容した中国での公衆衛生制度の樹立については、飯島渉『感染症の中国史―公衆衛生と東アジア―』(中央公論新社、二〇〇九年)一一六―一一七頁。

(27) 本書第2章第4節参照。

(28) 「生活水準」概念の変化については、本書の観点以外の接近方法として、一九三〇年代末ILOの、農業および栄養分野を中心とした専門分野を横断する国際協力の起源を検討した研究が挙げられる。近年の研究として、Amalia Ribi Forclaz, "A New

Target for International Social Reform: The International Labour Organization and Working and Living Conditions in Agriculture in the Inter-War Years," *Contemporary European History*, 20-3 (July 2011), pp. 307-329. ただし、そこで検討された過程は、一九三八年段階に明確となった農業、栄養分野の専門家による国際協力構想の形成過程であり、その後の第二次世界大戦中の反戦運動ないし戦時協力との関わりで、農業・栄養問題がどのように浮上してきたのか、という点は未解明である。戦間期の農業分野の国際協力論については、Michele Alacevich, "Planning Peace: The European Roots of the Past-War Global Development Challenge," *Past and Present*, 239-1 (2018), pp. 219-264 が、戦間期と第二次世界大戦中とでのヨーロッパ農業開発論の差異を論じている。アラセビッチは、戦間期のイギリスの国際協力論の一環としての中・東欧の農業開発構想を明らかにしている。この構想は、東欧農業の比較優位を強調した自由貿易を促進する旧来型の論調を基礎にしていた。これを受けて彼は、農村過剰人口を都市の工業労働者へと転換させる介入主義的な産業計画の志向が明確になってきたのは第二次世界大戦中であったことを示し、その新たな構想の実践例として第二次世界大戦後のイタリア経済復興、とくにイタリア南部の経済開発を位置づけている。上記の研究は中国要因をとくに取り上げた本書の検討結果を相対化しつつ「生活水準」概念の理解をより深めるにあたって重要な論考といえる。終章では、中国要因以外で「生活水準の向上」が求められた契機に関し、戦間期国際連盟の活動に由来する連続性にあたる部分と、第二次世界大戦中ＩＬＯの連合国への戦時協力にみられた戦間期の段階とは異なる要素を挙げつつ、この論点をＩＬＯ史研究の本書で扱い得なかった理由について述べている。

（29） カール・ポラニー（ポランニー）著、野口建彦・栖原学訳『［新訳］大転換―市場社会の形成と崩壊―』（東洋経済新報社、二〇〇九年、原書底本二〇〇一年、初出一九四四年）四三七―四四二頁。このことについてポランニーは、ドイツのナチズム、アメリカのニューディール、ソ連の共産主義（一国社会主義）の例を挙げている。ただ、ソ連の場合、国家主導の農業集団化の推進は一九二七年末の穀物調達危機と急進的な工業化構想の採用を起点とするものであり、ポランニーが想定するほどには、計画経済の導入に際しての世界大恐慌の衝撃は強調し得ないと思われる。渓内謙『上からの革命―スターリン主義の源流―』（岩波書店、二〇〇四年）一五―二〇頁。なお、一九三〇年代末から「生活水準」概念が経済のグローバル化をめぐる「大衆政治」において重要な意味を有していたと指摘するザーラも、その直後の記述で、大恐慌の克服を目指した各国の「計画化」は、自給自足を志向しがちであったため国際主義とは結びついていなかったと付言している。Zahra, *op. cit.*, pp. 229-230.

（30） Véronique Plata-Stenger, *Social Reform, Modernization and Technical Diplomacy: The ILO Contribution to Development (1930-1946)* (Berlin/Boston: Walter de Gruyter GmbH, 2021), pp. 154, 284.

（31） Ernst B. Haas, *Beyond the Nation-State: Functionalism and International Organization* (Stanford: Stanford University Press, 1964), Chaps. 6,

13.

（32）Geert Van Goethem, *The Amsterdam International: The World of the International Federation of Trade Unions (IFTU), 1913–1945* (Aldershot: Ashgate, 2006), Chap. 4.

（33）Lex Heerma van Voss, "The International Federation of Trade Unions and the Attempt to Maintain the Eight-Hour Working Day," in Frits van Holthoon and Marcel van der Linden, eds., *Internationalism in the Labour Movement 1830–1940 II* (Amsterdam: Brill, 1988), pp. 518–542.

（34）Antony Alcock, *History of the International Labour Organization* (London: Palgrave Macmillan, 1971).

（35）Morse, *op. cit.*

（36）アフリカの英仏植民地については、Frederick Cooper, *Decolonization and African Society: The Labor Question in French and British Africa* (Cambridge: Cambridge University Press, 1996), Chap. 2-3. ベルギー領コンゴについては、Jasmien Van Daele, "Industrial States and Transnational Exchanges of Social Policies: Belgium and the ILO in the Interwar Period," in Kott and Droux, eds., *op. cit.*, Chap. 11. フランス委任統治領のシリアの通商問題と労働問題との関連については、Susan Pedersen, *The Guardians: The League of Nations and the Crisis of Empire* (Oxford: Oxford University Press, 2015), pp. 258–259.

（37）安田佳代『国際政治のなかの国際保健事業－国際連盟保健機関から世界保健機関、ユニセフへ－』（ミネルヴァ書房、二〇一四年）五七－六六頁。

（38）後藤春美『国際主義との格闘－日本、国際連盟、イギリス帝国－』（中央公論新社、二〇一六年）八〇－八六頁。

（39）David Ekbladh, *The American Mission: Modernization and the Construction of an American World Order* (Princeton: Princeton University Press, 2010), pp. 25–37.

（40）Rana Mitter, *Forgotten Alley: China's World War II 1937–1945* (Boston: Mariner Books, 2014), pp. 357–358; Ruth Rogaski, *Hygienic Modernity: Meanings of Health and Disease in Treaty-Port China* (Berkeley: University California Press, 2004), pp. 225, 300.

（41）Alcock, *op. cit.*, pp. 140–142.

（42）広田寛治「南京政府工場法研究序説（３）」『中国労働運動史研究』第一二号（一九八三年一一月）二三－七九頁。高橋孝助・古厩忠夫編『上海史－巨大都市の形成と人々の営み－』（東方書店、一九九五年）一九六－一九九頁。張力『國際合作在中国－國際聯盟角色的考察，１９１９－１９４６－』（台北：中央研究院近代史研究所、一九九九年）二九八－三〇三頁。

（43）「革命外交」が同時代およびある時期までの研究史において強調されてきたのは、中国側による国権回収についての言説の単純化と、その単純さゆえに真に受けて強硬と解釈した日本外務省の中国外交に対する警戒心が、歴史研究にも反映されたことに起因すると思われる。中国外交の国権回収の論理については、川島真「領域と記憶—租界・租借地・勢力範囲をめぐる言説と制度—」貴志俊彦ほか編『模索する近代日中関係—対話と競存の時代—』（東京大学出版会、二〇〇九年）第九章。北京政府期と南京国民政府期の「修約外交」の連続性については、川島真・服部龍二編『東アジア国際政治史』（名古屋大学出版会、二〇〇七年）一二一—一三六頁および、唐啓華著、戸部健訳「国際社会と中国外交」飯島渉・久保亨・村田雄二郎編『シリーズ20世紀中国史2　近代性の構造』（東京大学出版会、二〇〇九年）第三章。一九三〇年代前半の日本側の反応、とくに重光葵外務次官と石射猪太郎在上海総領事については、本書の第4章第3、4節で扱う。

(44)　中国側の強硬な交渉姿勢を示す文書が、イギリス外務省側の誇張された言説であると以下の論文で指摘されている。また同論文では、そうしたイギリス外務省の認識が一九三〇年代当時の中国で調査研究をしていた英語圏の労働問題研究者に伝わっていたことも示唆されている。Limin Teh, “The International Labour Organization and the Labour Question in Republican China, 1919–1938,” in Stefano Bellucci and Holger Weiss, eds., *The Internationalisation of the Labour Question: Ideological Antagonism, Workers’ Movements and the ILO since 1919* (Cham: Palgrave Macmillan, 2020), pp. 279–300.

(45)　日本の外交文書を用いた代表的な研究は、臼井勝美『日本と中国—大正時代—』（原書房、一九七二年）、海野芳郎『国際連盟と日本』（原書房、一九七二年）。

(46)　中山和久『ＩＬＯ条約と日本』（岩波書店、一九八三年）、吉岡吉典『ＩＬＯの創設と日本の労働行政』（大月書店、二〇〇九年）。吉岡の存命中に発表された論考で、より問題関心が明確なのは、同「ＩＬＯの創設と日本政府の対応」『経済』第一四六号（二〇〇七年一一月）一一一—一四二頁。

(47)　Iwao F. Ayusawa, *A History of Labor in Modern Japan* (Honolulu: East-West Center Press, 1966), pp. 170–183.

(48)　神山晃令「国際労働機関（ＩＬＯ）との協力終止関係史料」『外交史料館報』第二八号（二〇一四年三月）七一—八三頁。

(49)　産業部はIndustrial Divisionからの訳で、中国語表記では労工部となる。“industrial relations” は労資（労使）関係を意味することから、中国語で労働者を意味する「労工」が用いられるのはもっともである。しかし本書では、“worker” ないし “labor” ではなく “industrial” に「労働者」あるいは「労働」と日本語をあてることは避けた。

(50)　ヒンダー、および上海ＹＷＣＡに関する主要な先行研究は、以下の通り。Frances Wheelhouse, *Eleanor Mary Hinder: An Australian Women’s Social Welfare Work in China between the Wars* (Sydney: Wentworth Books, 1978); Robin Porter, *Industrial Reformers in Republican China* (Armonk: M. E. Sharpe, 1994), Chap. 3, 7; Karen Gerner, *Precious Fire: Maud Russel and the Chinese Revolution* (University of Massachusetts Press, 2003); Sophie Loy-Wilson, “‘Liberating’ Asia: Strikes and Protest in Sydney and Shanghai, 1920–1939,” *History Workshop Journal*, 72

(August 2011), pp. 75–102; Isabella Jackson, *Shaping Modern Shanghai: Colonialism in China's Global City* (Cambridge: Cambridge University Press, 2018); Littell-Lamb, *op. cit.*; 石川照子「上海のＹＷＣＡ－その組織と人のネットワーク－」日本上海史研究会編『上海－重層するネットワーク－』（汲古書院、二〇〇〇年）二五七－二八四頁、同「抗戦期におけるＹＷＣＡの活動と女性動員」中央大学人文科学研究所編『民国後期中国国民党政権の研究』（中央大学出版部、二〇〇五年）第二章。

（51）英中関係史の最近の研究では、一九二五年の中国で発生したストライキで反帝国主義運動へと発展した五・三〇運動をめぐってイギリス労働党と同国キリスト教団体が連帯したことや、それらの議員や活動家が中国の労働条件改善のためにイギリス外務省への働きかけた事実が指摘されている。Phoebe Chow, *Britain's Imperial Retreat from China, 1900–1931* (London: Routledge, 2017), pp. 157–162.

第1章　ＩＬＯ設立過程における対日問題
――日英間の舞台裏交渉

はじめに

本章は一九一九（大正八）年に開かれた第一次世界大戦のパリ講和会議におけるＩＬＯの設立から同年の第一回ＩＬＯ総会にいたる交渉過程を、日本側の代表者であった商工官僚の岡実に着目して明らかにするものである。さらにこのことを通じ、ＩＬＯ設立過程における地域間ないし国家間の差異を前提とした合意がどのようになされたのかを論じたい。まず、このような課題を設定した理由を以下で述べる。

第一次世界大戦後の国際関係を考えるうえで無視できないのは、ヨーロッパ諸国の総力戦経験[1]、ロシア革命[2]、アジアにおける低廉な労働力を梃子にした工業発展[3]、という第一次世界大戦中に発生した三つの要因であろう。それぞれ、労働運動の高揚、国際共産主義に対する警戒、戦後経済復興に向けたヨーロッパ諸国の対外貿易再建とアジア工業国の海外市場進出との間で生じる経済摩擦、といった問題を惹起した。ここからは政治経済および社会的な領域にまたがる国際問題という、この時期の労働問題の特徴が見出せよう。加えて、講和会議でのＩＬＯの設立で労働問題は政府間交渉を要する案件となったのである。

こうした状況下で、第一次世界大戦後に国際労働問題に直面した日本が、国際的な労働条件の改善に関わっていくことは容易ではなかった。先進工業地域であったヨーロッパの労働運動には、第二インターナショナルや国際労働組合連盟（ＩＦＴＵ）の活動といった蓄積があった[4]。ヨーロッパ国内政治に目を転じれば、第一次世界大戦時の連立政権とはいえ労働者政党から入閣者を出した国も存在していたのである。一方、日本では最初の労働法制である工場法こそ一九一六年に施行されていたものの労働組合は公認されておらず、労働者政党が政権の一角を占めることは望むべくもなかった。

以上の社会運動や政治上の前提とともに、工業先進国として振る舞いたい日本の足枷となったのは経済問題であった。低賃金・長時間労働を強いていた繊維産業が、この時期の日本経済の中で非常に重要な位置を占めていたことは明白である[5]。日本はＩＬＯの設立に際して、国際社会から積極的な労働者保護を求められ、かつ周辺諸国や植民地からの労働力の流入によって国内労働環境では摩擦が生じるという工業先進国としての問題に向き合うことを余儀なくされた。しかしそれと同時に、低廉な労働コストによる海外市場進出という後発国的な貿易戦略をとらざるを得ないという事情も抱えていた。しかも産業発展で労働市場を拡大して労資協調を実現することは、当時の日本では困難であった[6]。このように、日本が直面していた国際労働問題は、地域や国家間の並立的な違いではなく国際関係の階層性における差異ゆえに顕在化していたのである。本章で扱う「国際関係の階層性」とは、以上みてきたような産業発展や労働者保護立法の水準の高低を指している。この高低は上からヨーロッパ、日本、植民地を含むアジアといった帝国秩序内の階層性と一致する面もあるが[7]、他方でカナダ、オーストラリア、ニュージーランドといった英自治領が日本に対して優位に立てる面もあり、国家主権の関係性とは必ずしも一致しない。

それゆえ、階層性を伴う地域間ないし国家間の複雑な差異を前提とした合意が、ＩＬＯ設立交渉という国際会議の場でどのように模索されたかという点を、対日問題に即して考察する[8]。そこで、日本のカウンターパートとして、内政においては労働党が政権をうかがい、対外的には世界的な帝国であったイギリスを設定した。なぜなら、イギリス本国も、日本とは異なる形ではあるが、ＩＬＯ設立過程において労働基準をめぐる国際的な階層性という問題への対処を迫られていたからである。こうした背景を有する日英両国は、ＩＬＯ設立交渉でどのように動いたのだろうか。この点が、先行研究では明らかにされていないのである。

ＩＬＯ設立期の論じられ方は、その起源をどう捉えるかという問題に直結するため、序章で述べたＩＬＯ研究史全体の傾向に影響する。このことに関連して、ＩＬＯを扱った日本史研究および、序章でふれられなかった岡実に関する研究についても言及ししつつ、再度研究史を概観していく。国際関係論での領域では、Ｅ・ハースがその先駆的なＩＬＯ研究において、イギリスの改良主義的な戦時労働行政がＩＬＯの設立過程に反映されたことを明らかにした。[9] ロバート・Ｗ・コックス（Robert W. Cox）は、第一次世界大戦前にできていたヨーロッパ列強の政労資三者の協力関係が、総力戦における経済動員で強化され、その経験からＩＬＯが構想されたと論じている。ＩＬＯの起源についてコックスは、政労資の三者をより強固に結びつけた、第一次世界大戦の戦勝国の反共産主義および資本主義体制内の改革という志向性を指摘している。[10]

だが、これに続く歴史研究においては、各加盟国の労働運動史か、国際労働組合運動史という形をとり、すでに成立したＩＬＯに対する組合の動きを主として検討するものであったため、ＩＬＯ設立過程の歴史分析は意外になされなかった。[11] たとえば日本史では、外交史研究の一環でパリ講和会議を扱った際にＩＬＯの設立にふれられるにとどまり、[12] 国内の労働運動史では散発的に言及されるにすぎない。そのため、ＩＬＯを扱った理論研究と労働運動史研究をどのように接合するのかが論点と成り得る状況が生じている。

研究分野の架橋という点では、次の問題もある。ＩＬＯ史、あるいは労働運動史は、外交史と自然に結びつく分野でもない。一方で、内政と外交の関連に注目する場合でも、アーノ・メイア（Arno J. Mayer）による第一次世界大戦中の「新外交」に関する研究や、[13] エドワード・Ｈ・カー（Edward. H. Carr）のソ連史研究[14]に代表されるように、国内の政治変動や権力闘争の反映という観点から対外政策の変容を捉えるため、外交史とＩＬＯ史が接す

岡実（国会図書館憲政資料室所蔵）

る回路はあまり開かれていない。労働問題や社会主義思想を外交史の視野に含めようとした研究では、国内の党派的対立が外交政策を規定した側面を強調する傾向があったように思われる。そのため、いかに詳細な叙述を伴っていても、ＩＬＯという国際機関を主体とする余地はなかったのである。

近年、ピーター・Ｍ・ハース（Peter M. Haas）の知識共同体論[15]を用いたＩＬＯ設立史が増えている。労働分野においては、学者やテクノクラートを主な構成員とする非政府組織である国際労働立法協会（ＩＡＬＬ）が知識共同体に該当する。一方、政党指導者や運動家の組織である第二インターナショナルや国際労働組合運動は利益集団とされ、知識共同体とはみなされない。専門的な知識の役割を重視する知識共同体論は、利益集団に着目した考察から距離をとっている。こうした検討対象の絞り込みは、国際機関の設立や国際基準の設定について実証研究を進めるうえで一定の合理性があった。しかし、知識共同体論を用いると、労働問題で無視できない政党や労働運動には接近しにくい。しかも一九一九年のＩＬＯ設立を扱う場合、ほぼ必然的に、英仏といったヨーロッパ工業先進諸国、あるいは国際社会主義運動を担ってきた小国（たとえばベルギー、オランダ、スイス）出身の知識人や官僚の凝集性を強調することになりがちである。そのため先行研究は、ＩＬＯ設立時の、国家・地域間の社会経済的な階層性に起因する貿易摩擦について政治的交渉の重要性を捉えきれていない[16]。しかし、この政治的交渉を検討することは、国際労働基準を定める国際機関を理解するためには避けられない作業のはずである。ただし、研究史の蓄積に鑑み、政党や労働運動の動きを追うだけでは不十分であると考える。

以上の理由から本章では、ＩＬＯ設立期の外交交渉について日本の商工官僚の岡実が残した史料を主に用いて検討する。

岡実は、農商務省商工局長として工場法制定（一九一一年）からその施行（一九一六年）で中心的役割を果たし、第一次世界大戦中は通商、産業政策の立案にあたっていた。大戦後に欧米に渡り、パリ講和会議には随員、ワシントン第一回ＩＬＯ総会には政府委員として出席している。[17] 労働者保護と産業発展の矛盾に直面した日本の官僚に即して国際労働問題を検討することで、ＩＬＯの設立過程をより深く理解することができるだろう。

本章では岡実関係文書（国立国会図書館憲政資料室所蔵、一九九二年公開）を用いる。とりわけ、岡が渡欧中に記した日記が重要である。それゆえ、岡文書はＩＬＯ総会に関わる日本の外務省記録の消失部分を補うものであり、本章での考察に活用したい。なお、講和会議全権の牧野伸顕の関係文書（同室所蔵）にもＩＬＯ設立に関連する史料が含まれている。ジュネーブのＩＬＯ文書館に現存する史料は、一九三〇年代初頭に設立史を編纂する際、加盟国から提出された断片的なものしかなく、[18] 岡文書やイギリス外交文書の方がより一次史料として優れているため、部分的な使用にとどまった。岡文書とイギリス外交文書を併用することで、これまで解明されてこなかったＩＬＯ設立過程および第一回ＩＬＯ総会における日英政府の舞台裏交渉を検討できた。[19]

こうした研究史と史料の状況をふまえ、本章は以下のように構成される。第1節では、農商務官僚時代の岡実の労働問題や通商問題に対する考え方を、彼の著作から明らかにし、それと並行して日本国内における労働問題の議論の構図を確認する。第2節では講和会議労働法制委員会におけるＩＬＯ設立交渉をみていく。続く第3節では、ＩＬＯ総会準備委員会と第一回総会の交渉過程を検討する。結論では、設立交渉で顕わになった各国の階層性と、その前提で対日問題がどのように処理されたのかについて、その国際的な位置づけを示す。本章で対日問題を取り上げて東アジアに目を向けることは、第3章以降で中国要因を分析するための準備となろう。

1　岡実の日本における立ち位置

(1) 岡の対英認識

ＩＬＯの設立過程の検討に入る前に、この分野において日本側で中心的な役割を果たした岡実の社会・経済に対する見方や対外観を確認していく。

まず、岡は日本初の労働法制である工場法を起案した経験から、イギリス工場法が先進的であると考えており、随所で日本とイギリスを重ね合わせて語るところがあった。たとえば、マンチェスター衛生会による一七九五年の労働者の実態に関する調査に、日本の医師会が出稼ぎ女工の健康調査をして経営者に注意喚起したことを重ねて、イギリスの労働問題研究は日本の社会政策学会の活動と似ていると述べている。おそらく岡は、イギリスに肩を並べるような労働政策を日本で実現することを目指していたのであろう。

そして、岡は第一次世界大戦終結後について、「欧米諸国ニ於ケル戦後ノ大問題ハ〔中略〕如何ニシテ来ルヘキ労働問題ヲ処理スヘキヤニ在リ」と指摘した。他方で日本については、「我国ノ憲法ハ欽定セラレタリ、夫ノ如ク我工場法モ亦労働者ノ声ナクシテ制定」されたのであり、欧米とは異なり労資紛争も政府の施策で予防可能である、とまで述べている[20]。ここには、工場法起案者の自負がうかがえる。それゆえ政府の役割は労資よりも優越すべきと考えたのである。

岡は、日本では農業の経済的比重が高いものの輸出産業とはならないため、商工業を興し、加工貿易を発達させることが課題とみていた。第一次世界大戦期の政府の経済調査会では、品質管理を強化して労働条件の改善にもつなげようと提唱し、海外市場調査の拡充などを盛り込んで貿易第一号提案を起草した[21]。

また、原料供給地、日本品市場として中国と南洋が重要であると考え、この地域に大きな影響力を持つ英帝国に日本経済は依存しているという理由で、日英同盟の継続を説いていた。だが、第一次世界大戦後、日英同盟反対運動が中国のイギリス商業会議所で起こった。[22]その運動の動機には、中国において商工業の機会均等が果たされていないというイギリス経済界の主張があった。イギリス側が「機会均等」の点で問題があると述べたのは、日本が低劣な労働条件により、不当に通商競争を仕掛けているという意味であった。[23]労働者保護と品質管理の強化を唱えた岡は、諸外国にそのような対日観を抱かれてしまうことを危惧した。

以上のように、岡は労働問題にも通商問題にも通じた官僚であった。先行研究ではどちらか一方の分野で論じられてきたが、両方の問題を国内外にまたがって考えていたことは注目に値する。彼は労働者保護と産業発展を両立させるために、労資間の対話よりも政府による調整を志向した。こうした考え方は日本では珍しいものであった。

(2) 国際労働問題に対する国内の反応と日本の論調

国際労働問題に対する国内の反応を整理すると、三つに分けられる。

第一は、原政友会内閣、農商務官僚、枢密院、資本家を中心とした、経営者側の温情主義による微温的解決を望む勢力である。ロシア革命、米騒動といった国内外の事態に不安を覚えながら、彼らは日本経済の安定のためにいまだ基盤を確立できていない重化学工業の育成を重視していた。[24]こうした目的を達成するために、労働運動を取り締まる目的で運用可能な治安警察法第一七条を撤廃せずに据え置いた原内閣の反動的性格は否定できない。[25]実際、第一回ＩＬＯ総会の政労資三者の代表委員および随員の選定をめぐって、原内閣は政府のみで労働代表を決定し（官選）、政府の代表委員の一人は労働問題とは関係が薄い鎌田栄吉慶応義塾学長とするなど、その場しのぎの対応をとった。鎌田自身も、ＩＬＯ総会での日本にとっての争点は、ＩＬＯ条約の猶予規定をいかに定めるかということにあると考えていた。[26]同じ政府委員でも、岡と鎌田は労働問題の知識や問題関心が大きく異なっていた。鐘紡の経営者で資本家委員の武藤山治も、大規模経営のように温情主義が機能しやすく、そして労働組合を除外した形での経営（工場委員会による調停）が可能な場合は、労働組合を公認するつもりはなかった。[27] 枢密院にいたっては、ヴェルサイユ講和条約第一三編労働編としてＩＬＯ規約が挿入されたことについて、その総意として「斯ノ如キ事項ヲ平和条約中ニ併合規定シタルハ本官等ノ甚タ遺憾トスル所ナルコト前ニ国際連盟規約ニ付述ヘタル所ニ同シ」と憤っていた。[28]

それに対し、第二の立場をとる憲政会、内務官僚の一部、経済学者らは、外圧を利用して国内改革の必要を訴え、原内閣を批判した。ただ彼らは、政府を攻撃したいあまり外圧に期待しがちであった。そのため、ＩＬＯが日本に対する例外的な基準や実施までの猶予を与える特例を含む条項を設けることを知ると、彼らはこうした妥協の姿勢に不満を抱いた。この論調は日本国内に向けては、普通選挙の施行、労働組合公認、工場法改正に消極的な原内閣への批判に結びついた。このような意図で、国際労働運動の影響力やＩＬＯの対日圧力を誇張する傾向があった。[29]

第三の友愛会をはじめとする労働運動は、政府や資本家との対決姿勢を強めていた。とりわけ鈴木文治を擁する友愛会は、官選形式でのＩＬＯ総会労働代表選出に反対した。というのも、原内閣が鈴木を代表に送ることを阻んだとみなしたからであった。しかも鈴木らはＩＬＯを、政府や資本家と手を結んで労働運動を封じるものとすら考えた。このころ労働運動の内部では、法律で労働環境の改善を目指す「議会主義」は劣勢であり、直接行動が望まれるようになっていた。[30]

この三つの立場は、日本に妥協しようとするＩＬＯの意図を受け取り損ねたが、岡はそのいずれにもあてはまらなかった。[31] 農商務省商工局長時代に工場法施行令をめぐって労働立法に否定的な枢密院と折衝した経験から、日本のＩＬＯ加盟が実現したとしても、以後の年次総会で採択されるＩＬＯ条約を遵守できる国内環境はなかなか整えられないと痛感していた。[32] ＩＬＯ条約を国内に適用する以前に、条約を批准する国内機関の枢密院で審議することは必然となる。[33] 岡はＩＬＯの創設とその発展を望んでいたが、そこでの国際的な合意を日本国内に浸透させるにあたり、保守的な枢密院が障害になるだろうと考えていた。そのため日本政府代表として各国の妥協を引き出しつつ、日本のＩＬＯ加盟を実現しようと働きかけたのである。なお、イギリス政府は、労働行政を担う岡が全国的な大衆運動となった米騒動に過剰反応せずに冷静に対処していると、一九一八年段階で把握していた。日本政府には自国内の労資対立の激化を緩和する意思があり、商工官僚の岡がその実行を担っていると認識が、イギリス外交文書にみられる。このことも記憶しておいてよい。[34]

2　講和会議の労働法制委員会

(1)　ＩＬＯ総会代表委員の構成

労働問題の国際会議は、白燐マッチの規制など特定の産業に関して第一次世界大戦終結以前から開かれていたが、[35] 日本政府は国内産業に急激な変化をもたらす危険があるとして、関わろうとはしなかった。しかし、パリ講和会議において労働問題が重視され、この分野の国際機関の設立が具体的に議論されるようになると、保守的な日本政府もこの動きを無視できなくなった。ＩＬＯの設置根拠で講和条約の一部となるＩＬＯ規約の制定を議題とする講和会議労働法制委員会は一九一九年一月三一日に発足し、この委員会の構成国は英仏米伊日の五国（代表は各二名）と、ベルギー、キューバ、ポーランド、チェコスロヴァキア（代表は各一名）とされ、計一四名の各国代表で議事が進められていった。議長には、アメリカ代表のアメリカ労働総同盟（ＡＦＬ）会長サミュエル・ゴンパース（Samuel Gompers）が選出された。日本政府の主たる関心は、①イギリスが提案した労働環境改善事項第七項「外国ニ於テ従業スル労働者ノ利益ノ保護」に関する交渉で、いかにして主導権を握るか、[36] ②ＩＬＯの設立を受け入れることは国際連盟に加盟するなら避けられないため、日本の内政改革が必要になるだろ

ジョージ・N・バーンズ（Wikimedia Commons より）

うというものであった。[37] もっとも、日本の講和会議代表団（このうち労働法制委員会に関係するのは、全権の牧野伸顕、駐蘭公使の落合謙太郎、岡実と商工官僚の吉阪俊蔵の随員二名）[38]には、イギリスはＩＬＯの設立と国際労働問題の具体的な議論を分けて考えているようだ、との観測もあった。[39]

労働法制委員会の重要な争点は、各加盟国のＩＬＯ総会代表委員の構成であった。この問題はＩＬＯの意思決定に大きく影響するため、政府の役割を重視するか、労働運動の影響力を確保するかで紛糾した。イギリス原案第三条は、政府一人、労資をそれぞれ一人とし、政府委員は二票の投票権を有するとした。ベルギー代表のエミール・ヴァンデルヴェルデ（Emile Vandervelde）司法相は、民間の委員が二人ならば労働政策を担う政府代表が二票持つのは当然であるとこれに賛同した。しかし、アメリカ代表で著名な労働運動家であったゴンパースＡＦＬ会長は労働者の権利は政府や資本家と同等にすべきとの立場から、政府委員二人ないし二票案に反対し、フランス代表のピエール・コリアール（Pierre Colliard）労働相もこれに続く。総会での決議が政策に反映されることを重視するために政府権限を強くすることを望むベルギーと、労働者の地位向上を重視する米仏が衝突した。

この問題に関し岡は、「政府代表を二人にしておくと一人は使用者側を、一人は労働者側を支持し公平なバランスをとることができる。それに日本の事情からいうと労働立法の進歩については労働者自身よりも政府の方が関心が大きいのであるから政府の代表力を強くするのに賛成である」と考えていた。[40] また、労働委員を選ぶ際、労働組合の組織が十分に発達していない国はどうするのかと質問した。これに対してイギリス代表で戦時内閣閣僚のジョージ・N・バーンズ（George N. Barnes）が、未熟な組織から選んでもよいし、政府が責任を持って選んでも良いと答えたため、日本は官選のお墨付きを得た。[41] 結局、二月一七日の記名投票で、イギリス作成の政府二人案に一〇票入り、一〇対四で可決された。ＩＬＯ総会の投票権は、労資に対する政府の優位が認められたのである。

(2) 条約の批准規定

代表委員の構成に次いで、今後のＩＬＯ総会で採択される予定のＩＬＯ条約に対して加盟国がとる手続きが議論された。ＩＬＯ条約は個別分野の労働基準を設定するものであり、加盟国は通常の条約のように批准するかどうか判断を下す必要があった。設置根拠として講和条約に組み込まれるＩＬＯ規約に、各国がＩＬＯ条約を批准する手続きを明記する方向で話し合われた。注目すべきは、イギリス案第一八条第三項の「締約各国ハ決議事項ニ付総会終了後一年内ニ正式ノ批准ヲ理事ニ通告スルト共ニ議会カ協賛ヲ与ヘサル場合ノ外其実行上必要ノ手続ヲ為スヘキコトヲ約ス」をめぐって論争が起きたことである。[42] さらにイタリア代表は、一年以内の批准を義務づけてはどうかと提案した。加えて国際連盟に異議申し立てをした場合には、国際連盟がＩＬＯ総会での再議を命じ、そこで再決定された条約に対し再び国際連盟へ不服を訴えることはできない、という条項を含むものであった。このイタリア案にはベルギーが経済的後進性を、アメリカが憲法上の理由を根拠に反対した。日本は、ベルギーの見解にならいつつ、「日本ノ特殊ノ地位」を説明し、「多数ノ国ニ必要ナル改革事項モ之ヲ其儘直チニ日本ニ採用スル時ハ工業ノ為ノミナラス労働者ノ為ニモ不利益ナルコトアリ」として、批准に猶予期間を設けるよう求め、イタリア案に反対した。[43] 全権の牧野にいたっては「余リ拘束カ甚シケレバ我国ハ〔労働法制委員会から〕〝出ル〟ツモリニテ居ラサルヘカラス実ニ厄介ナ問題ナリ」と労働法制委員会からの引き揚げまで口にした。それを聞いた岡は「万事ニツキ心配スルノミニテ断ナ」く、「余リニ神経質ニテ他人ノ言ニ寛容ヲ以テ容ルノ取意《ママ》ナキモ中々意外ナリ」といった調子で、これ以降日記の中で執拗に牧野に対する批判を繰り返す。[44] そこで岡は、

外務省に今後の方針について請訓したが、外務本省からの訓令は裁決に間に合わなかった。(45)

ＩＬＯ条約の批准に関して、各国の態度はさまざまであった。アメリカは労働法制委員会議長のゴンパースが三月末に帰国する必要があり、労働条件の改善について具体的に議論を進めたがった。フランスはＩＬＯ条約の拘束力をイギリス案よりも強固にしたかったので、日本代表に不快感を持った。フランス労働総同盟（ＣＧＴ）会長のレオン・ジュオー（Léon Jouhaux）は国際労働法制について、制裁規定を盛り込むことを最重要視していた。(46)イタリアもフランスと同様に法的拘束力を重視し、さらに工場労働者だけでなく、農業労働者への適用も望んだ。ベルギーは八大工業国（理事国）入りを目指して熱心に活動しており、日本をライバル視した。日本代表団は、労働法制委員会の場では具体的な問題に踏み込まないイギリスとの関係を重視すべきと判断した。「印度ハ事情ヲ異ニスルヲ以テ万事特例ヲ設ケザルベカラズ此ノ関係ニ於テ日本ト趣ヲ同ジウスト云フベシ」というバーンズの発言は、イギリスの対日姿勢を表していると受け止めたのである。(47)

こうした各国の態度は、第一次世界大戦直後の利害対立とともに、それぞれの労働運動の違いも関係していた。たとえばフランスでは、議会政党化した社会主義政党と直接行動を望む急進的な労働組合が対立しており、政府による労働運動の弾圧も激しかったため、労働組合は国際会議という機会を活かそうとした。ＣＧＴ会長のジュオーは、ＩＬＯ条約の拘束力を高めようとした。(48)一方、イギリスでは労働党が進んで自由党と提携して議会立法を目指したように、労働運動は漸進的、改良主義的な社会主義に基づき、第一次世界大戦中に発足した労働省を中心として行政の支持も受けていた。(49)体制側との協調、自由主義者の取り込みがイギリス労働運動の特色であった。バーンズは、暴力的な運動を否定し、あわせて自由貿易を擁護する立場から、労働ダンピングの対策として敵対的な保護関税が拡散することは非合理だと主張していた。(50)

なおバーンズがイギリスの講和会議の全権であったことにつき、ふれておくべき内政上の事情がある。このことは、労働党が戦時内閣から離脱したことに起因する。バーンズは閣僚として残留する意向を示したため、労働党から除名された。講和会議全権の資格を手放したくないバーンズは、この決定を受け入れた。[51] 一方、アーサー・ヘンダーソン（Arthur Henderson）率いる労働党はベルンで開催された国際労働者会議を主催し、パリ講和会議と一線を画しより革新的であろうとした。ヘンダーソンらは、ＩＬＯの政府代表と労働代表は同じ権利を有すべきと主張して講和会議に対抗した。さらに、国際連盟総会についても各国の政府代表ではなく、議会の代表者で構成されるべきだと考えていた。[52] だが、労働党が閣外に立ち、かつパリ講和会議の外での活動を選んだことは、むしろバーンズの個人的な動きを促し、労働問題の専門家としての彼の地位を政府内で高めることになった。ベルンの国際労働者会議に集った社会主義者と労働運動家の国際的な動きはパリ講和会議の外部に立つものであったがゆえに、ＩＬＯ設立過程が政府関係者間の交渉で進んでいく結果につながったのである。

　労働法制委員会では、一九一九年二月末の第二読会を経て、当初はＩＬＯ規約の第一八条となるはずだった懸案のＩＬＯ条約の批准規定は、条文の順番の調整で同規約案の第一九条に収まった。この段階で、ＩＬＯ条約の批准は「議会の協賛」という点を「関係機関の合意」とすると変更された。しかし、ＩＬＯ条約の採択から批准までの期限は一年と規定されたままであった。[53] 三月一八日、第二読会成案に接した日本外務省は、批准までの期限を「成ルヘク速ニ」へ修正することを求め、ＩＬＯの設立には同意するが条約には拘束されないと明言するよう代表団に訓令した。[54] しかし、このＩＬＯには加盟するが、そこで採択された具体的な条約に従うわけではないと宣言するような本国からの指示を日本の代表団が実行す

アーサー・ヘンダーソン（Wikimedia Commons より）

ればイギリスとの協調路線は危ぶまれる。

結局、三月一九日の第一九条に関するイギリス妥協案の採決に際し、日本代表団は本国から訓令が到着していないということにして採決に加わることを避けた。その後第三読会にて若干の修正をみた後、ＩＬＯ規約案は可決されたが、日本はここでも採決に加わらなかった[55]。その後三月二一日、日本代表団は、第三読会を経て可決された成案に対し新たな動議を出せば、委員会ではなく講和会議本会議に持ち出すことを余儀なくされるに違いないから、訓令を待たずにイギリス案に賛成する他ない状況だと外務本省へ打電した[56]。

ＩＬＯ規約案は最終的に講和条約第一三編として成立し、日本も調印することになる。しかし、講和条約が調印された六月二八日までの間に講和条約第一三編すなわちＩＬＯ規約の一部に重要な修正が加えられた。ＩＬＯ設立以後に同総会で採択されるＩＬＯ条約を批准するまでの期限を一八カ月まで延長可能に修正したのである。その修正のために、岡はあまり国際労働問題に積極的でなかった牧野を引き入れて日英二国間交渉の場を設けた。批准規定を緩和させたことは、日本国内の、とりわけ国際機関に反感を持つ枢密院にＩＬＯ加盟を認めさせるうえで大きな成果であった[57]。

(3) 委員会終了後の日英二国間交渉

日本は、第三読会の採決に加わらなかったものの、国際労働問題に対する姿勢だけは表明しておいた。徐々に社会政策を進めてはいるが、「日本ノ労働ニ特有ナル歴史及労働状況ヲ無視シテ欧米諸国ト同一ノ制度ヲ採用スル」ことは困難なため、ＩＬＯ規約および条約には「日本国ニ於ケル特別ノ事情ニ適応スル為例外又ハ変更ヲ加ヘ又ハ猶予期間」が必要だというものであった[58]。

岡の日記によれば一九一九年三月二五日、イギリス委員のバーンズとマルコム・デルヴィーン（Malcolm Delevingne）内務次官補が牧野を訪問し、岡と落合が立ち会ったとある。イギリス側は日本が講和条約第一三編の

ＩＬＯ規約を受け入れないのではないかと危惧していた。日本側の要求である「日本国ニ於ケル特別ノ事情ニ適応スル為例外又ハ変更ヲ加ヘ」ることについては、バーンズが、「Special circumstance〔特別の事情〕ニ対シテハSpecial clause〔特例条項〕ヲ設クヘシ」と述べたので、牧野は、「日本ノ工業ハ大切ナリ人口ノ増加ハ驚クヘキマデ何処ニモ出口ナシ工業ノ発達ハ之レ立国ノ基本」であるため、労働規制を強制されては困ると事情を説明した。さらに牧野は、「何トカシテDelay」と猶予規定を設けたいという日本側の意向を伝えた。それに対し「Malcolm曰クTime of Grace?〔猶予期間〕然リソレナラハConvention ノRejection ヨリヨキヲ以テ考ヘテ立案シテ見ルヘシ」と、ＩＬＯ条約に定められた基準を反映した国内法の施行についての猶予期間をＩＬＯ規約中に定めることを再検討する意思をみせた。翌二六日、バーンズは牧野に一〇年間の猶予規定を提示し、三一日には「落合氏バーンズ氏ヲ訪ヒ（マルコムモ含ム）十年猶予ノコトヲ論ス」ところまで進展する。

四月一日の英米仏伊日外相会議で牧野は、ＩＬＯ規約案第一九条の修正案を提議する用意があると述べていた[59]。これについて四日の日英間非公式会談で、①特殊な状況にある国に特例を認める条項を挿入すること、②一年で批准が不可能の場合は遅くとも一八カ月以内に批准すべきと第一九条四項に定めることで合意した[60]。こうして第一九条は一一日に講和会議本会議で可決され[61]、講和条約第四〇五条の条文となった。しかし、日本が求めていた一〇年間の猶予については、他の参加国の手前、これまでの経緯に逆行することになり困難であると一旦の合意を撤回した。その代わりイギリスは日本に対し、猶予規定をも含めた特例が認められる余地を確保していくつもりだと伝えた[62]。

労働法制委員会では、労働九原則[63]を定める条項も討議していたが、一一日の講和会議本会議では採決されなかった。こうした具体的な施策については、即時実施を意味するのでなく、今後ＩＬＯ総会で決議されてから、相当の措置をとればよいと日本代表団は解釈した。労働九原則への対応について、「日本テハ之レテ満足シマスカネー」と話した牧野に対し、岡は「満足シナケレハナリマセン」と応じた[64]。しかし、イギリスがＩＬＯ規約すなわち講和条約第一三編を補完するものとして、上記の労働九原則を同編付則に挿入しようとしていることに、日本側は気づくことになる。四月一五日にイギリスのバーンズ委員と会見した岡は「心中英国ノ横暴ヲ悪ムコト甚シ」と憤慨した[65]。

労働九原則をめぐる日英のやり取りを理解するために、ここで英帝国代表団の内情を確認しておく。英帝国代表団の記録によれば[66]、三月二九日（第一四回会合）の段階では、バーンズは労働九原則の講和条約挿入を現時点で扱う必要はない、と挿入にこだわらない意思をみせた。労働九原則を講和会議本会議の議題としなければ各国を失望させるのではないかとニュージーランド代表が問うと、バーンズは第一回ＩＬＯ総会の準備に早く取りかかるために、準備委員会を設置することが先決であると答えた。総会を確実に開催することがＩＬＯの設立のために必要だと考えていたバーンズは、労働九原則といった具体的な規定が講和会議で争点になってしまうことを避けたかった。しかし、本会議では労働問題だけを話し合うわけではないので、後から労働九原則を挿入することは難しいのではないかという意見も出た。

オーストラリア首相のウィリアム・Ｍ・ヒューズ（William M. Hughes）にいたっては、国際連盟とＩＬＯは同じく講和条約中に設置が定められた国際機関だとしても、両者は別個の組織であるべきだと主張した。国際連盟の加盟国とＩＬＯの加盟国が同じになれば、国際連盟の非加盟国にはＩＬＯ規約が適用されなくなるというのがその理由であった。このときヒューズは対独問題を念頭に置いていたが、以後はこの論点を日本との貿易に結びつけるようになる。また、ヒューズはドイツ産業がイギリスにとって脅威であると発言したが、これはオーストラリアと競合する日本製品の進出に圧力を加えるべきと後に主張する布石でもあった[67]。さらに四月三日（第一七回会合）には、イギリス首相のデヴィッド・ロイド＝ジョージ（David Lloyd George）が、「自治領は、ヨーロッパのボリシェヴィズムの脅威に留意してほしい。［ＩＬＯが］成立しなければ労働者団体の失望を招く」と発言したことに対し、ヒューズは次のように答えた。国際連盟加盟が未確定である日本や中国との最も激烈な産業競争にさらされているオーストラリアとしては、ロシア革命を起こしたボリシェヴィキとは戦うつもりではあると留保しつつ、彼は「日本を国際連盟規約の条項で拘束できないのであれば、我々は賛成できない」と自説にこだわった。日本が国際連盟に加盟しなければ、日本に労働規制を適用できないとヒューズは考え、国際連盟規約とＩＬＯ規約を分離し、労働条項を通じて日本に圧力をかけるべきだと繰り返し強調した。カナダやニュージーランドの代表もヒューズに続き、ＩＬＯ非加盟国の低賃金・長時間労働が脅威となる可能性があるとの懸念を表明した。

こうした自治領側の発言は、ロイド＝ジョージ、バーンズやアーサー・Ｊ・バルフォア（Arthur J. Balfour）イギリス外相であっても、「ガス抜き」として容認できるものではなかった。国際連盟とＩＬＯの分離など考えられない選択肢であった。バーンズは「もしＩＬＯ規約と国際連盟の機構が分離されてしまうなら〔国際連盟の傘下としてＩＬＯが設置されることを指す〕、イギリスの労働者、いや世界中がひどく失望するだろう」と迎え撃つと、戦間期の活動を通じて国際連盟運動の指導者と知られることになるロバート・セシル卿（Lord Robert Cecil）下院議員もこれに賛同し、「国際連盟の仕事が差し迫った戦争の対処のみとなるなら、それは期待外れに終わる。労働問題は国際協力に関し最も重要な事例であって、そこでの協力は国際関係の進展にあたって価値ある一歩といえる。そのような協働は、独行する社会主義者と政府当局との食い違いを防ぐものである」と、ＩＬＯの意義を説いた。[68] ヒューズは労働九原則の挿入も強調したが、これにはバー

ウィリアム・Ｍ・ヒューズ（Wikimedia Commons より）

ンズもバルフォアも反対した[69]。そこでバルフォアは労働九原則を六原則に縮小する修正案を作成した。この修正案は日本代表団へは四月一八日に伝わることになった。バルフォアによる六原則案は、労働九原則を強引にまとめて六項目にしており、各項目がどの観点で労働者保護を謳っているのかが明確でない代物であった。それゆえ、九原則と六原則の内容を比較してもあまり意味はない。英帝国代表団が討議したあげく、ここまで後退した条文案を日本側に伝えたという事実が重要である[70]。

この一連の過程には英帝国内の政治経済的な階層性が表れており、イギリスは先進国と後進国の中間という日本の立場を考慮して宥和的な態度をとったといってよい。フランスやイタリアに階層的な秩序観がなかったわけではないが、講和会議の労働法制委員会および第一回ＩＬＯ総会において、両国からは労働者代表の発言が目立った。労働者代表は階層性に配慮しない画一的な国際基準を望んでいたため、猶予規定や例外条項を求めた日本に批判的であった。

日本代表団は、一五日に労働九原則が講和条約に挿入されることを知った。六原則に後退した形ではなく九原則が維持されたが、修正の余地に期待をかけてそれに同意することとした。労働九原則は四月二八日に本会議において修正の上可決された。日本にとって重要だったのは、労働九原則の前文に加えられた部分だった。「締盟国ハ気候習慣風俗経済上ノ機会及ヒ工業上ノ風習ノ相違ノ為メ労働条件ヲ直ニ全然一致セシムルコトハ頗ル困難ナリト認ム」という文章が挿入されており、経済的理由で、労働九原則を即時に適用できなくてもよいと認めるもので、日本側が主張する特殊な状況への配慮がみられる[71]。以上のように、講和条約を調印するまでの過程で、非公式の日英交渉を通じて日本側の主張はある程度受け入れられたのである。

ところで岡は、ＩＬＯ規約に関する書簡を有松英義（元枢密院書記官長、一九二〇年より枢密顧問官）に一九一九年四月一三日付で送っている。これからＩＬＯ総会でＩＬＯ条約が批准され、工場法が改正されるだろうと見越して、枢密院関係者へ伝えておきたいことがあった[72]。

今回の協約中ニハ「異りたる国の事情ニ対しては異りたる規定を設くる事」を規定し必しも画一主義をとりたる次第ニては無之候事とて我立場を十分ニ弁明する以上ハ必しも他日「議会の反対」ニ逢ふて批準《ママ》を為し得さる様のの《ママ》規定を押しつけらるる事は無之と存し候

なお牧野も「今日ノ労働問題ハ独リ経済問題タルニ止マラス其ノ影響スル所社会政治的方面ニ及フモノ」であるから、日本でも「労働協約加盟ヲ機会トシテ機先ヲ制」する解決策が望まれる、とこの問題の重要性を指摘していた[73]。牧野は帰朝後、原内閣の閣議で国際労働問題につき報告を行っている[74]。しかし、原内閣の労働政策は、前述のように反動的な性格が強かった。そのため行政機構がまだ整っていない日本は、岡のような専門家がパリ講和会議から第一回ＩＬＯ総会まで交渉に従事し続けるしかなかったのである。

3　第一回ＩＬＯ総会

(1) 総会準備委員会

第一回ＩＬＯ総会に向けて国際的な準備に踏み出すべく、総会準備委員会（以下、準備委員会。岡は創立委員会とも表記）を設けることになった。一九一九年四月九日、全権の西園寺公望や牧野らに「準備会出席ヲ口説カレ」た岡は承諾しかねたものの、日記に「余心中致シ方ナシ」と記している[75]。

結局、岡と吉阪俊蔵が講和会議より引き続き出席することとなった。準備委員会の主な作業は、①一日八時間か一週四八時間か、②失業の予防救済、③婦人就業（出産前後、夜業、健康上有害な就業）、④少年就業（最低年限、夜業、健康上有害な就業）、⑤一九〇六年ベルン条約（婦人夜業禁止、黄燐マッチ禁止）という五議題の原案作成であった[76]。

五月八日、岡と吉阪は報告電報案を作成し、一一日に二人の意見電報として外務本省に打電した[77]。日本は諸外国から不正競争を行っていると批判されているので、早急な労働者保護対策が望まれるとし、「若シ然ラザレバ七月ニ於ケル準備委員会及十月ニ於ケル総会ニ於ケル本邦ノ立場ハ意外ニ困難ナルモノアルベク又其結果ハ本邦商工業ノ将来ノ発展上却ッテ不利益ナル影響ヲ来タスベシト予期セラル」と訴える内容であった。

岡本英太郎農商務省商務局長より岡宛の五月一八日付書簡[78]には、日本国内の国際労働問題への対応振りが表れている。岡本は「来十月米国ニ於テ開催ナル《ママ》ヘキ第一回労働会議ノ結果中々思ヒヤラレ」る、だが国内の準備が万全でなく、「貴兄モ同会議ニハ転戦シテ再ヒ労働問題ニ気焰ヲ挙ケラルル」よう、ＩＬＯ総会へ出席してほしいと求めた。

六月七日、岡は牧野に対して「1、余ハWashington ニ行クコトヲ余ノ創立委員トシテノDue ナルコトヲ感スルコト　2、本国ヨリ来ル委員ニ引継キ又議会中ハ其ノ相談相手トナルコトヲ辞セズ」と述べたが、ＩＬＯ総会政府代表委員を引き受けるとは明言しなかった。

岡の日記では「八月四日＝労働創立委員会一応終リタル日　大問題スヘテ日本ノ主張通ル」と満足しており、準備委員会では、理事会を構成する八大工業国の選定（ドイツが含まれたとしても日本は八国に入る）、一週四八時間労働制と超過時間の割増賃金制が決定された[79]。八時間制に関しては八月二日、イギリスのデルヴィーン内務次官補が日本に配慮した特例の一〇時間制を提議し、準備委員会で認められた[80]。デルヴィーンは事前に、日本の政治経済状況についてイギリス外務省から情報を得ていた[81]。

さて、日本政府代表委員について[82]、九月一六日に岡は「是非政府ヲ代表セラレタシトノコトニ候」という日本工業倶楽部（一九一七年創立の実業者団体）からの電報を受けた。一九日には「農商務大臣ノ申込ヲ辞退ス　政府委員辞退」と日記に記している。「余政府ト何等Entente〔協約〕ナク此重任ヲ受クルヲ得ンヤ〔中略〕而シテ農

〔商〕ム相等今日ニ至ル迄何等余ニ音信スル所ナク突然此ノ希望ヲ伝フルハ甚タ意ニ落チザル所ナリ」というのがその理由である。一〇月三日の日記に「農〔商務〕相ヨリ再度ノ電報＝不快ト不安ノ感ヲ為ス＝断然且ツ必然御辞退ニ決ス」と記し、この部分に「苦悩」と書き込んでいる。

一〇月七日、岡は在ニューヨーク総領事館から打電した。日本政府代表委員を引き受けるが、裁量を大きくしてほしいという内容だった[83]。突然農商務省からＩＬＯ総会に政府代表として出席するよう命じられたと受け止める岡にとってみれば、裁量の拡大は当然の要望であっただろう。一〇月一〇日の外務省訓令では、請訓は①「若シ重要諸国ガ参加セサルカ又ハ今回ノ会議ノ性質ニ重大ナル変化ヲ見ルガ如キコトアル場合」や、②「政府ノ態度ヲ表明スルカ如キ場合ハ勿論其他ノ場合ニ於テモ事情ノ許ス限リ」の二点を挙げている[84]。実際のところは、総会の対応に関し岡が請訓した様子はなく、比較的自由な発言が可能であった。こうした選任は、政府代表委員がすなわち日本政府の代弁者ではなかったことを示している。なおもう一人の政府代表委員は、前述したように慶応義塾学長の鎌田栄吉である。資本家代表委員は武藤山治（鐘紡取締役）、労働者代表委員は官選で枡本卯平（鳥羽造船技師長）に決定した。このほかに顧問を含めたものが日本の総会代表である。正式の政労資代表の四人を委員、他は顧問と表記する。

(2) 総会の開会前後

政府委員を引き受けた岡は一〇月一〇日、農商務省が九月に作成した「国際労働会議準備委員会質問書ニ対スル回答案[85]」を確認したが、不要とみなした[86]。この農商務省の意向は、「具体的ノ意見及詳細ナル説明ニ付テハ第一回国際労働会議ニ出席スヘキ政府委員ニ於テ必要ニ応シ口頭ヲ以テ陳述スルヲ適当ナリト認ムルノ方針ニ出テタリ」として、猶予期間を設けるよう繰り返し訴えただけの内容であった。何ら具体性を伴っていなかったので、岡が参考にならないと判断したのも当然であろう。

一〇月一六日にワシントンに到着した岡は、第一回ＩＬＯ総会に出席する準備を進めた。「二大問題の前途は如何―八時間問題―夜業禁止問題―／鎌田氏は果して弁台ニ立ち得る哉―余は余の英語の拙きを悔ゆるの念益切なり／此の人達ニ満足となし、世界ニ於ケル日本の位置を説明する事最も必要」ではあるが、八大工業国として「併し余り多々卑下するを容さす」と考えた。(87)

総会は一〇月二九日に開会したが、(88)初日から岡は「午後Barnes副議〔長選出〕ノ賛成演説ヲ為」すなど、「大多忙ノ一日」であった。イギリス政府委員のバーンズを副議長に選出することに賛成した岡のこの演説は、他の日本委員（一〇月二八日ワシントン到着）の反感を買ったようである。たとえば、「会場ニ行キ政府委員ノ互選会(89)ニ臨ム　第二回発言ヲ試ミ印度ヲ支持シタルモ破レタリキ」ということがあって、これについて鎌田栄吉と口論があった。岡によると、「Ｋ〔鎌田〕曰ク　八ヶ間敷虫カ居リテ困ル自分本位ノ議論ナリ、Barnes ノ secours〔援護〕ヲモ相談セスシテ岡カヤリタリトテ八ヶ間敷―併シ自分ハ相談シテヤリタリトシテ為タリ（本日ノコトヲ云フナラン）／余曰クアノ位ノ軽キコトハ相談セズシテ為スも《ママ》可ナラン大方針ニ関スルコトナラハ極論ナルモ」とのことで、(90)早くも政府委員どうしで軋轢が生じた。

一一月四日からは、労働時間について議論が始まった。会議冒頭、イギリス政府委員のバーンズ副議長が演説し、「生産ノ点ニ於テハ英、米、仏ノ如キ先進国ノ八時間労働ハ後進国又ハ気候ノ不良ナル国ニ於ケル九時間制又ハ十時間制ニ相当スヘク印度又ハ日本ヲ欧米諸国ト同一ノ基礎時間ノ下ニ競争セシムルハ其ノ大部分ノ工業ヲ破壊スルニ過キサルヘシ」と講和条約第四〇五条に基づく特殊事情への配慮を強調した。そして、今回のＩＬＯ総会は毎年開催される会議の一つに過ぎない。従って、「本員ハ本総会ニ於テハ今回茲ニ代表セラレタル諸国ノ採用シ得ヘキ案件ヲ提出スルヲ肝要ト思惟シ理論ノ宣伝ヨリハ寧ロ実際ノ効果ヲ挙クルコトヲ主トスルモノナリ」と続けた。このようにバーンズは、過激な論争に走ることを戒め、着実な成果を挙げることの重要性を説いた。このような演説の基礎には以下のような彼の考え方があった。

労働問題に関して改革を進めると、国際貿易の障害になるのではと資本家が恐れるので、国家は改革をためらう。それゆえ国際機関は経済発展へ向けた条件の改善と、世界全体の労働者保護を、同時に促す必要がある。ＩＬＯの基本的理念は、異なる構成国の政体、生活、慣習、気候、産業の発展の違いという広く様々な条件に適用可能な、伸縮性をもった条項を設けることであり、すべての加盟国に厳格で画一的な条件を押しつけてはならない。インドや日本をみれば想像できるように、労働条件の改善は国家の発展に伴って試みられるものであって、厳格に画一化すれば、かえって突発的で深刻な大変革に直面してしまう。そして、改善努力が最初から不可能ならばＩＬＯからの脱退という結果を招くだろう。だから、特殊条件に配慮するための修正事項を設ける必要がある、というのがバーンズの持論であった。[91]彼は国ごとに異なる条件にＩＬＯが対処できるようにしたかったのであるが、それは国際的な労働基準を確立する目的に相反するような例外も同時に定めてしまうことも意味した。それゆえ、画一的な国際基準の設定にこだわるのみであれば必要なかったであろう政治的な綱渡りに陥っていくことになる。

あわせてバーンズは一九二六年の著作で、「国際主義はあらゆる人々の利益を表したものであろうか。それとも、一部の利益を主張する暴力的な革命の声に委ねられるものであろうか。ＩＬＯの立場は前者である。政府、資本家、労働者がともに共通の利益に向かって進む機会を用意できる」とも述べている。[92]政労資三者の協調を実現するため、バーンズは政府の役割を重視した。

バーンズは政府主導の労資協調を志向し、条件の異なる地域間で妥協を求た。こうして階層的な国際認識が表れた。講和会議会期中の四月一七日の英帝国代表団内の打合せでバーンズは、「仏伊は日本や中国の問題を考慮にいれていない、イギリス代表としては最善の方法の探究を欲している」と発言した。[93]だが、労働九原則を講和条約に入れる必要があるかとバルフォアに問われると、「自分はイギリス代表にして同時に労働法制委員でもある。一つの原則も挿入されないとしたら、労働者階級を失望させることとなる」と答えた。[94]このようにバーンズは、ＩＬＯ総会をできるだけ早期に開催したいと思い、具体的な問題に踏み込むことを当初は避けていたが、実際に総会が始まってからは持論を展開するようになった。こうしてバーンズの言動が政治性を帯びていったことは、日本が彼と提携できる余地を生み出していった。実際のところ、岡はバーンズの対日配慮にすがる必要があった。こうして地域や国ごとの差異は政治的交渉のテーマとなったが、国際関係の階層性を前提とした妥協は、政府主導の労資協調を望む岡とバーンズには親和的であったといってよい。

(3) 特殊国委員会における審議

第一回ＩＬＯ総会では労働時間の問題が中心議題となり、岡と吉阪は[95]、総会の中日である一一月九日に協議した。「日曜ナレドモ９：30―１：45迄「八時間」問題ニ付」いて「熱心ナル協議会ヲ開」き「10・５ヨリ本論ニ入ル　余先ツ1)政府ノ方針ニ従フコト2)其ノ結果3年丈後ニ於テ8時間ヲ行フコト及10時間原案、9時間等ノコトヲ訴ヘ且ツ週休ノコトニ及ブ議論中々真面目ニシテ２ニ及ンデ止ム」とあり、岡は九時間制で妥協しようとしていたことがわかる[96]。

労働時間問題は一般の国と、特例を設けるべき国（当初、熱帯国とされた）のそれぞれに委員会を設置して審議することとなった。特例について討議するために設けられた熱帯国委員会に岡も参加した。一一日の熱帯国委員会初回では、岡の推薦で議長をバーンズとすることに決まった。一三日（第二回会合）は岡の発議で「従来熱帯国委員会ト称シ来リシ本会ヲ特殊国委員会ト改称スルコトニ決」した。名称変更は、熱帯国でない日本には一般国の規定を適用すべしという武藤七郎日本労働委員代理の主張をかわすためであった。委員会では「劈頭委員会ノ名称ニツキ改ムヘキコトヲ発議シBarnes氏及全会ニイレラル武藤七〔郎〕氏切リニ日本ヲ此ノ会ヨリ排除スヘキコトヲ主張シBarnes氏ノ質問ニ逢フテシドロモドロト為ル次ニ武藤〔山治資本家委員〕氏ノ発言ニテ日本ノ職工カ八時間ヲ希望セルコトハ事実ニ非ストノ弁明及Ｌ者〔労働者〕ノEfficiencyノ比較表等ヲ説明ス」といったように、労働委員の武藤と資本家の武藤の対立が、国際会議の場で先鋭化する。(97) 岡は政府委員案として、原則は一〇時間制、危険業種は九時間制と定め、一九二三年施行とする案を提示した。一四日（第三回会合）は、伊蘭両国の労働委員が武藤七郎と同じく、日本に特例を設けることに反対した。一五日（第四回会合）には、日本を特殊国に含めるかどうか採決があり、三対九で日本は特殊国となった。岡は「日本国政府カ此ノ特殊時間制ヲ提出スルニ先ツテ政府ハ出来得ル限リ列国ト協調ヲ保タムコトヲ期シ日本ノ関係各省代表者カ充分ナル熟慮討議ノ結果一般ノ与論ト一致シ得ル限度ヲ見出シ之ヲ提案ノ基礎ト為シタルモノナリ」と演説を行った。一方、労働委員代理の武藤七郎はこの結果が出ると退席した。岡はこの日をまとめて、「委員会ニテ日本ノ態度ヲ宣明ス＝大演説＝通過＝一安心＝sourire〔安堵〕ス」と記した。(98) しかしながら、日本側の意見は岡が記したような「一致」にはほど遠かったのであった。

会議がなかった一六日、岡は日本代表団と協議した後、バーンズと会談している。日記によれば、日本の政府代表らに「八時間問題ヲ論シ10時〔間〕ヲ9時間ニ為サンコトヲ提議シ」て反対に逢った後、バーンズを往訪し、「1）9時間トスルコト2）１９２２〔年〕・３〔月〕ノ施行期限ノコト」などの話をしたとある。一七日も岡はバーンズと会談し、年間の超過時間を三〇〇時間まで認める案について議論している。こうして岡の、九時間制及び三〇〇時間年間超過、一九二二年施行案がバーンズとの合意のもとで形成されていった。以上の経緯は他の日本代表が岡の意見に反対している状況でのことであり、日本側は労資間に加え、政府代表内でも合意点が定まらなかった。岡が主張を二転三転させたことも、他の委員や顧問から反感を買う原因となる。(99)

一八日（第六回会合）には、日本の政府代表を説得するため、「ヤヤ興奮シテ9時間 ３００時間ノ案ヲ作レルニ豹変シテ十時間主張」を行わざるを得なかった。(100) なかでも中国の労働基準に対する岡の意見は興味深い。「支那工業ノ状況殊ニ生糸業及綿業ハ進歩シ居リテ日本ニ対スル競争ノ大ナルコトヲ説キ」、中国に工場法の制定を勧告すべきであると提議した岡は、さらに「支那カ時間制限ノ圏外ニ立ツトキハ日本ノ同種工業ニ時間制ヲ適用スルハ困難ナリ」とまで述べている。これに対し中国政府委員代理の楊永清は「支那ノ工業ハ日本ノ如ク発達セス職工ノ心身ヲ労スルコト少ク又生産力モ少シ支那工業ハ大部分手工ニシテ小規模ナリ尚外国人ノ工場及居留地多キ為一層困難ヲ増スト弁ス」と反論した。結局、中国もシャム（現タイ）やペルシャ（現イラン）と同様に、来年次に報告書を提出させることにしてはどうかというインド代表の提案が通り、日本と中国の労働基準を同時に審議することにはならなかった。

一九日（第七回会合）は、日本代表どうしの対立となった。岡は一〇時間制および危険業種九時間制、一九二二年施行という政府委員案を提示したが、資本家委員の武藤山治は生糸業一一時間その他一〇時間制という条件を主張した。これにはバーンズが、武藤案の労働時間は長すぎ、岡案が自分の考えに近いとしつつも、危険・不衛生業種の範囲を拡げるようにとの条件を付けた。二〇日（第八回会合）の委員会が始まる前に、日本代表団は次のような協議をしている。「余〔岡〕ハ論シテ曰ク（農商務省ニテハ小西〔正二〕、立石〔信郎〕、柴山〔雄三〕、古瀬〔安俊〕、吉坂ニ至ル迄皆反対候）特殊国ニ対スル弁明ヲ為シ次テ10時間論ヲ為スハ余ノ思ヒザル所ニ世界ノ大局ヨリ見テ9時間ニ賛成セントス」というように、岡は自説の九時間制案を強く主張した。[101] そして委員会でも九時間案を表明する。この日の委員会では、岡の九時間制および三〇〇時間年間超過案と、武藤山治の一〇時間制および一五〇時間年間超過案が衝突した。バーンズは、武藤七郎労働委員代理が日本は特殊国でないと未だに発言している案件については、日本の政資労三委員の合意案を明日の委員会で提議することを求めた。

しかし、日本の三委員は合意に達することができなかった。そこで、二一日（第九回会合）の委員会でバーンズはその後の流れを決する発言をする。まず、八時間制に関する一般国委員会では原案の準備委員会案に大修正を加え、超過時間規定を削除した。それと同時に特別の事情がなければ、超過時間は一切認められないと決まったことにふれた。それに加えて「日本ニ関シ三百時間ノ超過時間ヲ設定スルコトハ右本会ニ於テ採ラムトスル主義精神ニ副ハサル」から、「本件ニ付テハ之ヲ岡委員ニ付託シテ更ニ新案ヲ立テ明日ノ会議ニ之ヲ提議スルコトトシテハ如何」と提案した。バーンズはヨーロッパ諸国で構成された一般国委員会での調整を根拠に、超過時間は争点になり得ないと伝え、日本の政労資委員の合意へ向けて主導権を岡に握らせようとしたといってよい。その夜、岡はバーンズと会談し、新案を作成した。[102] その新案に基づき二二日（第一〇回会合）で特殊国委員会の報告案が通過した。日本に、九時間半制、超過時間は一般規定に準拠するよう求める案である。[103] 他の特殊国については、インドには週六〇時間制が決まった。中国については、週六〇時間、少年は週四八時間、週休制設定、夜業禁止が決められたが、勧告ではなく推奨事項にとどめられ、次回総会で報告義務を負わせることとした。

(4) 本会議

一九一九年一一月二七日の本会議では、工業労働時間が討議された。議長のジュール・カルリエ（Jules Carlier）ベルギー資本家委員は、バーンズに特殊国委員会報告を朗読するよう求めた。その後、「専制国家日本」という言葉まで用いて日本政府や資本家を非難した枡本労働委員の演説があり、それに鎌田政府委員が答弁した。

各国からは次のような反応がみられた。コルネーユ・メルタン（Corneille Mertens）ベルギー労働委員は、戦火を被らなかった日本は、ヨーロッパより有利な立場にあるはずだと述べた。ヤン・オウデヘースト（Jan Oudegeest）オランダ労働委員は、日本を必要以上に優遇するとヨーロッパ諸国を危険にさらし、「欧州国民ハ人間ノ存在ニ値セサル程劣等ナル状態ニ於テ労働スル者ト競争スルノ止ムヲ得サルニ至ルヘキ」と辛辣な批判を繰り広げた。ここでバーンズが、日本の問題だけに限定したオウデヘースト発言は議題から外れていると注意し、議長の承認を得た。バーンズのおかげで、オウデヘーストは過度の非難をしたと見なされたのである。

フランス労働委員のジュオーは、日本を特殊な国として扱うべきではなく、講和条約第一三編のＩＬＯ規約に照らしてみても、労働者の利害は全世界で同じだから各国の規定は画一的であるべきで、日本の優遇は望ましくないとした。イタリアのジーノ・バルデージ（Gino Baldesi）労働委員は、日本は世界の一等国を自認するにもかかわらず、ＩＬＯ総会では工業劣等国だと主張するのは不可解であり、絹製品や造船の競争力を思えば、二年間の施行猶予期間は寛大すぎると発言した。

こうした批判に岡は反駁する。まず、第一次世界大戦中の一時的な経済状態に基づいて日本の労働基準を定めることは誤りであると述べ、「日本ハ濫ニ特殊国タランコトヲ切望スルモノニハ非ス単ニ経過規程トシテ斯ル待遇ヲ求ムルニ過キ」ないと明言した。そして、オウデヘーストに「苟モ労働法制発達ノ史実ニ通スルモノハ斯ル急進的法制案カ実行上ニ成功セル例ナキコトヲ知」るべきであり、「労働法ナルモノハ産業的発達ニ伴テ進ムモノ」であると反論した。講和条約を引き合いにして画一性を強調したジュオーに対しては、「国際平和条約ノ精神ハ決シテ濫ニ相違ノ点ヲ没却シ同一化セシメントスルモノニ非ス却テ国状ニ鑑ミテ適当ナル処置ヲ行ハントスルモノニ外ナラス」と主張し、バルデージの批判には、国ごとに違う労働立法の歴史的蓄積を無視していると応酬した。

続いて、バーンズが発言する。

我々は特殊国委員会において日本及びその他関係諸国ともに条約作成を成し得る見地からこの問題を処理し、岡とその他同僚は公平に我が判断を受け入れたといってよい。資本家委員も既に述べられた方針に従うように促された。そして我々は日本を含む各国政府とで条約を結んだ。〔中略〕だが、もしあなた方がこれを否決すれば、いかにして日本にあなた方の意思を課すことができるのか。インドに対してはどうなのか。すべて無効ではないか。

そして、日本その他特殊国の労働条件改善へ向けた行動を各国の代表に期待する、と締めくくった。(104)

ジュオーは、バーンズが提議した特殊委員会報告に質問があるとして発言を求めたが、議長から投票後とされた。ジュオーは、オウデヘーストと同じく日本のみに対する修正案を提議したいと思っていた。採決の結果、特殊国規定は五八対七で通過した。その後、ジュオーとオウデヘーストの、日本に対する変更案（一日八時間一週四八時間、施行は一九二二年七月一日から同年一月一日に変更）は四二対四五で否決された。この三票差は実に日本の政府委員二票と資本家委員の一票であった。こうして採択されたＩＬＯ第一号条約「工業労働時間条約」を加盟国はいかに批准したのかについては、設立期だけでなく一九二〇年代にわたるため、次章に譲る。

小結

国内で工場法の成立および施行で中心的な役割を果たした岡は、パリ講和会議から国際労働問題に関わってきた。彼は国際的な潮流と日本経済との妥協点を、つねに慎重に模索し続けた。妥協を図るには政府が労資よりも優位に立つのが前提だが、日本政府には労働行政に理解がないという状況で、岡は日本国内で孤立していった。そこで岡は、イギリス代表のバーンズという会議の帰趨を決める人物との協力関係に着目する。

バーンズは、ＩＬＯの基本的理念は政体や生活、慣習、気候、産業発展など様々に異なる国々に適用可能な基準を設けることであって、厳格で画一的な規定を押しつけてはならないと考えていた。こうした伸縮性を強調するバーンズの立ち位置は、彼が労働党からの除名と引き換えに閣僚として講和会議全権となり、他方で労働党はＩＬＯ設立を議論する講和会議とは別個の、労働組合、社会主義者のみで構成された一九一九年ベルン国際労働者会議に傾注したという事情から補強された。政府主導の労資協調を唱えるバーンズは、その立ち位置にふさわしい人物であった。このことは、講和条約の精神は決して相違点を没却して画一化させるものではなく、むしろ国ごとの事情に鑑みて適切な措置をとるものに他ならない、という岡の思想と一致する。適切な措置をとるのは政府の役割であった。そして、岡とバーンズは、国によって社会・経済条件が多様であることを前提とした国際基準を設定すべきだと考えたのである。

ＩＬＯ第一号条約の「工業労働時間条約」で、ヨーロッパ、日本、インドが序列化され、経済事情の異なる国々を包摂する規定になったのはそのためである。新設のＩＬＯは、労働者と資本家双方に配慮しながら政府委員の権限を高めて調整力を発揮しつつ、政労資のいずれにとっても価値のある国際機関と加盟国から思われる必要があった。岡とバーンズが唱えた政府主導の労資協調政策は、画一的な国際基準を回避するという結果を導いた。

しかしながら、そうした性格を持った岡とバーンズの交渉姿勢によって、労働運動側の要求が抑えられた一面がある。実際、ＩＬＯの設立過程で二人は、漸進的な労働立法のため画一的な国際基準を避け、各国の社会運動とは距離を置いていた。以下、各節での検討をまとめつつ、岡とバーンズの同時代的な位置づけを示す。

日本国内では、労働者保護をとるか産業発展をとるかという二者択一の議論が主流で、しかも党派的対立を前提としたために、内政干渉を忌避する陣営も内政改革を希望する陣営も、ＩＬＯや国際労働運動の外圧を過大視する傾向があった。このため、ＩＬＯ設立交渉で対日妥協を引き出すどころか、その兆候を捉える意思を持つ人物が日本国内には乏しかった（第1節）。一方、労働条項を利用して日本に圧力を加えるべきと考える英自治領側にしてみれば、労働条件の改善を通して国際協調をはかるというバーンズらの方針は安易としか思えなかった。これは通商上の利害を正当化するために労働者保護の原則を持ち出した一例である。他方で、イギリス労働党は、政府代表の権限が強い案に批判的な立場から労働者の権利向上を訴え、講和会議よりも急進的な国際会議を組織した（第2節）。そしてＩＬＯ総会では、画一的な国際基準の施行を望む仏伊蘭などの労働代表が、日本の例外的な規定を認めない姿勢を強く打ち出した（第3節）。

英自治領には労働基準を理由に日本に圧力を加える意思があり、他方、日本政府にはＩＬＯに対する警戒心が根強かった。さらにヨーロッパ労働運動の影響力で国際労働基準の画一性に偏した議論が優勢となるならば、英自治領と日本との対立が深まることがバーンズには容易に予想できた。そうなっては、日本がＩＬＯに加盟しないという決断を下す可能性があった。岡は日本のＩＬＯ非加盟を避けるべくバーンズと共同歩調をとった。二人の協力関係は、英帝国の実情から類推された国際的な政治経済的な序列と、イギリス国内の漸進的改良主義的な合意に基づくバーンズのＩＬＯ構想に、日本の工場法起案した岡が合わせる形で実現した。両者は、政府が主導する労資協調を共通認識としており、しばしば労働運動側と衝突した。

したがってＩＬＯは、労資に対する政府の優位と、[105]国際関係の階層性を前提とした基準を設定することになった。その結果、ＩＬＯは船出からごたついた。第一次世界大戦後、ヨーロッパ列強の被支配諸国では、民族解放や不平等条約の改正を掲げる運動が高まっていく。そうした民族運動は急進的な現状変革を求めて、社会・経済的な権利の回復や獲得を要求した。ＩＬＯが設立された当時の中国では、明確な階級意識に基づいて労働組合が組織されていたわけではなかった。しかし、第一回ＩＬＯ総会が開催され、ナショナリズムが高まるなかで、断片的な労働者団体をまとめる動きが起こる。中国の労働者や民族運動家は、日英の裏口交渉を知らないまま、自国の労働者の権利を確立しようと新設の国際機関に期待をかけていた。このようなＩＬＯ設立の実情と中国労働運動がＩＬＯにかけた望みとの食い違いは、中国要因の分析に取り組む第3章を導く伏線となるはずである。[106]

第1章の検討から明らかになったのは、現状の国際関係の階層性を是認し、なおかつ労働運動の影響力を低めながらＩＬＯが設立された過程である。それゆえ、設立時に優勢となった政府主導の漸進的改良主義に基づく妥協の枠内では処理できない事態に直面すると、ＩＬＯは立往生してしまうに違いない。これは以降のＩＬＯ史を理解するにあたって重要な論点となろう。次章では、ひとまず設立当初の漸進的改良主義の枠内での、ＩＬＯの対ヨーロッパ事業を検討し、その分野的、地理的限界について論じていく。

注

（１）Charles S. Maier, *Recasting Bourgeois Europe: Stabilization in France, Germany, and Italy in the Decade after World War I* (Princeton: Princeton University Press, 1975), p. 11.

（２）岡義武『国際政治史』（岩波書店、一九五五年）二四六、三三二頁（義武は実の息子。岡とのみ表記している箇所は、実を指す）。Arno J. Mayer, *Politics and Diplomacy of Peacemaking: Containment and Counterrevolution at Versailles, 1918–1919* (New York: Vintage, 1967), pp. 383–409.

（３）Janet Hunter, "Britain and the Japanese Economy during the First World War," in Philip Towle and Nobuko Margaret Kosuge eds., *Britain and Japan in the Twentieth Century* (London: I.B. Tauris, 2007), pp. 15–32.

（４）Reiner Tosstorff, "The International Trade-Union Movement and the Founding of the International Labour Organization," *International Review of Social History*, 50–3 (December 2005), pp. 399–433; Geert Van Goethem, *The Amsterdam International: The World of the International Federation of Trade Unions (IFTU), 1913–1945* (Aldershot: Ashgate, 2006), Chap. 4.

（５）安藤良雄編『近代日本経済史要覧』第二版（東京大学出版会、一九七九年）一一頁。

（６）三谷太一郎「大正デモクラシーとワシントン体制」細谷千博編『日米関係通史』（東京大学出版会、一九九五年）八一頁。

（７）アジアのＩＬＯ原加盟国は中華民国、シャム（現タイ）、ペルシャ（現イラン）、英領インド。

（８）ＩＬＯ設立過程は、民間のアクターを含めた内政問題に関する国際交渉となっている。いわゆる二レベル・ゲームとして、国内と国際をレベル分けした分析の題材ではないことに留意されたい。

（９）Ernst B. Haas, *Beyond the Nation-State: Functionalism and International Organization* (Stanford: Stanford University Press, 1964), p. 143.

（10）Robert W. Cox, *Production, Power, and World Order: Social Forces in the Making of History* (New York: Columbia University Press, 1987), p. 183.

（11）Jasmien Van Daele, "Writing ILO Histories," Jasmien Van Daele, et al. eds., *ILO Histories: Essays on the International Labour Organization and Its Impact on the World during the Twentieth Century* (Bern: Peter Lang, 2010), pp. 30–31.

（12）日本史研究では、日本政府による人種平等の訴えと、ＩＬＯ規約に対する対日特例要求との矛盾が強調され、このことが日本外交のジレンマの核であったとされている。Thomas W. Burkman, *Japan and the League of Nations: Empire and World Order* (Honolulu: University of Hawai'i Press, 2008), pp. 90–91. 本章では、対日問題がＩＬＯにとっていかなる意味を有したかを検討する。

（13）アーノ・メイア著、斉藤孝・木畑洋一訳『ウィルソン対レーニン―新外交の政治的起源 1917–1918年―』（岩波書店、一九八三年、原書一九五九年)。メイアは国内の体制派と運動派という保革両派のバランスが、その国の対外政策に反映されるという図式で、第一次世界大戦中の各国の外交を論じた。

(14) ソ連の外交政策の形成においては、世界同時革命か一国社会主義か、他国の社会民主主義勢力や民族革命運動とどういう関係を結ぶか、そして、国家としてのソ連の外交と、第三インターナショナルの運動との整合性といった点が争点となった。それらはソ連共産党内の路線対立および権力闘争と不可分であり、かつ相手国の内政状況も重要な要因となる。E・H・カー著、宇高基輔訳『ボリシェヴィキ革命―ソヴェト・ロシア史 1917–1923―』第三巻(みすず書房、一九七一年、原書一九五三年)、E. H. Carr, *A History of Soviet Russia: Socialism in One Country, 1924–1926*, Vol. 3-1 (London: Macmillan, 1964); id., *A History of Soviet Russia: Foundations of a Planned Economy, 1926–1929*, Vol. 3-1, 3-3 (London: Macmillan, 1976). カー著、塩川伸明訳『ロシア革命―レーニンからスターリンへ、1917–1929年―』(岩波書店、二〇〇〇年、原書一九七九年)。

(15) Peter M. Haas, "Introduction: Epistemic Communities and International Policy Coordination," *International Organization*, 46-1 (Winter 1992), pp. 16–20; Jasmien Van Daele, "Engineering Social Peace: Networks, Ideas, and the Founding of the International Labour Organization," *International Review of Social History*, 50-3 (December 2005), pp. 435–466; Olga Hidalgo-Weber, "Social and Political Networks and the Creation of the ILO: The Role of British Actors," in Sandrine Kott and Joëlle Droux, eds., *Globalizing Social Rights: the International Labour Organization and Beyond* (New York: Palgrave, 2013), Chap. 1.

(16) この点を注意喚起したのは、Nigel Haworth and Stephen Hughes, "Internationalization, Industrial Relations Theory and International Relations," *The Journal of Industrial Relations*, 42-2 (June 2000), pp. 195–213.

(17) 工場法の制定、施行上の役割に関し、東条由紀彦「工場法の法理」東条『近代・労働・市民社会』(ミネルヴァ書房、二〇〇五年、初出一九八六年)三七三―四一七頁がある。産業政策に関しては、原田三喜雄『近代日本と経済発展政策』(東洋経済新報社、二〇〇〇年)一八九―一九九頁。

(18) その成果が、James T. Shotwell, eds., *Origins of the International Labour Organization* (New York: Columbia University Press, 1934). 同書作成のために日本側からの史料が提供された様子もなければ、日本人が執筆した部分もない。

(19) この点は、ＩＬＯ設立におけるイギリスの役割を検討した最新の研究である、Rebecca Bronwyn Korbet, "The Labour M.P. George N. Barnes and the Creation of the International Labour Office in 1919," Ph.D. Thesis (King's College London, 2019) でもふれられていない。

(20) 岡実『工場法論　改訂増補』(有斐閣、一九一七年)一〇四二―一〇四四、一一五〇―一一五二頁。

（21）岡実「商工業に就て」仏教連合会編『時局講演集』第一回（鴻盟社、一九一八年一〇月）一－三九頁。原田、前掲書、一八九－一九九頁。

（22）日本においては、一九二七年四月の商工会議所法公布以前のため、日本語史料の表記に基づいて「商業会議所」とした。

（23）船津辰一郎在天津総領事→内田康哉外相、一九二〇年五月三日、外務省編『日本外交文書』大正九年第三冊下巻、８３９文書。

（24）鳥海靖「原内閣－「純政党内閣」の明暗－」辻清明・林茂編『日本内閣史録』第二巻（第一法規、一九八一年）三二一－三三一頁。

（25）岡義武『転換期の大正』（岩波書店、二〇一九年、初出一九六九年）二〇四－二〇五頁。

（26）「労働大使　国際労働会議に列席する鎌田慶大学長」『東京朝日新聞』（一九一九年九月五日）。

（27）西成田豊『近代日本労資関係史の研究』（東京大学出版会、一九八八年）二六一－二七九頁。

（28）「枢密院会議筆記」一九二二年一〇月一一日『枢密院会議議事録』第二九巻（東京大学出版会、一九八六年）。

（29）神戸正雄（京大教授）「労働問題について」（一）『大阪毎日新聞』（一九一九年四月一一日）、奈良岡聡智『加藤高明と政党政治－二大政党制への道－』（山川出版社、二〇〇六年）二一〇－二一三頁。

（30）吉田千代『評伝　鈴木文治－民主的労使関係をめざして－』（日本経済評論社、一九八八年）一九七頁。

（31）河合栄治郎は岡に近い考え方を発表していたが、その主眼は個人の権利意識をめぐる思想上の問題を論じるところにあった。また、彼は第一回ＩＬＯ総会を目前に農商務省を退官している。松井慎一郎『河合栄治郎－戦闘的自由主義者の真実－』（中央公論新社、二〇〇九年）。

（32）岡→寺内正毅書簡、一九一九年四月一三日、寺内正毅関係文書、一八冊－二三八、国会図書館憲政資料室。

（33）副田義也「工場法と内務省」副田編『内務省の歴史社会学』（東京大学出版会、二〇一〇年）六三頁。

（34）E. F. Crowe, "Japan's After-War Labour Problem," 17 September 1918, Ann Trotter, ed., *British Documents on Foreign Affairs*, II-E-2, Doc. 283.

（35）第二インターナショナルが設立されたのは一八八九年である。一八九八年には国際労働組合連盟が誕生した。一九〇〇年は国際労働立法協会が設立され、一九〇六年のベルン会議では、婦人深夜業の禁止と白燐マッチの製造を禁ずる国際条約が成立していた。

（36）松井慶四郎駐仏大使→内田康哉外相、一九一九年二月四日、外務省編『日本外交文書』大正八年第三冊下巻、９９９文書

（以下、『日外』９９９のように記す。交渉過程の電文、日記の箇条は「一九一九年」を省略し、事後の報告書の場合には年月日を付した）。刊行史料集の文書番号とは別に、未公刊史料の請求記号は、半角英数での表記とした。

(37) 松井→内田、二月七日、『日外』１０００。

(38) 「講和会議日記」、岡実関係文書 62、国立国会図書館憲政資料室（以下、講和日記）の記述より判断した。落合、岡は委員として出席、牧野も英米の委員と接触している。吉阪は彼らに助言するなどしている。

(39) 松井→内田、二月一一日、『日外』１００２。

(40) 吉阪俊蔵「ＩＬＯの思い出」（その七）『世界の労働』第三巻九号（一九五三年九月）八三－八四頁。

(41) 吉阪俊蔵「ＩＬＯの思い出」（その五）『世界の労働』第三巻六号（一九五三年六月）二七－二八頁。

(42) 外務省調書「千九百十九年巴里講和会議ノ経過ニ関スル調書（其二）自二月一日至二月一〇日」『日本外交文書　巴里講和会議経過概要』所収（以下、講和会議経過調書（其二）のように記す）。

(43) 松井→内田、二月二二日、『日外』１００７。

(44) 講和日記二月二一日条。

(45) 松井→内田、二月二二日、『日外』１００８。講和日記二月二二日条。

(46) 松井→内田、三月三日、『日外』１０１６。

(47) 松井→内田、三月三日、『日外』１０１７。イギリス案第三四条（講和条約にはない）により、英自治領および植民地のインドもＩＬＯでは独立の加盟国同様の地位にある。この条項が削除されたのは、国際連盟に準じる形にしたためであろう。

(48) "French Sources," D600/0/02, ILO Archives, Geneva (hereafter, ILOA).

(49) Hidalgo-Weber, op. cit., pp. 19-23.

(50) George N. Barnes, *The Industrial Section of the League of Nations* (London: Oxford University Press, 1920); id., "America's Cooperation Need for the Rehabilitation of Europe," *The Annals of the American Academy of Political and Social Science*, 102 (July 1922), pp. 152-156.

(51) 以下の書簡に記載されたバーンズの書き込みによる。J. R. Clynes to David Lloyd George, 10 January 1919, James T. Shotwell Paper, 1.02.B12, ILOA.

(52) Tosstorff, op. cit., p. 420; Van Goethem, *op. cit.*, p. 21. 西川正雄『社会主義インターナショナルの群像 1914-1923』（岩波書店、二〇〇七年）六八－六九頁。

(53) 講和会議経過調書（其三）。

(54) 内田→松井、三月一八日、『日外』1040。

(55) 松井→内田、三月一九日、『日外』1041。

(56) 松井→内田、三月二一日、『日外』1043。岡は第三読会の終了に際し、不満を顕わにした。講和日記三月二三日条に、反動的な「落合・牧野ノ消極ニ閉口セラレタ」と記した岡は、三月二六日条では「血ノツキタル商品ヲ売ルヘカラス／日本ノ委員会ハ一ツノ牢獄ナリ」と述べている。

(57) 岡は、日本政府のＩＬＯ非加盟という選択を危惧していた。「岡氏意見書（一九一九年三月一日付）」、牧野伸顕文書、B11-1-9、国立国会図書館憲政資料室。

(58) 松井→内田、三月二四日、『日外』1045別電。

(59) 落合謙太郎「国際労働委員会総括報告書追加報告書」一九一九年一〇月二九日、『日外』1077。

(60) 講和日記四月五日条。

(61) 松井→内田、四月一一日、『日外』1055。

(62) 松井→内田、四月一六日、『日外』1056。

(63) 講和条約第一三編の付則である第四二七条となる。内容は、①労働非商品の原則、②労資とも結社の自由を有す、③最低賃金について、④八時間労働制、⑤週休制、⑥幼年就業の制限、廃止、⑦男女平等待遇、⑧合法的居住者に対する差別待遇の禁止、⑨工場監督制の整備と、女性監督官の登用、である。

(64) 講和日記四月一一日条。

(65) 講和日記四月一五日条。

(66) "Minutes of British Empire Delegation," in M. Dockrill ed., *British Documents on Foreign Affairs*, II-I-3 and 4 (hereafter cited as "Minutes of B. E. D.").

(67) "Minutes of B. E. D.," 29 March 1919 (14th).

(68) "Minutes of B. E. D.," 8 April 1919 (18th).

(69) Ibid.

(70) 講和日記四月一八日条には「Barnes 牧男ニ手紙ヲ送リテBalfour 氏ノ命ニ依リ再ヒ条項ヲ寛大ニスヘキ旨ヲ申シ来ル」とある。「牧男」とは牧野伸顕男爵の略である。

(71) 松井→内田、四月二九日、『日外』1060。

(72) 岡→有松英義書簡、一九一九年四月一三日、岡文書13-11。
(73) 「労働問題ニ関スル総括報告書」一九一九年八月二六日、『日外』1077付記。
(74) 原奎一郎編『原敬日記』第五巻（福村出版、一九六五年）一九一九年九月一三日条。
(75) 講和日記四月九日条。
(76) 四月二二日閣議決定別紙、『日外』1079。
(77) 講和日記五月八日条。永井松三駐英大使代理→内田外相、五月一一日、『日外』1081。
(78) 岡文書283-6。
(79) 珍田捨巳駐英大使→内田、八月六日、『日外』1086。八大工業国は英、日、独、仏、伊、ベルギー、スイス、スペイン。アメリカがILOに加盟した場合はスペインに代わる。
(80) 講和日記八月二日条に、「日本ニ対スル八時間問題（十時間）定マルMalcolm提議」とある。
(81) Alston to Curzon, 1 May 1919, F90422, FO 371/3821, The National Archives, London. この文書はイギリス外務省から同国内務省に回覧されている。
(82) 以下、講和日記九月一六、一九日、一〇月三日条。
(83) 講和日記一〇月七日条に全文の写しあり。岡は四月以来の度重なる辞退表明により、自身に対する評価を高め、政府代表委員裁量の拡大を志向していたようである。たとえば、準備委員会で滞英した際は工場見学を行うなど、総会へ向け準備を進めていた様子がみられる。七月には西園寺公望に対し意見書（講和日記はさみこみ史料）を送っている。
(84) 講和日記はさみこみ史料。
(85) 農商務省→松田道一外務省条約局長「国際労働会議準備委員会質問書ニ対スル回答案」一九一九年九月一一日、外務省記録「国際連盟　国際労働総会準備委員会」第一巻、2.4.2.14、外務省外交史料館。
(86) 講和日記一〇月一〇日条。
(87) 「第一回国際労働総会日記」一九一九年一〇月二二日条（岡文書63、以下、総会日記）。
(88) 開催国であるアメリカは非加盟国のため、正規の参加国ではなかった。なお、議事に関し注記しない部分は、外務省「第一回国際労働総会報告書」一九二〇年、外務省記録「国際連盟　労働総会　別冊調書ノ二」、2.4.2.8-2、外務省外交史料館によった。なお、特殊委員会の議事録は、ILO, ed., *International Labour Conference First Annual Meeting* (Washington, 1920) (hereafter cited as *1st ILC*) にはない。

(89) 選考委員会（議事日程を決める）を構成する委員の互選のこと。
(90) 総会日記一〇月二九、三〇日条。
(91) George N. Barnes, "The Scope and Purpose of International Labour Legislation," in E. John Solano, ed, *Labour as an International Problem: A Series of Essay Comprising a Short History of the International Labour Organisation and a Review of General Industrial Problem* (London: Macmillan, 1920), pp. 3–37.
(92) George N. Barnes, *History of the International Labour Office* (London: Williams and Norgate, 1926), p. 80.
(93) "Minutes of B. E. D.," April 17, 1919 (24th).
(94) "Minutes of B. E. D.," April 19, 1919 (25th).
(95) 総会日記一一月七日条。
(96) 総会日記一一月九日条。
(97) 総会日記一一月一三日条。
(98) 総会日記一一月一五日条。
(99) 総会日記一一月一六、一七日条。大原社会問題研究所編『日本労働年鑑』（大原社会問題研究所、一九一九年度）七四一頁。
(100) 総会日記一一月一八日条。
(101) 総会日記一一月二〇日条。
(102) 「大研究会Barnes第四回会見＝我案ニ適合シタル案ヲツクル」と、総会日記一一月二一日条にある。
(103) 総会日記一一月二二日条には、「吉坂《ママ》ノ愁訴、小西ノ勤勉、鮎沢〔巌〕ノ忠実ハ此ノ場合論スルニ余リアリ余ハ此等ノ人ノ助力ヲ多トシ之ヲ珍重スルヲ得ン」とある。
(104) *1st ILC*, p. 165. 岡は「Barnes沈痛、熱心ナル演説アリ」と認めた。総会日記一一月二七日条。
(105) なお、以上のような、一九一九年の設立時段階のＩＬＯの性格、すなわち政府権限を民間の労資よりも上位に置く点は、当時の国際機構論とある程度共通していた。第一次世界大戦中より精力的に国際政府論を発表し続けたイギリスの経済思想家のジョン・Ａ・ホブソン（John A. Hobson）は、各国が中央政府の管理の下で福祉の向上に向けて内政改革を実行し足並みを揃える、という国際協力の必要性を説いていた。こうしたホブソンの国際政府論に国家機能の肥大化と民主的参加の面での制約を感じ取ったのが、後に国際機構論に機能的アプローチを導入するミトラニーであった。一九四〇年代に入るとミトラニーは、多元的な関係性を重視したイギリス社会主義の一潮流を国際機関論に援用して、ホブソンの国際政府論の中央集権的性格を修正しようと試みた。David Long, *Towards a New Liberal Internationalism: The International Theory of J.A. Hobson* (Cambridge: Cambridge University Press, 1996), pp. 185–188.

(106) 当時、「労働組合（工会）」ではなく、「工界」という、学界や商界と並立する労働界を指し、国民の一部であることを強調する表現が用いられた。古厩忠夫「労働運動の諸潮流」野沢豊・田中正俊編『講座中国近現代史』第四巻（東京大学出版会、一九七八年）一六七－一六八頁。吉澤誠一郎『愛国とボイコット－近代中国の地域的文脈と対日関係－』（名古屋大学出版会、二〇二一年）一四〇－一四三頁。なお、一九一九年の五・四運動は周知の通り、パリ講和会議における山東半島の旧ドイツ権益の処理に反対し、ヴェルサイユ条約そのものにも反発するものとなった。しかし、ＩＬＯの設置根拠も同条約であるため、中国労働運動史を検討する場合、山東問題への不満とＩＬＯへの期待との整合性が当時どのように考えられていたのかに注意する必要があるが、本書ではこの点にふみこめなかった。ただ、この問題は、中国が原加盟国としてＩＬＯに加盟できたため、後の展開に大きな影響を持つものではなかった。中国政府の外交的判断について、とくにＩＬＯ設置根拠であるヴェルサイユ条約の調印を拒否しながら、ＩＬＯにどのように加盟したのかは、第３章で後述する。

第2章　欧州地域統合と国際労働基準

――ハイパーインフレーションの教訓

はじめに

パリ講和会議において一九一九年六月二八日、ヴェルサイユ条約が調印された。各条文の審議はそれ以前から進められており、最初に採択された条文案はＩＬＯの設置根拠となる第一三編の労働編で、これはＩＬＯ規約とも呼ばれる（四月二八日）。この年、ワシントンで第一回ＩＬＯ総会が開催された。原加盟国は四二カ国であった。上出来のスタートを切ったように思われたＩＬＯだが、第一次世界大戦後の不況と保守勢力の巻き返しにすぐさま直面する。

もっとも、ＩＬＯの事業の停滞は、それ以外にも理由があった。総会で採択されたＩＬＯ条約に批准したとしても、その内容を国内法に反映させるかどうかは、加盟国政府に決定権がある。国際労働立法の推進は、国際機関のＩＬＯの意思だけでは達成できない。この点に、労働分野という内政問題を扱うがゆえの困難があった。とりわけ、事業所を臨検する工場監督制は労働法制の実効性を高めるために不可欠だが、その国際基準を定め各国に遵守させることについては、ヨーロッパ先進工業国でさえ合意を得るのは難しかった(1)。

農業労働者に関する条項の場合も、工業以外の分野を扱うことに対して加盟国からの反発があった(2)。国際連盟との制度的な関係も、ＩＬＯの発展にとっては障害になる側面があった。ＩＬＯは独自の総会、理事会、事務局を有するが、その予算の獲得には、国際連盟傘下の組織として国際連盟理事会での審議を経なければならなかった。そのため、国家間の政治的な対立や加盟諸国の経済事情がＩＬＯの活動の制約となり得るのだった。そうしたなかでも、ＩＬＯ条約の成立に影響を受けて、労働法が未発達だった日本で工場法が改正され（一九二三年）、ＩＬＯ総会労働代表の民選が一九二四年に実現する（一九二三年までは官選）といった成果もあった。しかしこれは、国内の労働運動が発展したからというよりも、体制寄りに穏健化していったためであった。日本労働総同盟は次第に政府・資本家への対決姿勢を軟化させ、内務省外局の社会局をはじめとする労働行政側も運動側に妥協的となったのである。(3) この日本での「成果」にみられるように、一見進歩したかに思われる出来事にも、ＩＬＯの順調な発展を制約する要素が含まれていた。

さらにヨーロッパにおいてすら、あからさまに労働者の生活が脅かされる事態が発生する。一九二三年一月にフランス・ベルギー両軍がドイツのルール地方を占領し、ドイツ側が「受動的抵抗」におよんだため、経済も社会も混乱に陥ったのである。生産活動をサボタージュするなどして抵抗する労働者を支援する目的で、ドイツ政府は紙幣を増発して賃金を支払い、ハイパーインフレーションを引き起こした。急激な物価上昇により、実質賃金は激減した。この深刻な独仏対立を前にしては、ＩＬＯによる国際労働立法が進展するはずもなかった。

しかし、一九二三年夏以降、独仏の緊張緩和が生じ、英独仏でほぼ同時に政権交代が起こるなか、国際協調の機運が高まる。ヨーロッパでは石炭・鉄鋼分野のカルテル形成に向けて動き始めた。ＩＬＯはこの機に乗じ、炭坑労働者の賃金や生活実態に関する調査に着手し、(4) その成果をもとに最低賃金条約（第二六号条約）を一九二八年に成立させた。

こうした第一次世界大戦後のヨーロッパ経済史については、ハイパーインフレーションにあえぐ敗戦後の日本でも研究は盛んであった。(5) 一九七〇年代半ば以降には、高橋進(6)やチャールズ・Ｓ・マイアー（Charles S. Maier）(7)が、ヨーロッパ各国の内政と外交の連関を考察する研究を発表した。近年ではタルボット・C・イムレー（Talbot C. Imlay）[8]が、英独仏を中心とする各国の社会主義政党の動向と政党間の関係を跡づけている。一方、ILO史研究では、この時期のヨーロッパ政治情勢との関わりを正面から検討してこなかった。これまでの研究は、狭義の国際労働立法の展開を追うか、あるいは逆に米ソといった非加盟国に対するILO事務局からの働きかけに着目してきた[9]。その理由は、ヨーロッパ政治史との関連では、ILOの主体性を描きにくかったからだと思われる。

本章ではそうした研究史をふまえ、ヨーロッパで国際協調・カルテル形成の機運が高まるなか、ILOがどのような役割を果たし、その事業はどういった限界を抱えたのかを検討する。

1　ILO設立当初の様々な躓き

一九一九年六月に設立され、一〇月に第一回総会がワシントンで開催されるなど、ILOは順調にすべり出したようにみえた。しかし、思わぬ落とし穴が待ち受けていた。パリ講和会議労働法制員会の議長国にして、第一回ILO総会の主催国であったアメリカが、連邦議会の根強い反対によって、ヴェルサイユ条約を批准できなかったのである。ILOの設立に関わった人々にとって、これは想定外の事態であった。アメリカは国際連盟だけでなく、ILOの非加盟国となってしまったのである。

労働法制委員会では、国際連盟の加盟国をすなわちILOの加盟国とすべきかどうかすでに話し合っており、そうすることになっていた。同委員会議長国のアメリカが国際連盟に加盟しないとは、想像もしていなかった。議長を務めたアメリカ労働総同盟（AFL）会長のゴンパースは、国際労働立法や政府・資本家と対等な代表権を労働者側も持つILOの三者代表制の意義を理解していたが、アメリカ本国の労働組合は孤立主義を脱却しきっていなかった。こうしてアメリカはILO非加盟国となってしまい、それがILOに打撃を与えたことは間違

アルベール・トーマ（ILO 文書館内の肖像画，筆者撮影）

いない。[10]

第一回ＩＬＯ総会で、講和条約一三編労働編（ＩＬＯ規約）第三九三条の八大工業国（理事国）規定に基づき、ＩＬＯ理事会が発足した。この時点で理事国は英、日、独、仏、イタリア、ベルギー、スイス、スペインとするが、アメリカが加盟したらスペインと交替することとなった。事務局長の有力な候補としては、ＩＬＯ理事会議長を務めたフランス人炭鉱技師のアルチュール・フォンテーヌ（Arthur Fontaine）とＩＬＯ規約起草者の一人[11]であるイギリス労働官僚のハロルド・Ｂ・バトラー（Harold B. Butler）の名が挙がっていた。しかしフォンテーヌは辞退し、かわりにフランス労働総同盟（ＣＧＴ）会長のジュオーを推薦した。そこで、ＩＬＯ理事会は一旦はジュオーを事務局長に、フォンテーヌを理事会議長に選出した。理事会では、事務局長は官僚よりも国際労働運動家の方がふさわしいという意見で一致していたことから、バトラーは事務局長候補にはなっていなかった。

ところが、事務局長に選出されたジュオーも辞退し、代わりに第一次世界大戦中にフランス軍需相を経験した社会主義者のアルベール・トーマの名を挙げた。そのため、理事会において、トーマをＩＬＯ事務局長とするかどうか、バトラーもその候補に再度加えて投票が行われた。その結果、事務局長にはフランス社会主義者のトーマ、次長にはイギリス労働官僚のバトラーが就任し、アメリカ不在のＩＬＯの主導権はフランス系とイギリス系で分け合う形となった。[12]

このように事務局長は、すんなりと決定したわけではなかった。だがジュオーの就任は叶わなかったものの、その代わりに国際的に著名なトーマを迎えられたことは、誕生したばかりのＩＬＯにとって上出来のスタートではあった。他方で、この人事はＩＬＯのヨーロッパ化を招き、後に脱ヨーロッパ化を組織の課題に掲げる要因となった。(13)

初回の国際連盟理事会（1920年1月）はパリのフランス外務省時計の間で開かれた（Wikimedia Commons）

もっとも、設立当初のＩＬＯが直面した問題は、アメリカの不参加にとどまらない。設立から数年のうちにＩＬＯ条約および勧告は続々と採択され、一九二六年には条約と勧告は合計で五〇を超えた。しかし、第一号条約（一九一九年採択）の「工業時間労働条約」の批准は、意外にも難航した。イギリスが批准できていないほか、「特殊国」として例外・猶予規定を認められた日本も批准していなかった。国際的な労働基準として長年議論されてきた一日八時間労働の規制すら、日英両国の批准の遅延によって有効性が著しく縮減していた。(14)

いくら数多くの条約をＩＬＯ総会で成立させても、加盟国が批准してそれを国内法に反映させるかどうかは、各国の経済状況に左右されてしまう。とくに第一次世界大戦終結直後は、戦時経済から平時の経済への移行が課題だったヨーロッパ諸国にとって、いつ国内経済が復興し安定するか不透明であった。そのため順調にＩＬＯ条約に批准できる国の方が珍しかった。そして、ドイツのインフレーションは、賠償問題をめぐってフランスとベルギーが一九二三年一月にドイツの工業地域のルール地方を占領したことで頂点に達し、国際的な緊張が高まっていた。

また、第一次世界大戦後の不況は、各国の財政事情の悪化がＩＬＯに打撃を与えることになった。そのように直結してしまう制度的な問題があった。ＩＬＯの予算は、国際連盟規約に則って、国際連盟理事会で承認されるという形式となっていた。国際連盟加盟国が拠出した分担金を主とする財源から、ＩＬＯにとって十分な金額を配分してもらうことは難しかった。というのも、戦後不況にあって、主として各国の外交官やその経験者で構成されている国際連盟理事会という場で、ＩＬＯ事務局の意向がすんなり反映されることは期待できなかったからである。だからといって、ＩＬＯが独自に財源を確保するというのは非現実的であった。財源不足により、それまでＩＬＯ総会の会期は一カ月だったが、一九二三年の第五回総会はわずか一週間に短縮されてしまった(15)。

このように戦後不況のためＩＬＯの事業は停滞しがちであった。しかし、思わぬ波乱から、ヨーロッパ中道左派の連帯が生まれ、ＩＬＯはそれを好機として事業を発展させようとした。

2　ルール危機とヨーロッパ諸国の連帯

第一次世界大戦の賠償問題をめぐって、独仏の対立は激化した。フランスはことあるごとに、ドイツが賠償金の支払いを履行していないと指摘し続けた。一九二三年一月八日の賠償委員会では、ドイツが石炭の引き渡しを怠ったとする決議の採択を主導した。そして、ヴェルサイユ条約を根拠にフランス軍は一月一一日、ベルギー軍とともにドイツのルール地方に出兵し、占領下に置いた。ドイツではフランスに対する世論が硬化し、政府も占領軍に協力しない「受動的抵抗」を労働者に呼びかけた。さらに、ルール地方の資本家・労働者にゼネストやサボタージュを指令した。

ルール占領がドイツ経済に与えた影響は深刻で、インフレーションは急速に進行し、一九二三年一一月にはマルク紙幣は一〇年前の一兆分の一にまで価値が下落した。ドイツ国民の生活は大混乱し、社会的不安が高まった[16]。

ルール危機に対処するため発行されたマルク紙幣（The Winer Holocaust Library のウェブサイトより）

この間、ヨーロッパの社会主義者は、ルール占領に反対するため素早く動いた。一九二三年一月二六日と二七日には、第二インターナショナル、ウィーン共同体、国際労働組合連盟（ＩＦＴＵ）が、共同行動に向け、アムステルダムで会合を開いた[17]。ＩＦＴＵの代表者としてスピーチしたエド・フィメン（Edo Fimmen）国際運輸労連（ＩＴＦ）書記長は、ゼネストといった直接行動やフランス・ベルギー製品のボイコットには否定的だった。オランダ人のフィメンはフランスの対独強硬姿勢を警戒しており、フランス労働総同盟会長のジュオーも、フランス議会および世論は、ルール占領はドイツから賠償を取り立てるために必要であると信じていると、国内事情を説明した。このジュオーの発言に、ドイツ社会民主党のオットー・ヴェルス（Otto Wels）は激しく反発する。ヴェルスはフランスの対独政策を非難し、「ヴェルサイユ条約の完全な改正の必要性」まで口にした。

労働・社会主義インターナショナルのロゴ
（Wikimedia Commons より）

直接行動やボイコットの有効性を疑った社会主義政党・労働組合は、ルール地方にイギリス軍が駐屯し続けるべきか議論した。イギリス労働党員でＩＦＴＵ会長のジェームズ・Ｈ・トーマス（James H. Thomas）は、イギリス軍は即時撤退すべきだと述べた。一方、ヴェルスは、ルール地方の併合をもくろむフランスを抑えるためにも、イギリス軍は同地にとどまるべきだと考えた。

また、国際的な示威行動については、次のような議論があった。ヴェルスは、右翼が反発しないとも限らないが、国際的な連帯をアピールしてルール占領に対抗すれば、ドイツ国民を精神的に支えられるだろうと述べた。フィメンは、集会をドイツ国内だけでなく、イギリスやフランス、ベルギーでも開くべきだと主張した。

会合二日目の二七日、ルール占領はドイツとフランスの重工業大資本家の様々なグループが石炭・鉄鋼地帯の労働者に仕掛けた闘争の一大局面だとする決議案が満場一致で採択された。軍事占領は戦争で荒廃した地域の復興に役立たないだけでなく、新たな戦争の芽になると断じ、諸国民を互いに対立させようとしている「ブルジョワ新聞」の嘘に警戒を呼びかける内容であった。さらに、最大の犠牲者はドイツの労働者だと指摘し、ルールから占領軍を撤退させるため、フランスとベルギーのプロレタリアートは尽力してほしいと訴えた。また、ドイツの労働者には、政府と資本家に支払い能力の範囲内で賠償義務を果たすよう要求せよと述べた(18)。こうして、ゼネストやフランス・ベルギー製品に対するボイコット案は退けられたが、ルール占領を批判する運動は活発に展開した。

一九二三年五月二一日、第二インターナショナルとウィーン共同体を統合して、労働・社会主義インターナシヨナル（ＬＳＩ、再建第二インター）が創設された。そして、ＬＳＩはルール占領の解決を中心的な行動目標に据えた。ルール住民の生活は困難をきわめていた。一九二三年八月、ＬＳＩ書記でイギリス労働党議員のトム・ショウ（Tom Shaw）がルールを視察し、報告書を発表した。ルール地区の労働者は、ドイツ側からルール紛争の解決への道筋をつけない限りフランス軍は撤兵しないと悟り、「中途半端ではあるが理性的な解決の保証が見出され正規の労働を再開すること」が可能であれば、「ただちに受動的抵抗を中止する用意を示している」という内容は、そのままドイツ社会民主党の機関誌に掲載された。[19] なお、同報告書でショウは、ＬＳＩに対しても「受動的抵抗が停止された場合、どのような条件を保証する用意があるかをフランス政府に明確に表明させるため、可能な限り世論を集約させ」、一致して対処すべきだと提案した。[20]

ルール占領に対するＬＳＩのこうした動きに、国際政治に国際社会主義運動が与えた影響を見出すことができるだろう。英独仏で次々に政権交代が起き、ヨーロッパが緊張緩和できたのもその影響というわけではないが、国内外の政治再編に先行する展開ではあった。ドイツでは、一九二三年八月にグスタフ・シュトレーゼマン（Gustav Stresemann）内閣が誕生したが、これは人民党・社民党・中央党の連立政権であった。連立政権は、九月二六日に「受動的抵抗」の中止を宣言し、財政再建と国際協調の方針を採用する。ドイツがまず「受動的抵抗」の中止を宣言したことは、ルール危機の終息、それに続く緊張緩和の出発点となった。ついでイギリスでは、一九二四年一月にスタンレー・ボールドウィン（Stanley Baldwin）保守党内閣が退き、ルール占領を強く批判していた労働党[21]を中心とするラムゼイ・マクドナルド（Ramsay MacDonald）内閣が成立した。もっともこの政権交代は、対独問題をめぐって保守党と労働党が対立して起きたのではなく、ボールドウィンを党首とする保守党が保護関税を公約に掲げ、自由貿易を主張する自由党と提携を完全に絶って一九二三年一二月の総選挙に臨み、議席を減らしたために起きた。総選挙の結果、保守党、労働党、自由党はいずれも単独過半数を取れず、自由党の閣外協力を得てようやくマクドナルド政権が誕生したのであった。[22] フランス側でも、ドイツの抵抗と占領費の増大によってルール占領はかえって損失を招いたと認識されつつあった。ドイツの政治的・社会的混乱が、同国の左右両極を勢いづけるのではと危惧され、英米が寛大な対独政策を取ったこともあって、フランスは国際的に孤立してしまうのではないか。レイモン・ポアンカレ（Raymond Poincaré）政権に対するそうした批判がフランス国内で強まっていた。ポアンカレ政権に反対する社会党・急進社会党は「左翼連合（カルテル・ド・ゴーシュ）」として結集し、一九二四年五月の総選挙に挑んだ。この選挙で左翼連合が勝利し、急進社会党のエドゥアール・エリオ（Édouard Herriot）を首班とする左翼連合内閣が誕生する。

しかし、独仏関係を険悪にした賠償問題は、依然として未解決のままであった。情勢が好転するには、アメリカの介入が必要であった。ドイツはルール占領に対する「受動的抵抗」の中止を宣言するとともに、自国の経済状況と賠償支払い能力についての国際的な調査を求めていた。これを受けて一九二四年一月、アメリカ銀行家チャールズ・ドーズ（Charles Dawes）を委員長とする委員会が立ち上げられ、四月九日にその報告書が出た。七月一六日にはこの報告書に基づく賠償支払い計画に関する会議がロンドンで開かれ、八月一六日に調印にいたる。この一連の報告書や会議での決定は賠償問題をもっぱら経済問題として扱って、当面五年間の年次支払額とその財源を指定しており、委員長の名をとってドーズ案と呼ばれた(23)。

英独仏などの社会主義者らは、このドーズ案にどのような反応を示したのだろうか。オーストリアの社会主義者オットー・バウアー（Otto Bauer）は、ドーズ委員会は「ドイツをはじめ各国の労働者に対し、重大な危険を隠蔽するもの」だと、階級対立の観点から警戒していた。ドイツ社会民主党のオットー・ブラウン（Otto Braun）は、「資本主義者の解決策をすべて否定することはできない」と主張した。ブラウンは、賠償問題を解決するための政府間交渉を歓迎しつつも、「各国の労働者にとって脅威となってはならない」と警告した。同様に考えるヨーロッパの社会主義者は、イギリス労働党の役割に期待していた。外相を兼任するマクドナルド英首相は、ルール危機の合理的解決を重要視していた。イギリスでは先述したように、労働党が総選挙で完全勝利したわけではないが、マクドナルド政権に対する期待は国内よりも国際社会主義運動の方が高かったのであろう。フランス社会党は左翼連合内閣の閣外から、ドイツと関係を改善するためにドーズ案を受諾せよとエリオ首相らに働きかけた[24]。

　このように、独仏の社会主義政党によるドーズ案受諾運動を含む二国間関係改善（ベルギーとの関係修復も付随）の動き、それを支えたイギリス労働党政権の対欧外交が存在していた。このことは、各国の左派政党が単独与党となっていたわけではないにしても、社会主義勢力由来のヨーロッパの緊張緩和の傾向を一定程度示すものであろう。また、各国の政権交代と連関していないにしても、同時期に起きたことは、国際情勢の安定に必要な国内政治という領域を可視化させたように思われる。イギリスでは一九二四年一一月に保守党を与党とする第二次ボールドウィン内閣が成立していたが、緊張緩和の傾向は続いていた。イギリスの斡旋によって一九二五年二月九日、ドイツはライン地方に関する安全保障条約案を発表した。これをたたき台に、ヨーロッパの安全保障問題を討議する国際会議が一九二五年一〇月五日からスイスのロカルノで開かれた。会議では、イギリス・フランス・ドイツ・イタリア・ベルギーの五国で、ラインラントの現状維持に関する相互安全保障条約、いわゆるロカルノ条約が成立した。この条約はドイツの国際連盟加盟を発効条件にしており、一九二六年に実現した。こうしてヨーロッパはなんとか安定を手に入れたの

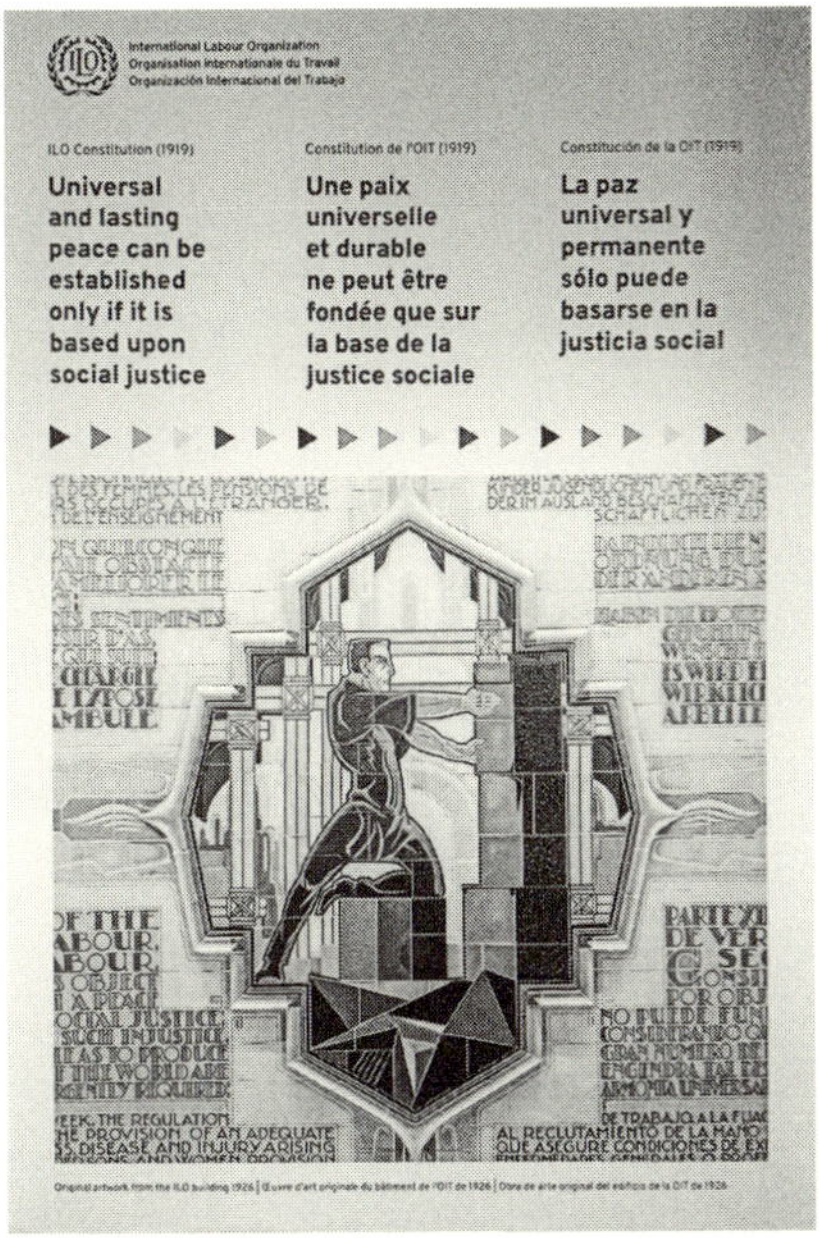

現在のILO文書館入口付近，1926年制作のILO壁画のポスター（筆者撮影）

だった。

3　戦間期の自由貿易論と産業カルテル論

ドーズ案を受け入れたドイツは、その計画に沿って賠償金を支払うために、貿易収支を黒字にする必要に迫られた。しかし、ヴェルサイユ条約でドイツに課された片務的最恵国待遇が解除となった一九二五年一月には、世界では保護貿易の潮流が強まっていた。そこでドイツ外相のシュトレーゼマンは、ヨーロッパ関税同盟の可能性について検討した。ドイツが輸出を拡大し力を蓄えつつ貿易摩擦を回避するには、各国と通商条約を結び、関税同盟を組織するのが有効である、と考えたのであった。

彼の期待がヨーロッパ関税同盟の構想まで発展するためには、ドイツ以外のヨーロッパ諸国でもその機運が高まる必要があった。そこでドイツ外務省は、一九二七年に予定されている国際連盟主催の世界経済会議に着目した。シュトレーゼマンは省内で、次のように宣言した。関税同盟の締結に向けて動く前に、まず全ヨーロッパの通貨を安定させねばならない。その前提のうえで、関税表や輸出入禁止規定とその運用のヨーロッパ統一基準の導入に着手すべきだというのである。つまり関税を撤廃する前に、国ごとにバラバラな基準を統一しなければならないという主張であった[25]。

こうしたドイツ主導の漸進的な自由貿易志向のヨーロッパ関税同盟案とは異なる考え方も浮上していた。それは企業間のカルテルをヨーロッパ統合に結びつける構想であった。この国際カルテル案は、国際連盟フランス代表で商工官僚のルイ・ルシュール（Louis Loucheur）によって提唱された。彼は、アメリカの自由競争かつ反カルテルのモデルに対抗して、石炭・鉄鋼分野の国際カルテルによる「組織された市場」の合理性を発揮し、労働者の権利を守りつつ貿易摩擦を軽減するヨーロッパ統合を目指していた。

ルシュールは、もしヨーロッパ諸国が貿易自由化の流れに沿って輸出拡大をはかるなら、企業は生産コストを抑えようとし、賃金引き下げや労働条件の悪化が生じると懸念した。そのため「関税障壁の撤廃と同時に賃金引き上げの可能性」を高めようとしたのだった。この認識は、現ＩＬＯ事務局長のトーマと一致していた。トーマは第一次世界大戦期のフランス軍需相であり、そのときの次官がルシュールであった。トーマは八時間労働、有給休暇など労働基準をヨーロッパで確立し、労働者の犠牲の上に貿易拡大施策が進められることを阻止しようとした。(26)

このフランス発の国際カルテル論は、経済競争の「合理性」に対して社会的な関心や計画化による産業合理化を目指す点で、ドイツ発の貿易自由化構想と対照的であった。一九二七年の世界経済会議では、二つの構想をめぐって活発な論戦が繰り広げられた。しかし、具体的な貿易協定の締結にはいたらなかった。この背景には、貿易自由化と国際カルテル論の対立があった。この一九二七年世界経済会議について国際経済史家のパトリシア・クラヴィン（Patricia Clavin）は、相手を保護主義的だと非難する国は、国際主義を装っていたに過ぎないと述べている。(27)

世界経済会議においてイギリスは貿易自由化を推進する立場をとっていた。ルシュールの構想する国際カルテルと自国のコモンウェルスとの関係や、貿易自由化原則における両者の整合性について、諸外国に追及されたくなかったからである。(28)ドイツは、国際カルテル論に含まれる労働者保護の要素に一定の評価を加えていたが、反英的なルシュール構想には賛同できないと判断した。イギリス金融界とドイツの鉄鋼産業との間で経済協力に向けた交渉が進んでいたのである。そのためルシュールはベルリンを訪問し、熱心に独仏協力を説いた。(29)このようななかで世界経済会議が開かれたわけであり、統一的な貿易協定を各国が締結するのは、もとより困難なことであった。国際連盟が目指した国際的に統一された貿易協定という手法では、ヨーロッパの相対的安定をより強固する経済的基礎をつくり出すことはできなかった。

それでは、この時期のＩＬＯは、ヨーロッパの相対的安定を受けて、どのような事業に着手したのであろうか。

4　ＩＬＯの炭坑労働調査

ルール危機の鎮静化およびドイツのハイパーインフレーションの終息以降、ＩＬＯはヨーロッパの炭鉱業における労働時間や賃金に関して継続的に調査を進めた。国際炭坑労働者連盟が一九二五年にベルギーのブリュッセルで、炭鉱業が直面する経済的困難について話し合う会合を持ったのがきっかけである。そこでは主要産出国の賃金や労働時間、年次休暇についてＩＬＯに調査を依頼することが決議された。炭坑労働の国際的基準を確立するにあたって、基礎的なデータを提供するのが目的だった。

決議は一九二五年六月の第七回ＩＬＯ総会にベルギー労働代表によって提出され、ＩＬＯ理事会で審議することとなった。各国で統計手法に違いがあるため調査は困難が予想され、議論が重ねられた。ようやく一九二八年にＩＬＯは、『炭鉱業における賃金と労働時間』という調査報告書を発表した。[30] この報告書は一九二五年のデータに基づいて、各国の比較検討をしたものである。[31]

また同じ頃、ＩＬＯ調査部長のフェルナン・モーレット（Fernand Maurette）がＩＬＯの機関誌『国際労働雑誌』に、この調査の手法と意義について寄稿している。[32] モーレットによれば、この調査の目的は、炭坑の国際的な労働基準を設けるための科学的根拠を提供することにあった。さらに炭鉱業を苦境に陥らせている経済競争を緩和するという狙いもあったという。

まずモーレットは炭鉱業の苦難として、石炭の過少消費の傾向が強まっていることを指摘した。彼によれば、目下、石炭の使用が石油や水力発電といった新たな資源やエネルギー供給に代替されつつある。そのため第一次世界大戦前の水準で考えると、現在では石炭の過剰生産として認識されてしまうことに注意すべきだ、という。

これに加えて、ドイツが経済復興し石炭輸出市場に再び参入したら、より価格競争が激しくなるだろうとも懸念した。

このような事情を勘案し、各国が炭鉱業で経済競争を続けるよりも相互の譲歩の方がましだと考えるようになっても、お互いの利益のために単に石炭の過剰生産を抑制するだけでは根本的な解決につながらない。これでは、失業が増加するに違いない。この点についてモーレットは「生産高の協調的な削減とともに労働時間も同様に短縮すべき」と主張した。

労働時間を短縮すると、賃金はどうなるのか。炭鉱業においては生産コストに占める人件費の割合が大きい。そのため低賃金国の石炭は、輸出市場で価格競争力を持つ。それゆえモーレットは、炭坑労働条件の改善との関連で経済競争の緩和を重視したのである。彼は一九二八年刊のＩＬＯ調査報告書『炭鉱業における賃金と労働時間』の冒頭を引用しながら、こう述べた。

以下の観点より、実現可能な賃金の平準化の程度を明らかにするべく努めることが重要である。第一に、労働者の観点である。いわば労働者の生活水準といえる。同一の購買力と同一の生活水準を炭坑労働者が保持できるような賃金水準を確定することが課題である。

第二は、使用者の観点である。トン（t）当たりの賃金を確立することが課題である。各炭坑の資源埋蔵状況、経済的地位、技術面の条件に基づき賃金水準を定め、守ることで、どの国の炭鉱業も国際競争力を保持できる。

こうしてモーレットは、各国炭鉱業の労働条件の不平等をなくすために、主要な石炭産出国の労働時間、年次休暇、賃金の調査が必要になったと述べた。モーレットが「生活水準」という観点を持ち出したのには理由がある。それは、ドイツにおけるハイパーインフレーションの終息と関係している。物価上昇率を抑えて実質賃金が上がる方が、労働者にとって利益になるということがＩＬＯの調査により明らかになったのであった。ドイツでは、一九二三年より一九二四年の方が名目賃金は低かったが、物価上昇率を考慮すると一九二四年の方が実質賃金が高かった[33]。そのためＩＬＯは、各国が金本位制への復帰を目的として通貨の安定を最重要視していく状況には利点があると考えた。通貨価値を維持するために財政の均衡に向けて各国政府が努力するならば、物価上昇を抑えて実質賃金を上げることにつながる。そうした理由からＩＬＯは、炭坑労働の賃下げを伴うであろう価格切り下げ競争を抑制し、貿易摩擦と労働者の不満が直結する状況を回避しようとした。こうしたＩＬＯの試みは、均衡財政の枠内で労働者の利益を保持するために連立内閣に加わった英独仏の社会主義政党や、それを支持する労働組合の姿勢とも一致していた。

一九二八年の第一一回ＩＬＯ総会で最低賃金条約が採択され、ＩＬＯは炭鉱業の労働時間や賃金水準の平準化といった「経済的ロカルノ」（ＩＬＯ調査部のマック・イーストマン〔Mack Eastman〕の言）に向け、さらなる調査研究を継続する。ＩＬＯの調査部員たちは、一九二七年の世界経済会議で果たせなかった国際的な合意につながると考えたのであった[34]。

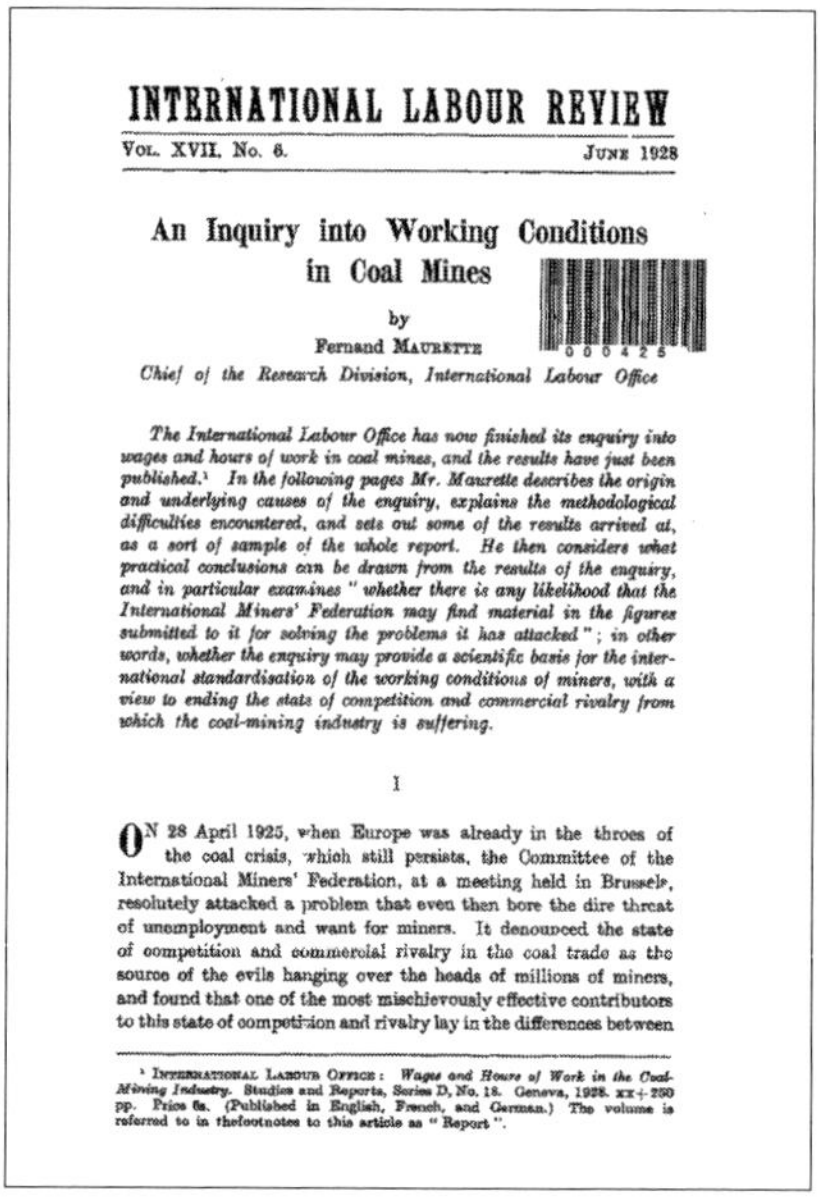

INTERNATIONAL LABOUR REVIEW

VOL. XVII, No. 6. JUNE 1928

An Inquiry into Working Conditions in Coal Mines

by

Fernand MAURETTE

Chief of the Research Division, International Labour Office

The International Labour Office has now finished its enquiry into wages and hours of work in coal mines, and the results have just been published.[1] *In the following pages Mr. Maurette describes the origin and underlying causes of the enquiry, explains the methodological difficulties encountered, and sets out some of the results arrived at, as a sort of sample of the whole report. He then considers what practical conclusions can be drawn from the results of the enquiry, and in particular examines "whether there is any likelihood that the International Miners' Federation may find material in the figures submitted to it for solving the problems it has attacked"; in other words, whether the enquiry may provide a scientific basis for the international standardisation of the working conditions of miners, with a view to ending the state of competition and commercial rivalry from which the coal-mining industry is suffering.*

I

ON 28 April 1925, when Europe was already in the throes of the coal crisis, which still persists, the Committee of the International Miners' Federation, at a meeting held in Brussels, resolutely attacked a problem that even then bore the dire threat of unemployment and want for miners. It denounced the state of competition and commercial rivalry in the coal trade as the source of the evils hanging over the heads of millions of miners, and found that one of the most mischievously effective contributors to this state of competition and rivalry lay in the differences between

[1] INTERNATIONAL LABOUR OFFICE: *Wages and Hours of Work in the Coal-Mining Industry.* Studies and Reports, Series D, No. 18. Geneva, 1928. xx+250 pp. Price 6s. (Published in English, French, and German.) The volume is referred to in the footnotes to this article as "Report".

フェルナン・モーレット「炭鉱における労働条件の調査」『国際労働雑誌』第17巻第6号（1928年6月）の冒頭（ILO100年史プロジェクトのウェブサイトで閲覧，整理用のバーコードが貼られている）

ＩＬＯは一九三一年に『炭鉱業における賃金決定の理念と手法』を公刊した[35]。石炭の過少消費の問題や各国の賃金比較のほか、国際的な運動の手法についても一章が割かれている。この章では次の五つが指摘されている。①炭鉱業の労資間の公正な分配のため、客観的な原則の設定が望まれる。②炭坑労働の賃金を不当に低下させないことを原則とする。③賃金の支払い方法に関わる形式的事項を明示する。④炭鉱業が拡張し過ぎた結果生じた価格競争を軽減するための最低賃金をどのように決定するか。そして⑤世界的な石炭価格下落に伴う経済活動全般の低迷という炭坑労働の賃金に影響をおよぼす特別な困難を明らかにすることが挙げられた。

原則に関わる①と②を補足すれば、まず①については、公正な労資分配のために政府の調停という直接的介入が望ましいとする。また②については、賃金決定についての客観的な目的を国内法に落とし込むのに適した文言を定めることに力点が置かれる。ＩＬＯ条約は、賃金決定の原則を採用する際の助言となるべきことが求められるという。客観的な原則がＩＬＯ条約・勧告に示されて、その内容が各国の国内法に反映されるという流れができることを、モーレットは望んだ。加えて、国際的に最低賃金制度を確立するには、まず事情の異なる国がそれぞれ国内で労働立法・行政を発展させるべきという、主権国家の自立性を重んじるトーマＩＬＯ事務局長の思いがあった[36]。

②については、炭坑労働の最低賃金をめぐる国際的な運動の展望を指す。まず、鉱工業全体では一人あたりの生産高は伸びているのに、炭鉱業では上昇していないことを指摘した。そして炭鉱業における人件費に占める割合の高さにも言及している。そのため炭坑労働の賃上げは容易ではなかった。現状の生産性のままで賃上げを進めた場合、増産で売り上げを上げても賃上げ分を埋め合わせることができず、価格に転嫁せざるを得ないからだった。だが、石油や水力発電と石炭が競合しているため、価格をいま以上に引き上げるのも困難であった。そのためＩＬＯは、一国のみではなく国際的な枠組みで炭坑労働の労働条件の問題に対処しなければならないと説く。まず、各国間の最低賃金の差の一定の割合を産業能率を勘案して設定することを提案した。次いで、炭坑労働者

の技能の差を反映するため、世界共通の賃金の等級を定める。そして、最低賃金の定め方につき議論を深め、最低賃金に関するＩＬＯ条約、勧告を採択して、この問題に国際的に対処するというのである。

このようにしてＩＬＯは、炭坑労働の最低賃金を決定する国際的な制度の構築に向け、着実に調査研究を重ねていった。一九二七年の世界経済会議で果たせなかった「経済的ロカルノ」を達成するには、大規模な国際会議で大きな理念・原則の合意を得るという、従来のやり方では不可能だった。条件が異なる様々な国々の状況を丹念に調べたうえで、統一的な基準を制定することが、「経済的ロカルノ」に向けた一歩であったのである。

ＩＬＯ事務局長のトーマは、フランスのアリスティード・ブリアン（Aristide Briand）外相の提唱したヨーロッパ統合論について、大国主導・小国軽視のきらいがあると批判し、その克服を図った。最低賃金の議論もこの点と無関係ではない。トーマはフランスのヨーロッパ協力委員会議議長のエミール・ボレル（Emile Borel）宛ての書簡（一九二九年一二月一九日）で、次のように述べた。

ヨーロッパ諸国間の経済協力が含意していることは、厳密にいえば関税に関する緊密な提携であって、ヨーロッパ関税同盟を最終的な目標にしている。しかし、関税障壁の撤廃は、各国の労働者の労働環境と生活環境の保護を伴わなければならない。したがって、労働条件に関して社会的に連帯する計画なしには、経済協力構想を思い描くことは不可能である。

トーマは続けて、「社会正義のために活動するＩＬＯ」はヨーロッパ統合論者と同じ努力をすると明言している。[37] ただし、トーマは小国の自立性を損なう大国主導のヨーロッパ統合論を警戒していた。その方針は、ＩＬＯが各国炭坑労働を調査し賃金の統一水準を設定しようとしたこと、各国の事情に合わせて労働立法・行政を拡充する道を示そうとしたことに反映されたといえる。

ただ、ＩＬＯが目指した「経済的ロカルノ」は、その手法が具体的で、かつヨーロッパ協調と平仄を合わせたために、かえって袋小路に陥っていくことになる。

小結

ＩＬＯによる国際労働立法は当初から思うように進まなかった。だがＩＬＯは、ルール危機後の英独仏における政治変動と国際金本位制の再建に伴ってヨーロッパが徐々に安定するなか、事業を展開しようとした。そして経済的苦境にあった炭鉱業に着目し、最低賃金を定めようとした。最低賃金の設定をめぐって各国の合意を形成し、労働者の権利を擁護しつつ炭鉱業の深刻な価格競争とその弊害を軽減するのがねらいであった。

しかし、このアプローチは、各国の通貨価値の安定が大前提となっていた。それが物価を安定させるために不可欠だったからである。いきおい各国の産業政策は外貨獲得が望める業種に偏り、当然ながら財政政策は緊縮を基調とせざるを得なかった。第一次世界大戦という総力戦を経験したヨーロッパ諸国では重化学工業が発展したが、一方で旧式産業の炭鉱業などを中心に失業者が増大した。しかし、経済政策の選択肢は限られていて有効な失業対策をとり得ず、全体として経済発展の傾向がみられたにもかかわらず、高い失業率が常態化していた。労働組合政党や社会主義政党が連立政権の一角を担ったとしても、均衡財政の範囲内で一定の社会的目的に応えただけであった。

たとえばイギリスでは、失業者は一九二〇年代を通じて約一〇〇万人を保っていた（一九三五年のＩＬＯ統計によれば失業率は一九二一年から一九二八年にかけて一〇％を下回ったことはなく、炭坑ゼネストのあった一九二六年には一二・七％に達した）。ドイツでは一九二五年に入り失業率が六・七％に下がるまで、失業者数は一〇〇万人を超えていた。しかし、一九二六年には失業率はまた一八％に急上昇し、依然としてドイツ経済は困難に直面していた。[38]

このように国際金本位制の再建に縛られるあまり、ヨーロッパ各国の経済政策は硬直化していった。そのため一九二九年一〇月のニューヨーク株式市場の暴落に端を発する世界大恐慌で大打撃を受ける。当然ながら、貿易摩擦の緩和に基づく国際協力も夢に終わった。

だが、そのような閉塞感を打破するような動きをＩＬＯは示してもいた。大国主導のヨーロッパ統合論に懐疑的であったトーマは、中国ナショナリズムを肯定的に評価するようになる。中華民国における租界をめぐってＩＬＯは、現地の労働運動との結びつきを模索し、未発達な中国の労働行政を整備しようとしていた。このＩＬＯの対中関与は、対ヨーロッパ事業のような既存の安定に合わせた計画ではなく、ＩＬＯ自身の変革も促した。だが、その端緒は、ＩＬＯが自らでつかみとったわけではなかった。きっかけはどのようなものであったのだろうか。ＩＬＯの設立とそのヨーロッパ向け事業の考察を経て、次章では、ＩＬＯの対中関与が開始された過程を論じる。

注

（1）吉阪俊蔵「来るべき国際労働総会と工場監督制度の問題」『社会政策時報』第三七号（一九二三年九月）一三一―一五九頁。

（2）Antony Alcock, *History of the International Labour Organization* (London: Palgrave Macmillan, 1971), pp. 53–55.

（3）山辺健太郎『日本統治下の朝鮮』（岩波書店、一九七一年）一三七―一四二頁。升味準之輔『日本政治史３ 政党の凋落、総力戦体制』（東京大学出版会、一九八八年）一三四頁。

（4）「炭鉱」「炭坑」といった用語については、原則として産業の意味では「炭鉱」、労働の場合は「炭坑」とした。

（5）大蔵省財政史室編『資料・金融緊急措置―終戦直後における「経済危機緊急対策」―』（霞出版社、一九八七年）。

（6）高橋進『ドイツ賠償問題の史的展開』（岩波書店、一九八三年）第四章。同書の基礎になった論文の初出は一九七六年から一九七八年。

（7）Charles S. Maier, *Recasting Bourgeois Europe: Stabilization in France, Germany, and Italy in the Decade after World War I* (Princeton: Princeton

University Press, 1975), Part III.

（８） Talbot C. Imlay, *The Practice of Socialist Internationalism: European Socialists and International Politics, 1914–1960* (Oxford: Oxford University Press, 2018), pp. 113–130.

（９） 以下のトーマについての研究は、本章で扱う内容と重なるところが大きいが、一九二三年のルール危機や、この時期の英独仏の中道連立政権の成立とＩＬＯの事業との関係については論じられていない。Bruno Cabanes, "Justice and Peace: Albert Thomas, the International Labor Organization, and the Dream of a Transnational Politics of Social Rights," in id., *The Great War and the Origins of the Humanitarianism 1918–1924* (Cambridge: Cambridge University Press, 2014), Chap. 2.

（10） Elizabeth McKillen, "Beyond Gompers: The American Federation of Labor, the Creation of the ILO, and the US Labor Dissent," in Jasmien Van Daele, et al. eds., *ILO Histories: Essays on the International Labour Organization and Its Impact on the World during the Twentieth Century* (Bern: Peter Lang, 2010), Chap. 2.

（11） もう一人は、同じくイギリス労働官僚のフィーラン。

（12） Alcock, *op. cit.*, pp. 41–42.

（13） Stephen Hughes and Nigel Haworth, "A Shift in the Centre of Gravity: The ILO under Harold Butler and John G. Winant," in Van Daele, et al. eds., *op. cit.*, pp. 293–311.

（14） Lex Heerma van Voss, "The International Federation of Trade Unions and the Attempt to Maintain the Eight-Hour Working Day," Frits van Holthoon and Marcel van der Linden, eds., *Internationalism in the Labour Movement 1830–1940 II* (New York: Brill, 1988), pp. 518–542.

（15） David A. Morse, *The Origin and Evolution of the ILO and Its Role in the World Community* (Ithaca: Cornell University, 1969), p. 16. 外務省調書「第五回国際労働総会報告書」一九二四年五月（労働政策研究・研修機構労働図書館所蔵）。

（16） 斉藤孝『戦間期国際政治史』（岩波書店、一九七八年）七一頁。

（17） この会合の経過については、Imlay, *op. cit.*, p. 117.

（18） 西川正雄『社会主義インターナショナルの群像 1914–1923』（岩波書店、二〇〇七年）一九二頁。

（19） 高橋、前掲書、二五六－二五七頁。

（20） "Mr. Tom Show's Visit to the Ruhr," *British Bureau for Ruhr Information*, No. 3 (28 August 1923), [TUC] MSS.292/940/4, the Modern Record Centre of Warwick University, Coventry.

（21） マクドナルドのルール占領批判や対ソ協調外交といった路線を積極的な外交の展開と意義づける見方として、高橋、前掲書、三三二頁。

（22） 松永友有「世界大戦と大恐慌の時代」木畑洋一・秋田茂編『近代イギリスの歴史―16世紀から現代まで―』（ミネルヴァ書房、二〇一一年）第六章、一四三頁。

（23） 斉藤、前掲書、六七―七三頁。

（24） Imlay, *op. cit.*, p. 127.

（25） 北村厚『ヴァイマル共和国のヨーロッパ統合構想―中欧から拡大する道―』（ミネルヴァ書房、二〇一四年）第三章。

（26） 廣田功「戦前の欧州統合の系譜Ⅱ―経済的構想（19世紀末―第二次世界大戦）―」吉田徹編『ヨーロッパ統合とフランス―偉大さを求めた1世紀―』（法律文化社、二〇一二年）五九頁。

（27） Patricia Clavin, *The Great Depression in Europe, 1929–1939* (London: Macmillan, 2000), p. 83.

（28） Robert W. D. Boyce, *British Capitalism at the Crossroads 1919–1932* (Cambridge: Cambridge University Press, 1987), p. 122.

（29） 北村、前掲書、第3章。

（30） ILO, *Wages and Hours of Work in the Coal-Mining Industry*, Studies and Reports Series D: Wage and Hours, No. 18 (Geneva: International Labout Office, 1928).

（31） ILO, *The Workers Standard of Life in Countries with Depreciated Currency*, Studies and Reports Series D: Wage and Hours, No. 15 (Geneva: International Labout Office, 1925).

（32） Fernand Maurette, “An Inquiry into Working Conditions in Coal Mines,” *International Labour Review,* 17–6 (June 1928), pp. 785–801.

（33） ILO, Studies and Reports Series D: Wage and Hours, No. 15.

（34） Mack Eastman, “The European Coal Crisis, 1926–1927,” *International Labour Review,*17–2 (February 1928), pp. 157–178.

（35） ILO, *Principles and Methods of Wage Determination in the Coal-Mining Industry: An International Survey*, Studies and Reports Series D (Wages and Hours of Work) No. 20 (Geneva: International Labour Office, 1931).

（36） Edward J. Phelan, *Yes and Albert Thomas* (London: Cresset, 1936), p. 241.

（37） 次の文献から再引。Sandrine Kott, “Constructing a European Social Model: The Fight for Social Insurance in the Interwar Period,” in Van Daele, et al. eds., *op. cit.,* p. 177.

（38） Clavin, *op. cit.*, p. 74–77.

第3章　五・三〇運動の衝撃
——ナショナリズムと国際機関

はじめに

ＩＬＯの対中関与を扱う準備として、その設立過程とその後の対ヨーロッパ事業を検討した結果、ＩＬＯの現状維持的な性格や国際労働立法の地理的限界が浮かび上がった。序章で述べたように、ＩＬＯ事務局長のトーマは、こうした制約を克服しようと考えていたが、ＩＬＯ単独ではその糸口さえつかむことができなかった。そこで、他の組織や運動と協働して新たな問題に取り組むことになった。こうして上海ＹＷＣＡという以前から中国で活動していた、労働運動に関心を示す国際ＮＧＯの支部の存在が重要となってくる。そのため本章では、ＩＬＯの対中関与における上海ＹＷＣＡの役割を検討する。一九二〇年代半ばの中国はどういう情勢下に置かれていたのだろうか。検討の入り口として、この点を確認していこう。

ＩＬＯの対中関与のきっかけとなったのは、中国の日系紡績工場である在華紡で起きた大規模なストライキに端を発する一九二五年の五・三〇事件である。これ以降、中国の労働運動は中華民国政府（一九二五年当時は北京政府）が制御できないほどたびたび急進化し、中国をめぐる多国間協調を動揺させた。不平等条約の撤廃、とりわけ治外法権や租界など帝国主義的な権益の打破に主眼を置き、単なる労働争議を超えて対外関係に影響を与えたからである。上海という一地域の社会・経済問題が、中国の主権回復という国家間関係の文脈に位置づけられることになった[1]。

　だが、中国当局が治外法権下にある租界内に立ち入り、労働環境を調べて行政措置を実行することは困難だった。しかも本格的な労働者保護法である中国工場法は南京国民政府期の一九二九年に制定されたのだが、それ以前に中国が租界内工場の労働条件やそこでの労働者保護を外交交渉で争点としたことも、問題を紛糾させる原因となった。当然ながら、日本やイギリスなど本国の労働法制が租界に適用されていたわけではない。むしろ、日本やイギリスの経営者が本国から上海租界に工場を移転させたのは、労働者保護規制がなく、本国では不可能なほど低い労働条件で操業でき、価格競争で優位に立てるからだった。中国側の関税引き上げに対処するため現地生産が望まれただけでなく、たとえば日本では一九二三年の改正工場法により自国では女性と一六歳以下の少年の深夜業が禁止されたことを理由に、紡績資本の中国進出が加速した[2]。さらに、上海租界工部局（ＳＭＣ）が行政措置の根拠とする土地章程とその付則の行政規則（bye-law）[3]には、労働者保護を定めた条項はなかった[4]。中国側は、上海租界と中国本土で同じ労働法制を施行するのを妨げる治外法権の撤廃を要求していた。その一方で列強とりわけ日英は、中国の労働法制も行政機構も未整備であり、さらには労働運動の過激化を危惧して、治外法権は維持すべきだと考えていた。

　本章は、そのような対立の渦中に存在した、多国間関係の再調整につながり得る国際的な運動に着目する。だが、ここで扱う運動は逆境に直面していた。上海ＹＷＣＡは長年慈善事業に携わっていたが、英米系であるため帝国主義の手先として中国で排外運動の標的になっていた。一方、労資協調的な思惑で設立されたＩＬＯは、急進化を続ける中国労働運動との連帯を築けずにいた。本章では、中国社会から不支持や排斥を突きつけられた上海ＹＷＣＡとＩＬＯが協力して、上海租界における治外法権に関わる労働者保護法制の適用問題に取り組んだ過程を検討する。労働立法とその施行の実現は、中国側にとっても政府の正統性や統治能力を示すことにつながるため、不平等条約改正交渉の鍵であった。蔣介石率いる南京国民政府の成立後、中国の労働行政の確立を試みつつ、多国間協調が再構築される可能性があったことを、本章では明らかにする。

先行研究においては、ＹＷＣＡ史の側から、上海租界での労働運動が租界における労働法制の空白をどのように問題化し、それを解決しようとしたのかが考究されてきた(5)。ＹＷＣＡの国際的活動に関しては、中国を扱ったものではないが、ジュネーブにある世界ＹＷＣＡが一九三〇年代に国際軍縮運動に果たした役割についての試論的な成果がある(6)。ただ、ＹＷＣＡと他の国際機関との関係については、未解明の部分も多い。本章のテーマである国際機関とＮＧＯに関わる国際労働運動史では、国際労働組合連盟（ＩＦＴＵ）、国際労働立法協会（ＩＡＬＬ）といった第一次世界大戦前から存在していた国際ＮＧＯとＩＬＯとの協力についての研究が蓄積されている(7)。しかしながら、ＩＬＯと世界および上海ＹＷＣＡ、あるいは太平洋問題調査会（ＩＰＲ）との連携といった、第一次世界大戦後からの新たな展開は、あまり知られていない。中国の労働運動史研究は膨大な蓄積がある分野である。中国共産党の役割(8)のみならず、地域、業種、自己認識といった労働者の多様性を検討した研究も発展し(9)、近年では、労働運動が内包していた暴力的側面の解明が進んでいる(10)。排外暴動が中国ナショナリズムの発露だったとして

上海YWCA。看板には「基督教婦女青年会」とある。1905-1913年ごろ（ウィスコンシン大学のAGSL Digital Photo Archive）

も、その担い手は国家的に統一されたものでもなければ、目指すところも同じではなかった。それは、同一性を有する固い結束から生じたものでは必ずしもなく、近年の実証的な研究が示すように、多様な方向から競合した動きであった。そのため、国際機関との関わりで、第一次世界大戦以降の中国労働運動史に接近する意義は大きいと思われる。そのアプローチの一つが、本章で取り上げるＩＬＯと上海ＹＷＣＡの関係性の検討である。

本章では以上に挙げた研究史の課題をふまえつつ、周辺領域の成果、すなわち、政府間交渉史[11]、知識人エリートの政策決定過程への関与や民間外交[12]についての先行研究も参照しながら、国際機関とＮＧＯはどのように協働したのかを分析する。まず、中国労働問題に取り組むにあたり、各国外務省、上海ＹＷＣＡ、ＩＬＯがどのような限界に直面していたのか確認する。そのうえで、五・三〇事件以降、上海ＹＷＣＡの活動によって、ＩＬＯが対中関与のきっかけをつかんだことを明らかにする。その成果に、太平洋問題調査会（ＩＰＲ）はいかに注目し、さらに上海の経営者や各国政府、租界行政当局にどのように受け取られたのかも検討する。

1　交錯する労働問題と国際政治

一九一九年に中華民国は、オーストリアと連合国が交わしたサン・ジェルマン条約に調印してＩＬＯ原加盟国となった。ドイツとのヴェルサイユ条約に調印しなかったのは、ドイツの山東半島権益を「中国への返還を前提に」という条件付きにせよ、日本に譲渡することが講和会議で決定されたからである。当然、中国はこの形の講和に反対したが、国際連盟およびＩＬＯに加盟するため、サン・ジェルマン条約には調印したのであった[13]。しかしながら初期のＩＬＯは、中国にとって必ずしも有利な場ではなかった。第一次世界大戦終結後、ロシア革命の高揚感が次第に収まるなか、ＩＬＯに限らず、どの国際会議でも現状維持的な取り決めが少なくなかったからである。帝国秩序に大幅な変更を迫るような形で、植民地や不平等条約の問題が扱われることはなかった。現に、中国に関する九国条約を締結したワシントン会議（一九二一―二二年）でも、治外法権に関する調査委員会を後に設けるとの合意がなされたが、効果的な活動にまでは進まなかった[14]。

だが、一九二〇年代後半以降、中国では労働運動が高まり、租界の労働問題を先送りし続けることは難しくなった。第一次世界大戦中に工業が発展し、戦後は在華紡が伸長するのに伴い、労働争議の発生数も増加していった[15]。とりわけ上海の在華紡のストライキを租界警察が弾圧したのをきっかけに起きた一九二五年の五・三〇事件は大規模なものだった（その後、激化して一九二六年一〇月まで継続し、五・三〇運動と呼ばれる）。もっとも、企業経営を詳細に検討した研究によれば、日系の在華紡と中国資本の紡績企業（民族紡）との産業技術上の協力関係や、労務管理の改善の契機となった両者の影響関係があったことが指摘されている。しかし、労資間および国家間で緊張が高まっていたことも事実であり、経営史研究でも看過してはいない[16]。本章においては、中国と諸外国の厳しい緊張関係だけでなく、ＩＬＯや上海ＹＷＣＡとの協力関係といった面も検討する。

1925-1926年ごろの上海にて。イギリスに対するボイコット（Historical Photographs of China）

　中国側では、在華紡ストライキ以降、暴力的な労働争議が発生するのは、外国資本の工場に中国の法令が適用できないからだとみなされていた。一九二五年時点、上海で女性労働者は、全工場労働者二一万人の半数以上を占めており、とくに紡績、

朱兆莘（Wikimedia Commons より）

製糸業では女性労働者が七割を超えていた。おしなべて綿ぼこりの中で食事を強いられる衛生環境で、肺結核の蔓延が深刻であった[17]。さらに通常想定される長時間労働や低賃金以上に、いわゆる日中間の労働慣行の違いが在華紡で働く大多数の中国人女性にとって大きな問題であった。たとえば、トイレの使用許可制や子連れ出勤禁止などの職場の規則を破ったとして、日本人監視員や中国人「包工頭」から殴打され、不当解雇されることである[18]。こうした規則は日本人にとっては能率的・合理的とみなされたが、中国人にしてみれば不可解でしかなかった。

こうした現状を租界では法的に規制できなかったが、中国資本の工場も租界との価格競争を理由に賃上げや衛生環境の改善、長時間労働の規制に取り組まなかった。そうした外国資本に対する認識と自国産業への悪影響の告発を含むがゆえに、上海という特定の地域に即した労働問題を論じる者もいれば、列強の在華権益一般に関わる国家間の対立として扱う者もいた。前者の例として、政界から退き文筆活動に専念していた梁啓超が挙げられる。彼は「各国資本家が租界を護符とし、我が豊富な原料と低廉な労銀を利用して工場を設け過当な利益を貪り、而も之に対して我等は監視することもできない」と非難した[19]。後者では、一九二六年六月の第八回ＩＬＯ総会で演説した中国代表の朱兆莘（Chu Chao-hsin）駐伊公使が代表例である。中国がＩＬＯ規約や条約・勧告を実行できないのは、租界で中国の主権が侵害されているからだと朱兆莘は断言し、労働問題を切り口に不平等条約を根拠とする列強の在華権益一般の撤廃を訴えた[20]。

これに対し、イギリス外務省極東部顧問のジョン・プラット（John T. Pratt）は真っ向から反駁した。労働条件は中国資本の工場の方が悪く、外国資本の高い水準は中国人にとっても利益であり、中国全土で労働法規が施行されてから租界も同様に施行すればよいという。[21]

ところで、日本はどのように考えていたのか。外相の幣原喜重郎および外務省通商局は、九国条約の門戸開放原則を日本製品のボイコット禁止と解釈し、中国市場へ一気に進出することをねらっていた。日本に有利な条文の解釈で押し通そうとする傾向が幣原にはあり、相手国側の社会状況や産業の保護に配慮する姿勢に乏しかった。[22]

英中が労働条件や治外法権の理解の仕方で正面衝突する一方で、日本は労働問題を脇に置き、商工業者の利害のみを重視した。このままでは、いくらワシントン会議での合意を根拠に中国治外法権に関してあらためて政府間で交渉したところで、事態は好転しなかったであろう。[23]

このように中国における治外法権に関しては、ワシントン諸条約に基づく多国間交渉が、国際協調のために機能したわけではなかった。また、現地のNGOである上海YWCAも、国際機関のILOも、上海租界の労働問題に関与する有効な手立てを欠いていた。

上海YWCAはキリスト教の布教活動を通じて困窮する女性労働者の保護に努めてきたが、五・三〇事件以降の事態に対処できなくなっていった。外来の宗教であるキリスト教への反発が一層強まったこともあるが、そもそも租界内の労働法制を新たに設け得るような政治的な資源を十分に有していなかったからである。五・三〇事件以前にも、上海では一九二二年に女性労働者一万二〇〇〇人を動員した製糸工場ストライキが起きたが、会員数が一〇〇〇人台[24]の上海YWCAは労働組合の組織化を促して影響力を拡げるのではなく、国内外の知識人や労働問題の専門家を通して中国政府にILOの労働基準を採用するよう働きかける方針をとった。[25]英米系の外国人が指導的地位に就いていた当時の上海YWCAは、中国YWCAの単なる地方支部ではなく、独自に知識人と交流しており、そうしたなかでＩＬＯの国際基準に関心を向けるようになった。知識人への働きかけが、上海ＹＷＣＡの会員数以上の影響力につながった一面がある。一方で、この時期の上海ＹＷＣＡは、中国人労働者との連帯が希薄であったといわざるを得ない。

上海ＹＷＣＡはイギリス人工場監督官のアデレイド・Ｍ・アンダーソン（Adelaide M. Anderson）とともに、一九二三―二五年に上海租界内の児童労働の規制に向けて活動した。工場監督制とは、労働条件や安全衛生の専門家が工場を臨検する制度である。アンダーソンは、この制度に関する知識の普及に貢献した(26)。この経験から、長時間労働の弊害が大きく、成人よりも低賃金で酷使されやすい児童労働に検査対象を絞って、規制の端緒をつかもうということとなった。女児はとくに差別される傾向があり、他の兄弟たちが就学するのに（あるいは、それを可能にするために）、女児は紡績工場で働くという教育における性差別が存在していた(27)。

しかしながら、各国の在上海総領事もＳＭＣも租界内の労働立法に冷淡であった。児童の長時間労働を規制すべきというアンダーソンらの主張は、一部の人しか対象としないため、労働者一般を法的に保護する必要などないと企業や行政当局に逆手をとられてしまった。当然ながら、治外法権の恩恵を受ける企業家や、その納税で潤うＳＭＣに労働条件の改善を求めても、さしたる成果は上げられなかった(28)。さらに、児童労働の規制を求める活動は穏健的であったため、五・三〇事件以降の暴力を伴う急進的な労働運動とは歩調を合わせられなかった(29)。

他方、ＩＬＯは対中関与の手段すら持ち合わせていなかった。これは、様々な猶予・例外規定を認めてＩＬＯが拙速に発足してしまったせいである。ロシア革命に対する強い警戒が大きな要因だった。反共産主義および漸進的改良を是とするイギリスの労働政策が、国際的枠組みで採用されたのだった。第一次世界大戦後も階層的な国際秩序は温存されており、この要因はＩＬＯの設立にも無関係ではなかった(30)。ＩＬＯ設立を主導したイギリスは、当然ながら治外法権をめぐる問題に手をつけるつもりはなかった。ＩＬＯ総会で採択される条約・勧告に従いたくとも治外法権に阻まれると当初から中国側は主張していたが、一九二五年に五・三〇事件が勃発するまで総会で討議されることはなかった[31]。

ここで、第一次世界大戦後の中国労働運動の動向を確認しておく。この時期は、中国工業協会、中華工会総会、中華工会志成会などの労働組合が林立していた。中央組織が未発達なことを理由に、中華民国北京政府は一九一九年以来、ＩＬＯに労働代表を派遣せず、政府代表として外交官のみを総会に出席させていた[32]。一方、中国共産党は一九二一年、上海に労働組合書記部を設立し、外国資本の工場で働く労働者の組織化を進めた。こうした労働運動は外国資本を標的にした反帝国主義運動に備えるものであり、対外的にはＩＬＯとの協力よりも、排外暴動を促した[33]。

他方で、労働組合の中央組織を結成する動きが、孫文率いる広東の国民党政権を中心に生じていた。一九二四年一月の国民党第一回全国代表大会で共産党員の加入が認められたことで、国民党と共産党が協力（国共合作）していた広州では、一九二五年五月に中華全国総工会が成立した。これは一六六の組合を結集した組織で、傘下の労働者は五四万人に上った。その直後に五・三〇事件が起きたのである[34]。その翌年には蒋介石を総司令官とする国民革命軍が全国統一に向け軍事行動（北伐）を本格化し、労働運動を超えた暴動も発生していく。

だが、五・三〇事件以降、ＩＬＯでは上海租界の労働争議に関心が高まったとはいえ、解決のために行動を起こすのは難しかった。もし不平等条約の改正を後押しすれば、中国との二国間条約の当事者ではないＩＬＯが、一加盟国に過ぎない中国に肩入れしたことになってしまう。ＩＬＯが中国の労働法制を取り上げるのを躊躇するのもやむを得なかった。加えて、中国に全国的な工場法がなく工場監督官もいないため、ＩＬＯは単独で中国に関与しづらかった。

このように、上海ＹＷＣＡおよびＩＬＯは対中関与を積極的に進められる状況になく、それどころか外国人の組織だからと現地の労働運動から批判、ないし排斥される事態に遭遇していた[35]。

しかし、どちらの組織もこれを契機に自らの活動を問い直し、模索しながら上海租界に中国の労働法制が適用できるよう、互いに関係を構築するようになっていった。

2　ＹＷＣＡの変化に引き込まれるＩＬＯ

五・三〇事件以降、排外運動や反キリスト教運動の標的になった上海ＹＷＣＡは、布教よりも労働問題への関わりに比重を置くようになっていった。排外暴動が過激化していた一九二五年六月一〇日、上海ＹＷＣＡはジュネーブの世界ＹＷＣＡの事務局に、治外法権下で中国人を低賃金で酷使していることが反キリスト教運動の素地となっていると伝えている。[36] こうして宗教的活動よりも労働運動を重視する方向へと転換を図り、一九二六年に入ると、ＩＬＯの対中関与を引き出すべく本格的に動きだした。中国のキリスト教諸団体の会合では、中国とＩＬＯがうまく協調していないという声が上がった。[37] それを受けて上海ＹＷＣＡ副総幹事のリリー・ハース(Lily Haass)は、世界ＹＷＣＡにＩＬＯの中国分局を設立してはどうかと提案している。[38]

労働問題は政治的に考えざるを得ない。一九二六年に上海ＹＷＣＡ産業部の顧問に迎えられたオーストラリア人ソーシャル・ワーカーのエレノア・ヒンダー[39]は、会員にこう語っていた。「ストライキの目的は経済的要求を満たすためだけではない。……労資交渉の相手は工場長だが、同時に、政治的・国家的意義がそこにはあるのだ」。[40]

次第に上海ＹＷＣＡは、キリスト教団体というアイデンティティすらも、労働者保護の活動に活かそうとするようになる。一九二七年八月に中国ＹＷＣＡが開催した「経済関係のキリスト教化についての会議」では、工業や農業の問題に続いて、社会主義とキリスト教倫理の関わりが議題となった。そして、不公正な給与体系、労働条件の決定における労資の不平等といった問題に、キリスト教的な自由の原則を適用するとの方針が承認された。このような姿勢には、排外主義的な反キリスト教運動からの攻撃を回避する意図があった。[41] これに関連して、中国ＹＷＣＡ産業部幹事の鄧裕志（Cora Deng）は、国際機関や国際的なＮＧＯと労働運動で連帯するなかで、中国のナショナリズムは確立するだろうと展望を述べた。[42] 中国ＹＷＣＡ機関誌の『女青年』に掲載された編集部幹事のヘレン・ソーバン（Helen Thoburn）の論稿（一九二八年五月）には、「今日、中国には国家主義と国際主義という二つの大きな主義が並存しており、どちらも人々が生涯を捧げる価値のあるものだと、多くの中国の友人たちは感じて」いるとあり、鄧裕志一人に限った意見ではなかった。そして、ジェンダー平等の観点は、通り一遍の国際主義ではなく、中国ナショナリズムを国際的な労働運動に接続する回路を持っていた。女性が家族の一員であり、個人としても尊重されるべきなのと同様に、国際主義と中国ナショナリズムは、ＹＷＣＡの活動を通じて手を取り合うことができるとソーバンは述べている。[43]

上海の女性労働者の状況や、上海ＹＷＣＡの認識を知るうえで興味深い証言がある。ニュージーランド国立映画部が一九八〇年に制作した「Gung Ho: Rewi Alley of China〔工合——中国のルウィ・アレー〕」という動画がある。ここには、上海租界の労働問題についてアレーが、上海ＹＷＣＡの教育事業や労働者事業を担ったタリサ・ガーラック（Talitha Gerlach、アメリカ出身）、前出の鄧裕志の三人で話す場面がある（おそらく一九七〇年代末）。彼らは、熱湯に浮かぶ繭から糸を紡ぐ八〜一〇歳の少女が指を火傷する被害や、こうした搾取に対抗するために社会主義を学ぼうと思ったことを回想している。とくにガーラックは、「上海に来るまでマルクス〔Karl Marx〕をまるで知らなかった」が、その著書を読んで「今日の私たちが革命的解決と呼ぶ、前向きな解決策に目を開かされた」と話している。[44] キリスト教を広めに中国に渡ったガーラックは、中国人女性の労働問題に

エレノア・ヒンダー（Wikimedia Commons より）

左から，ガーラック，鄧，アレー。Gung Ho: Rewi Alley of China (1980)

関わるうちに社会主義者になり、鄧裕志など労働問題の中国人専門家を養成したのであった。[45]

上海支部を後押しするように、ジュネーブの世界ＹＷＣＡ産業部幹事のメアリー・ディンマン（Mary Dingman）はＩＬＯロンドン支局長と会見し、さらにジュネーブのＩＬＯ事務局へ書簡を出した。その内容は、互いの協力の進展[46]についてで、「ＩＬＯが世界各国に支部を有するＹＷＣＡと提携することは、総会を毎年開く以上に、ＩＬＯの活動範囲を広げることができる」だろうと力説するものであった。[47]中国の労働問題に手をこまねいていたＩＬＯは、これを契機にＹＷＣＡと手を結び、中国労働問題に関心を示していたＩＰＲとの連帯に向かう。上海ＹＷＣＡとつながったことで、ＩＬＯも租界をめぐる国際労働基準と治外法権の問題に取り組むことが可能となった。こうして一九二八年、ＩＬＯ事務局長トーマのアジア視察が実現したのである。

トーマは植民地や中国租界の問題に関与して、ＩＬＯの主体性を形成したいという強い意志を抱いていた。これらの問題に取り組み、ヨーロッパ先進工業国の労働立法の停滞を問い直すことにＩＬＯの活路を見出さんとしたからである。しかし、実行する難しさも十分理解していた。[48]そこで、上海ＹＷＣＡと提携することでそのきっかけをつかもうと考えた。ここで、トーマ訪中が確定する前の一九二七年初頭に作成された、ＩＬＯ事務局の内部文書をみていこう。この文書は、世界ＹＷＣＡのディンマンからの要請についてのＩＬＯ事務局幹部の見解をまとめたもので、ＩＬＯがＹＷＣＡと中国労働問題をめぐって協力していくことを議論した内容となっている。この文書で注目すべきは、ＩＬＯ事務次長のバトラーの意見である。彼は、「保守化したヨーロッパが失いつつある社会的進歩の要素」を東洋で見出したＹＷＣＡからＩＬＯの理念を広めたいと申し出があったことについて、「素晴らしい」と述べている[49]。こうして、イギリスなど中国に治外法権を有するヨーロッパの加盟国に気兼ねせざるを得なかったＩＬＯは、ＹＷＣＡと協力しながら国際政治で自立的なアクターとなっていく。

中国の労働運動には少しずつ変化が生じていた。一九二六年一〇月から翌年三月にかけて、中国共産党は上海で武装蜂起を三度試みた。一九二七年三月の武装蜂起に呼応して上海総工会は八〇万人規模（女性は約一〇万人）のストライキを敢行した[50]。だが、三度の蜂起はいずれも租界の外で起きたため、外国人に危険が及ぶような対外問題には発展しなかった。しかし、北伐を進める国民革命軍が一九二七年三月二四日に南京に入城した際に領事館や教会を襲撃し、外国人を殺害した南京事件が発生すると、国民革命軍では内部対立が激化する。蒋介石は善後策として日英米との関係修復をはかりつつ、同時に上海で共産党の弾圧に踏み切った（四・一二事件）。蒋介石はその直後の四月一八日に南京国民政府の樹立を宣言した[51]。この弾圧で強制武装解除に追い込まれた上海の共産党系の労働運動は大打撃を受けた。その後も共産党は武装蜂起を続けたものの、退潮は明らかであった。一九二七年九月の湖南省の秋収蜂起の失敗以降、共産党内では、同党中央候補委員の

メアリー・ディンマン（『女青年』1924年6月号）

毛沢東に率いられて湖南・江西省境の井崗山に逃れた部隊の存在感が高まった。この部隊を中心として、農村工作によって根拠地を拡大する方針へと転換した。[52]

一九二八年六月には、蔣介石の南京国民政府の下で北伐が完了し、中国情勢が安定に向かったことも、トーマにとっては追い風となった。同年一二月訪中したトーマは、南京政府が近々制定するはずの中国工場法が租界内でも施行されるようＩＬＯは協力すると表明し、さらに各国に中国との不平等条約を改正するよう訴えた。[53] そして一九二九年ＩＬＯ総会では、初の中国完全代表（政二、労一、資一）が実現し、中国工場法が南京政府によって制定された。この法律は一九三一年二月に施行される予定であった（実際は同年八月に延期）。さらに、一九三〇年にはＩＬＯ中国分局が開設される。分局長には、フランスで労働法を学び、トーマの下で中国労働問題に関する資料を作成していた陳宗城（C. S. Chan）が任命された。[54]

労働条件や安全基準を遵守させる法整備も、公衆衛生と同様に、法令を施行する主体である中央政府の正統性と密接に関わっていた。戦間期中国の対外経済政策や労働運動史を研究した久保亨が述べたように、「対外主権を回復し経済発展をめざす」と唱え、国民革命を経て成立した政府にとって、労働行政の整備は避けては通れない課題であった。[55] 列強と結んだ不平等条約の改正も、国際協力を通じた国家の正統性の確立にかかっていたといえる。そのため南京国民政府は、北京政府以上に、労働者保護という内政に関わるＩＬＯと協

トーマ訪中を歓迎する張り紙（CAT1/29/5/2, ILO 文書館所蔵）

力関係を構築する必要があったのである。[56]

3　一九三一年のＩＬＯ訪中使節と中国工場法の施行

一九三一年二月に工場法が施行されるまで、南京政府は中国本土と租界の統一的な施行を要求し、ＳＭＣは徐々に確実に実現しようとしていた。だが、ヒンダーはそうした対立点にこそ問題解決の契機を見出そうとする。争点を明確にし粘り強く議論して、南京政府とＳＭＣを結びつけようというのが彼女の考えであった。[57] この方針は、上海の中国女性組織合同委員会、南京政府実業部、ＳＭＣが交わした書簡でも肯定的に受け止められていた。[58]

国際機関と中国の関係でも、労働条件の改善に向けた準備が整ってきた。国際連盟保健機関（ＬＮＨＯ）やＩＬＯの対中「非政治事業」[59]に期待をかけていたヒンダーは、国際経済に「中国が深く参画すること」を国際機関の側も重視し始めたと喜んだ。[60]

中国人の主体性については、鄧裕志が「一九二〇年代前半のＹＷＣＡは外国人指導者が大半だったが、今では中国人幹部、会員も増え、南京政府に工場法施行を迫るまでに発展した。夢は叶う」と感慨深げに一九三一年に記している。[61]

だが、一九三一年二月に予定されていた工場法の施行は、南京政府の判断で八月に延期されてしまった。ヒンダーは、南京政府へ働きかけを続けていく方針を次のようにまとめている。①工場法施行の延期は、女性や子どもに大きく影響するので問題である、②特別諮問委員会を設け、女性団体と協力すべきである、③成人女性教育政策を要求する、の三点であった。[62] 三点目については、「五月五日に開催予定の人民会議に立法院の女性議員が出席することは重要である。党決定にゴム印を捺すだけの会議だとしても、市民意識の向上と良い教育機会とな

孔祥熙（左）と蒋廷黻。画像は1944年のブレトンウッズ会議出席時（第5章で後述）のもの（Wikimedia Commons より）

るだろう」と捉えた。[63]

そして、一九三一年八月の工場法施行に備えてヒンダーは、経営者団体の上海使用者連盟に対し工場監督制の樹立に向けた講習を進めていった。労働法の専門家である中国キリスト教協会の陳達（Chen Ta）とともに詳細なレポートを作成し、工場監督がいかに必要か訴えた。イギリス総領事のジョン・ブレナン（John F. Brenan）もヒンダー宛ての書簡で、工場経営者たちに工場法について助言をしてほしいと述べている。[64]

ヒンダーはSMCに、「上海使用者連盟と親密だとわたしは批判されているが、企業家と協力することは重要だと思う」と伝えた。加えて、「上海使用者連盟は陳達から工場法について説明を受けたが、南京政府実業部長の孔祥熙（H. H. Kung）も関心を示している」と述べ、活動の成果をアピールした。[65]

孔祥熙は、労働問題について話し合う「民生会議」を一九三一年一二月に開いている。この「民生」とは、人民の生活を保障し経済格差を是正することを説いた、孫文の三民主義の柱の一つにちなんでいる。開会にあたって孔祥熙は、資源の開発や様々な産業分野の発展を、孫文の提唱した「国際開発」に沿って進めることが重要だと述べた。そして、「社会福祉の最大限の水準を保障することを構想した実践的な綱領にしたがって、中国全体の健全な協力」を実現することは実業部の使命だとした。工場法や労働組合法を施行するには、工場監督制度を樹立する必要があるのは西洋の経験からも明らかであり、国際基準を注視していると表明した。[66]

さらにヒンダーはＳＭＣだけでなくブレナン総領事にも、孔祥熙は「民生会議」以来、陳達と密接な関係であると述べ、陳達の様子も伝えている。陳達は労働時間について、上海使用者連盟にＩＬＯ基準の八時間ではなく、一〇時間以内という妥協案を提示した。この提案は上海使用者連盟の希望に近かった。[67] さらに彼女は八月三日付のトーマ宛ての書簡で、やはり陳達と孔祥熙の関係や、陳達のＳＭＣへの妥協案についてふれている。①深夜業撤廃の二年延期、②休日の給与支払いは一時停止、③一〇時間労働の許容という修正を南京政府が受け入れた、というものであった。[68]

七日には、中国治外法権問題を調査していたイギリス人法律家のリチャード・フィーサム（Richard Feetham）に対し、工場監督制について持論を展開した。安全衛生規制の第一歩としてヒンダーは、ＳＭＣの公共事業、衛生、消防各部署と相談して作成した、操業に関する「最小限の条件」を彼に提示した。これをもとにヒンダーは、ＳＭＣの行政執行の根拠である租界行政規則の第三四条（事業の許認可条項）は近いうちに改正され、工場の操業認可要件に安全衛生と工場監督官の臨検の権利が追加されるはずだと述べた。[69] この改正は一九三三年に明文化された。[70]

租界行政規則の条項を改訂すれば、国家間の条約に手をつけずに工場監督制を実施できる。そうした手法をとったのは、イギリス外務省極東部顧問のプラットが、租界内に中国工場法を適用することに対し、国際法の根拠がないことを理由に否定的な態度を示しており、ＳＭＣも治外法権の維持に固執していたからである。[71]

ブレナンはイギリス駐華公使のマイルズ・ランプソン（Miles W. Lampson）に宛て、工場監督制を求める女性運動家が租界問題を扱っていると報告している。その運動家とはいうまでもなくヒンダーのことであり、彼女は陳達とともに、この年の上海で開催されたIPR会議にも参加した。ブレナンとランプソンは、IPR会議で租界の存在やイギリスの対中政策が非難にさらされることを危惧した[72]。

中国工場法は一九三一年八月一日に施行されたものの、治外法権を理由に工場監督は導入されないままであった。施行後にランプソンに宛てた書簡で、ブレナンは、ヒンダーと陳達が上海使用者連盟を啓蒙しており、連盟は工場法に好意的な声明を出したと紹介している。そしてILO使節が上海に向かっていて、連盟は修正を加えた工場法の施行に賛成していると述べ、中国側の良識ある妥協に期待を表した[73]。

上海使用者連盟は、意外にも工場法の施行に前向きだったが、これはヒンダーと陳達の活動の成果であろう。同時に、この啓蒙活動こそ、ブレナンが望んだ良識的妥協であったといってよい。このタイミングで、一九三一年一〇月にILO外交部次長であったカミーユ・ポーヌ（Camille Pône）が、上海租界の工場監督制樹立のためのILO使節として前述のイギリス人工場監督官のアンダーソンとともに上海に到着した。二人の訪中は、南京政府実業部長の孔祥煕がILOに要望して実現した[74]。

一〇月二一日からはIPR会議が上海で開催されるので、それに合わせた形だった。満州事変の最中に開かれたため、日本の対中政策についての議論は紛糾した[75]。そうしたなかで、「労働と生活水準」部会では、ちょうど上海を訪れていたポーヌが議長を務めることとなった。ポーヌはILOの代表として国際連盟とは距離を置きながらYWCA、IPRと連帯を深めていくという姿勢を示した。実際、アメリカ人海員労働運動家のポール・シャルンバーグ（Paul Scharrenberg）が、理想主義的な立法とその弾力的運用という自国の例を挙げ、中国にもそのような労働行政の整備を提案したところ、議長のポーヌはすかさず賛同している[76]。中国企業の関係者も参加するIPR会議でこのような議論をしたことは重要であり、ヒンダーと陳達が上海使用者連盟に熱心に工場監督制について説明してきた成果だといえよう。

一一月には、ポーヌとアンダーソンの立ち会いのもと、南京政府とSMCとの間で工場監督について仮合意がなされた。中国工場法を租界内で運用するために、南京政府とＳＭＣの双方から工場監督官を出し合い、合同で工場を臨検するという内容である。ヒンダーはＳＭＣに対して、上海使用者連盟は合同の工場監督制に理解を示しているようだと伝えている。[77]

ＩＬＯが上海租界の工場監督制を実現させるために中国側と租界側を媒介することに、総領事のブレナンは協力的だったため、ＩＬＯもブレナンを一層重視するようになる。たとえば、ＩＬＯ使節のアンダーソンがブレナンへ一一月一七日に送った書簡がある。そこでアンダーソンは、中国人監督官が上海租界内の工場を臨検することを認めるよう租界当局のＳＭＣを説得し、加えて可能な限り上海使用者連盟に対し影響力を行使してほしいとブレナンに要望を伝えている。[78] さらにアンダーソンは、イギリス外務省外務次官補のジョージ・マウンジー(George Mounsey)に向け、「ブレナンの素晴らしい協力なくして、工場法適用の合意に達することはできなかった」、と彼の貢献をたたえた。[79]

だが、租界内の工場監督制の樹立にあと少しという段階で、一九三二年一月に上海事変が勃発してしまった。しかし、それでもヒンダーは上海で労働運動を継続したのであった。ＳＭＣも工場監督制については何らかの対応を示さざるを得なくなり、一九三三年に産業社会部を新設し、その部長にヒンダーを招いた。[80] ヒンダーは、上海事変によって中断した租界労働行政に関する交渉を、ブレナンと連携しながら再開させた。彼女は労働運動にある程度理解を示さざるを得なくなった租界行政にその橋頭堡を得て、なおかつイギリスの総領事にも働きかけ続けた。ＩＬＯ、ＹＷＣＡ、ＩＰＲの連帯は、国際連盟に加盟していないアメリカのＩＬＯ加盟（一九三四年）を導く。こうして、国際連盟は脱退したが依然としてＩＬＯ加盟国の日本を、上海租界の労働者保護をめぐる国際的な連帯にいかに包摂するのかが次の課題となった。

小結

五・三〇運動以降の中国と協調することは、ワシントン会議の当事国政府が交渉するだけでは困難であった。上海ＹＷＣＡとＩＬＯも、中国労働運動から批判や排斥される対象であった。だが、そうした逆境をむしろ契機として、上海ＹＷＣＡと世界ＹＷＣＡは、ＩＬＯを巻き込んで問題に向き合う。両ＹＷＣＡは、布教活動よりも労働運動を重視する方針に転換し、ＩＬＯに働きかけた。ＹＷＣＡの申し出を受けて、ＩＬＯは中国の先鋭的な労働運動を後押しし、保守化が進むヨーロッパの労働運動を再活性化させようと決断する。中国工場法が施行された一九三一年には、南京政府実業部長の孔祥熙がＹＷＣＡやＩＬＯと協力を深めようとした。さらに、中国労働問題および租界問題が、ＩＰＲにおいて英米の代表者に注目されるようになった。

上海ＹＷＣＡは、実業界の上海使用者連盟と租界行政当局のＳＭＣに働きかけ、租界にも中国工場法を適用することへの同意を引き出した。その結果、租界行政規則の第三四条の操業認可条項に職場の安全・衛生要件が挿入されることになった。もちろん上海ＹＷＣＡは強制力を持っていたわけではないが、ヒンダーらがＩＬＯの国際労働基準を根拠に詳細なレポートを作成し、粘り強く上海使用者連盟やＳＭＣと折衝した成果であった。同時にＩＰＲがこの問題を取り上げ、ＩＬＯもイギリス外務省やアメリカの労働組合に働きかけた。こうした活動は一見迂遠ながら、中国の主権回復の要求に応えつつ、中国と列強との多国間関係を再調整する道を開いた。

すなわち、ひとまず治外法権に関わる条約改正交渉を迂回するため、上海ＹＷＣＡは、租界の行政規則に記載された工場や事業所の設置認可の条項に、安全・衛生の要件を挿入することにこだわったといってよい。それは、総領事や租界の行政当局者との法的な摩擦を極力避けながら、労働法の専門家が工場を臨検する工場監督制という具体的な行政機構の整備を進める戦略であった。その結果、イギリスの上海総領事ブレナンからも工場監督制に好意的な反応を得ることができたのである。

国家間関係が動揺し、ＩＬＯの設立時の構想や活動の前提が覆された状況で、現地のＮＧＯと協働するためには何が必要だろうか。本章で取り上げた事例に即して二点挙げることができるだろう。第一に、国家間の対立や内政問題といった加盟国の主権に関わる難題にあえて取り組むことで存在感を示したい国際機関と、現地社会に適応するために国際的な連帯を生み出したいＮＧＯとが、異なる方向から共通の認識を持つことが出発点となる。第二に、国際機関とＮＧＯは、従来の役割分担に固執するのではなく、むしろ自己を変革しつつ互いに補い合う関係性を作り出していくことである。

注

（1）斉藤孝『戦間期国際政治史』（岩波書店、一九七八年）一三三頁。

（2）小野和子『中国女性史－太平天国から現代まで－』（平凡社、一九七八年）一五四－一五五頁。なお、この箇所に「一九一六年から工場法改正が施行され」とあるが、一九一六年に施行されたのは一九一一年工場法であり、一九二三年公布の改正工場法は、一九二九年施行である。

（3）“bye-law” はイギリスの英語では地方自治体の条例を指す。本書では一般的な意味での条例ではなく、土地章程に属する行政上の取り決めの意味で、これを行政規則と記した。

（4）Sophie Loy-Wilson, “‘Liberating’ Asia: Strikes and Protest in Sydney and Shanghai, 1920–1939,” *History Workshop Journal*, 72 (August 2011), pp. 75–102.

（5）Karen Garner, “Redefining Institutional Identity: The YWCA Challenge to Extraterritoriality in China, 1925–1930,” *Women's History Review*, 10-3 (March 2001), pp. 409–440; id., *Precious Fire: Maud Russel and the Chinese Revolution* (Boston: University of Massachusetts Press, 2003), pp. 108–131.

（6）Karen Garner, *Shaping a Global Women's Agenda: Women's NGOs and Global Governance, 1925–1985* (Manchester: Manchester University Press, 2010).

（7）Geert Van Goethem, *The Amsterdam International: The World of the International Federation of Trade Unions (IFTU), 1913–1945* (Aldershot:

Ashgate Publishing, 2006), Chap. 4; Sandrine Kott, "From Transnational Reformist Network to International Organization: The International Association for Labour Legislation and the International Labour Organization, 1900–1930s," in Davide Rodogno, Bernhard Struck and Jakob Vogel, eds., *Shaping the Transnational Sphere: Experts, Networks and Issues from the 1840s to the 1930s* (New York: Berghan Books, 2015), Chap. 11.

（8）　江田憲治「在華紡と労働運動」森時彦編『在華紡と中国社会』（京都大学学術出版会、二〇〇五年）第二章。

（9）　Emily Honig, *Sisters and Strangers: Women in the Shanghai Cotton Mills, 1919–1949* (Stanford: Stanford University Press, 1986), Chaps. 2, 7–8; Elizabeth J. Perry, *Shanghai on Strike: The Politics of Chinese Labor* (Stanford: Stanford University Press, 1993), Chaps. 4–6, 8. 吉澤誠一郎『愛国とボイコット―近代中国の地域的文脈と対日関係―』（名古屋大学出版会、二〇一一年）第七章。

（10）　衛藤安奈『熱狂と動員―一九二〇年代中国の労働運動―』（慶応義塾大学出版会、二〇一五年）第一、四―五章。

（11）　Edmund S. K. Fung, *The Diplomacy of Imperial Retreat: Britain's South China Policy, 1924–1931* (Oxford: Oxford University Press, 1991), Chaps. 4, 11; 後藤春美『上海をめぐる日英関係　1925–1932年―日英同盟後の協調と対抗―』（東京大学出版会、二〇〇六年）。

（12）　高光佳絵「戦間期アジア・太平洋秩序と国際的民間団体―アメリカ政府の 'political missionary' ―」川島真編『近代中国をめぐる国際政治』（中央公論新社、二〇一四年）第四章。

（13）　川島真『近代国家への模索（シリーズ中国近現代史2）』（岩波書店、二〇一〇年）一八二―一八六頁。

（14）　臼井勝美『日本と中国―大正時代―』（原書房、一九七二年）、二一八―二二二頁。

（15）　高村直助『近代日本綿業と中国』（東京大学出版会、一九八二年）一四〇―一五六頁。

（16）　久保亨『戦間期中国の綿業と企業経営』（汲古書院、二〇〇五年）七、七二、八一頁。この点の通史的な位置づけについては、梶谷懐『日本と中国経済』（筑摩書房、二〇一六年）五一―五三頁。

（17）　中華全国婦女連合会編著、中国女性史研究会編訳『中国女性運動史 1919–49』（論創社、一九九五年）一五二頁。次いで女性が多かった産業分野は、タバコ、メリヤス編み、加工卵。ホーニッグによる一九二九年の表も参照。Honig, *op. cit.*, p. 24.

（18）　梶谷、前掲書、四三頁。同書四五頁によれば、「単に金銭的な労働条件の問題にとどまらない、日中の労働慣行の違いにも起因する複雑な労使間の利害の対立が生じて」おり、それが「ナショナリズムという要素」とからんでいったことが、「この時期に多発したストライキや日本製品ボイコットの背景にある」という。効率重視の「日本型労務管理」が中国人労働者の不満の原因となった面もあり、現在の多国籍企業の労務管理の問題と通ずるすれ違いが存在した。日系企業は効率の観点から職場での授乳を禁止したのだが、中国系の民族資本では授乳や子連れ出勤はふつうに認められていたため、その禁止への反発は女性労働者たちがストライキを起こす理由として十分なものであった。在華紡ストライキや排日貨の背景として労働条件以外の文化摩擦に注目しつつも、その一方で民族主義的な動機を過度に強調すべきではないことには同意する。ただし、在華紡における労働条件以外の問題としてストライキ時に糾弾されたのは、中国人女性労働者が被った暴行、とりわけ日本人男性経営者の意を受けた監視員（検番）からの殴打であった。しかも殴られた理由が職場での授乳であったとしたらどうであろうか（許可なくトイレに行った労働者は検番にムチで打たれるのだから、想像に難くない）。加えて、勤務態度に関係なく性的な侮辱を受けた彼女らが、それらの出来事を単なる労働慣行の違いだとして受け入れるはずもなかった。むしろその暴力や蔑視は、「日本帝国主義の罪悪」を裏づけるものとみなされたであろう。在華紡における育児、殴打、そして淫行の点については、小野、前掲書、一六一、一六九、一七三―一七五頁。

（19）満鉄北京公所「上海事件と梁啓超の意見」一九二五年六月一二日、伊藤武雄ほか編『現代史資料33 満鉄（３）』（みすず書房、一九六七年）四七七―四七八頁。

（20）ILO, ed., *Record of Proceedings, 8th International Labour Conference*, 1926, pp. 130–133.

（21）Foreign Office, *Memorandum on Labour Conditions in China*, China- no. 2, 1927 (Cmd. 2846), pp. 2–15.

（22）「柳井恒夫談」馬場明『日露戦争後の日中関係―共存共栄主義の破綻―』（原書房、一九九三年）二六―二七頁。

（23）「幣原外務大臣張継会談要領」一九二九年九月五日、外務省編『日本外交文書』昭和期Ｉ―一―三、６４９文書別紙。

（24）日本に占領される直前、一九四〇年時の上海ＹＷＣＡの総会員数は一八八二人とされている。これは上海支部の機関誌創刊号の記載内容であるため、先行研究ではこの人数が採用されている。一九二〇年代はこれよりも少なかったはずで、会員数は一九三〇年代半ばの女工夜学の生徒数増と関係があると思われるが、正確な人数は中国ＹＷＣＡの機関誌を詳細に検討する必要がある。中国ＹＷＣＡ全体でみると一九二八年段階で一万一〇〇〇人とされている。石川照子「抗戦期におけるＹＷＣＡの活動と女性動員」中央大学人文科学研究所編『民国後期中国国民党政権の研究』（中央大学出版部、二〇〇五年）第二章、三五二、三七二頁。

（25）末次玲子「『女青年報』・『女青年』解題」中央大学人文科学研究所編『民国前期中国と東アジアの変動』（中央大学出版部、一九九九年）第四章、五四五頁。曾田三郎『中国近代製糸業史の研究』（汲古書院、一九九四年）三三八―三四二頁。

（26）Anderson to Sterling Fessenden, 22 August 1924, 7AMA/D/01, Women's Archives of the London School of Economics, London (hereafter, WA).

（27）Honig, *op. cit.*, p. 168.

(28) "Interview with the Minister of Agriculture and Commerce," *Far Eastern Times*, 22 March 1924. 他方でSMCは、自らの権限の拡大に直結する消防や公衆衛生の改善には積極的な姿勢を示した。この点については次の論文を参照した。余鎮利「上海共同租界と国際労働問題―1920年代前半の中国における児童労働反対運動―」『現代中国』第九八号（二〇二四年九月）九三―一〇五頁。

(29) P. Henry to Gideon Chen, 15 June 1925, 7AMA/D/01, WA.

(30) 本書第1章参照。

(31) 浜田直也「「五・三〇運動」と日本労農運動家―鈴木文治、賀川豊彦、芳川哲の軌跡―」森時彦編『長江流域社会の歴史景観』（京都大学人文科学研究所、二〇一三年）二一二―二一九頁。

(32) 古厩忠夫「労働運動の諸潮流」野沢豊・田中正俊編『講座中国近現代史』第四巻（東京大学出版会、一九七八年）一四九―一八〇頁。

(33) 江田、前掲論文、三八頁。

(34) 石川禎浩『革命とナショナリズム（シリーズ中国近現代史 3）』（岩波書店、二〇一〇年）一〇―一一頁。

(35) 末次玲子『二〇世紀中国女性史』（青木書店、二〇〇九年）一三七頁。

(36) Shanghai YWCA to World YWCA, 10 June 1925, World/China, 19–3, World YWCA Archives, Geneva (hereafter, YW).

(37) Industrial Committee of National Christian Council, 17 May 1926, World/China, 19–4, YW.

(38) Lily Haass to Mary Dingman and Harrison, 24 May 1926, World/China, 19–4, YW.

(39) "Report regarding the Use of Mr. Rockefeller's Gift to the National Committee of the YWCA of China for Industrial Work," 19 September 1925, World/China, 19–4, YW.

(40) Hinder, "The Industrial Situation in Shanghai," October 1926, World/China, 19–4, YW.

(41) Haass, "Impression on the Conference on Christianizing Economic Relations," August 1927, World/China, 19–5, YW.

(42) "Report of the Conference of Industrial Secretaries of the YWCA in Shanghai," 1–2 September 1927, World/China, 19–5, YW.

(43) 杜愛倫（ヘレン・ソーバン）著、堝治子訳「YWCAはいかなる主義を信じるか」『女青年』第七巻第四号（一九二八年五月）、中国女性史研究会編『中国女性の一〇〇年―史料にみる歩み―』（青木書店、二〇〇四年）九六―九七頁から引用。

(44) "Gung Ho"「工合」は、第5章で取り上げる中国工業合作のことであり、アレーはその指導者のニュージーランド人。後述するように、彼は工業合作運動に身を投じる前、上海租界の消防士、後に工場監督官として就業していた。この動画は下記URLにて二〇二四年八月二〇日に閲覧（https://www.youtube.com/watch?v=ZLSQoclX_-w&t=1937s）。該当部分は一六分から一九分まで。

（45）　上海ＹＷＣＡの教育事業や鄧の受けた教育については次章で述べる。

（46）　ヨーロッパでの協力については、次の歴史研究を参照。Sandrine Kott, "Constructing a European Social Model: The Fight for Social Insurance in the Interwar Period," in Jasmien Van Daele, et al. eds., *ILO Histories: Essays on the International Labour Organization and Its Impact on the World during the Twentieth Century* (Bern: Peter Lang, 2010), Chap. 7.

（47）　Dingman to Haass, 11 December 1926, World/China, 19-4, YW.

（48）　E. J. Phelan, *Yes and Albert Thomas* (London: Cresset, 1936), pp. 202-203.

（49）　Minute by Harold B. Butler, 14 January 1927, XRG 1/7, ILO Archives, Geneva (hereafter, ILOA).

（50）　中華全国婦女連合会編、前掲書、一八八頁。

（51）　石川禎浩、前掲書、三三－三四頁。

（52）　宇野重昭『中国共産党史序説（上）』（ＮＨＫブックス、一九七三年）一〇二－一〇五頁。

（53）　矢田七太郎在上海総領事→田中義一外相、一九二八年一二月一〇日、外務省記録「国際労働事務局関係一件　事務局長「アルベール、トーマ」氏極東訪問関係」（B.9.12.0.3-2）、外務省外交史料館。

（54）　"Factory Labour and Industrial Legislation," 26 November 1930, in Brenan to Lampson, 27 May 1931, F4460/941/10, FO371/15488, The National Archives, London (hereafter, TNA).

（55）　久保亨『戦間期中国〈自立への模索〉－関税通貨政策と経済発展－』（東京大学出版会、一九九九年）二三九頁。中国労働運動史を主題とした論文は、同『現代中国の原型の出現－国民党統治下の民衆統合と財政経済－』（汲古書院、二〇二〇年）第三－四、六章。

（56）　Tehyun Ma, "'The Common Aim of the Allied Powers': Social Policy and International Legitimacy in Wartime China, 1940-47," *Journal of Global History*, 9-2 (2014), pp. 254-275.

（57）　Hinder to Dingman, 4 February 1931. World/China, 19-9, YW.

（58）　J. T. Ford (Joint Committee of Shanghai Women's Organization) to H. H. Kung, 24 Jan 1931; Ford to MacNaghten, 24 Jan 1931; H.H. Kung to Ford, 2 February 1931, World/China, 19-9, YW.

（59）　ヒンダーが用いた表現で、社会・経済分野の技術協力を指している。

（60）　Hinder, "China and Geneva Increasing Inter-Relations," 8 May 1931, World/China, 19-9, YW.

(61) Cora Deng, “National Committee YWCA in China,” 8 May 1931, World/China, 19–9, YW.

(62) Hinder to C. Beresford Fox (World YWCA), 29 April 1931, World/China, 19–9, YW.

(63) Hinder to Jean Paxton (America YWCA), 22 April 1931, World/China, 19–9, YW.

(64) Brenan to Hinder, 22 May 1931, Michael Library, Manuscript (MLMSS 770/2–2–6), State Library of New South Wales, Sydney (hereafter, NSW).

(65) Hinder to J. R. Jones, 12 July 1931, MLMSS 770/2–2–6, NSW.

(66) H. H. Kung, “Opening Address,” 22 February 1931, in “Proceedings of People’s Livelihood Conference,” 10 March 1931, PO 1000/3/1, ILOA.「民生会議」の記録はこのようにＩＬＯ文書に存在している。とはいえ、これだけでは、第５章で扱う第二次世界大戦中のＩＬＯにおける「生活水準の向上」論に与えた孫文「民生」の影響は史料的に裏づけることはできなかった。ただ第５章でも取り上げるヒンダー（第二次世界大戦中はＩＬＯの在ニューヨーク調査員）は、「民生会議」の内容を紹介しつつ各所に働きかけていた。そのため、彼女は一九三一年時点で、孔祥熙が孫文「民生」を引きつつＩＬＯと協力する意義を表明したことを知っていたはずである。

(67) Hinder to Brenan, 26 July1931, MLMSS 770/2–2–6, NSW.

(68) Hinder to Thomas, 3 August 1931, MLMSS 770/2–2–6, NSW.

(69) Hinder to Feetham, 7 August 1931, MLMSS 770/2–2–6, NSW.

(70) Shanghai YWCA, “Factory Law Statement,” [April 1933], World/China, 20–3, YW.

(71) Minute by Pratt,14 September 1931, F4904/220/10; Minute by Pratt, 12 October 1931, F5601/220/10, FO (Foreign Office) 371/15483, TNA.

(72) Brenan to Lampson, 27 May 1931, F4460/941/10, FO 371/15488, TNA.

(73) Brenan to Lampson, 14 September, 1931, F6637/941/10, FO 371/15488, TNA.

(74) Camille Pône, “Towards the Establishment of a Factory Inspectorate in China,” *International Labour Review*, 25–5 (May 1932), pp. 591–604.

(75) 片桐庸夫『太平洋問題調査会の研究 －戦間期日本ＩＰＲの活動を中心として－』（慶応義塾大学出版会、二〇〇三年）、二一六－二一七頁。

(76) 「上海会議議事録 6」、高木八尺ＩＰＲ関係ペーパー、R14、東京大学総合文化研究科附属アメリカ太平洋地域研究センター。

(77) Hinder to SMC, 15 December 1931, MLMSS 770/2–2–6, NSW.

（78）Anderson to Brenan, 17 November 1931, AMA/D4, Part 2, WA.

（79）Anderson to Mounsey, 19 February 1932, AMA/D4, Part 2, WA.

（80）Garner, *Precious Fire*, p. 137.

第4章　労災と失業の上海
――行政的解決か労働者教育か

はじめに

一九二〇年代後半から中国労働問題への関与を模索していたＩＬＯは、これを手がかりに活動範囲を広げていこうとした。しかし、一九二九年以降の世界大恐慌、一九三一年の満州事変、一九三二年のジュネーブ一般軍縮会議の不成功は、自国通貨の価値を安定させるための緊縮財政と軍縮に支えられていた一九二〇年代の国際的な緊張緩和を大いに動揺させた[1]。

この経済と軍事の複合的な悪影響は、日本が満州のみならず、一九三二年一月に上海においても軍事行動を重ねたことでさらに強まった。各国政府は不況対策の一環として金本位制を放棄し財政を拡張させていったが、この傾向は、軍需産業の拡大による雇用の確保を正当化することにつながる一面があった[2]。ＩＬＯ事務局長のトーマは、軍拡による景気浮揚論を否定し[3]、日本の軍事行動の抑制を訴えてこうした傾向に警鐘を鳴らしたが、同年五月に没した[4]。その後任として、イギリス労働官僚出身で初代ＩＬＯ事務次長のバトラーが理事会で選出され、彼の下でＩＬＯはこの難局に当たることになった。

本章では、前章で明らかにした上海租界の工場監督制樹立のためのＩＬＯとＹＷＣＡの協働の萌芽を経た、そ

ハロルド・バトラー（ILO ウェブサイトより）

の後の展開を検討する。まず、ＩＬＯ自体の変化として、トーマとバトラーの経済問題に対する認識の差異を確認する。次にＹＷＣＡの変化に関し、上海ＹＷＣＡの労働運動が、次第に中国人会員によって主導され活性化していったことを明らかにする。そして、前章と関連する形でバトラー期の事業について検討するため、租界内での中国工場法の施行に関する交渉を扱う。史料として、ジュネーブのＩＬＯ事務局とＩＬＯ中国分局との交信を利用し、現地行政への関与をできるだけ詳しく跡づける。そこで注目したのは、次第にＩＬＯが対日宥和の目的で行政当局間どうしの交渉を好みがちになった点である。そのため、中国ＹＷＣＡや中国労働運動との協力関係は進展しなかった。他方で、そうした停滞のなかで、上海ＹＷＣＡの労働者教育事業が日中戦争下での日本軍への抵抗につながる前史となった側面も検討する。

ＩＬＯと上海ＹＷＣＡの連帯が途切れつつあった時期をこうした視点で検証し、単なる協同行動の失敗にとどまらない理解に到達することが、本章の目的である。

1　ＩＬＯ事務局長の交代

アメリカはようやく一九三四年にＩＬＯに加盟し、これはＩＬＯが事業を拡大する契機となった。その地ならしはトーマ事務局長の時期に整えられた。一九三一年一一月に上海で開かれたＩＰＲ会議に出席したポーヌ

ILO外交部次長は、アメリカの加盟を後押しするために、YWCAやIPRとの連帯をアピールした。国際連盟に加盟していないアメリカは、ILOとの接点を国際連盟ではなく、キリスト教団体を出発点とするIPRに見出した。(5) さらにアメリカのILO加盟に弾みをつけたのが、一九三三年にカナダのバンフで開催されたIPR会議中のアメリカ代表のジェームズ・T・ショットウェル（James T. Shotwell）の報告である。ここで彼は、関税と労働者保護の関係について、国際労働基準の観点から論じた。(6) その後、「労働基準の相違」をめぐって中国内の治外法権の問題へと議論が移り、ILOが提出した報告書の紹介となった。この報告書は、世界大恐慌の克服を目的とする国際的な活動がないと述べ、(7) 国際労働基準がそのために必要であるとした。(8) なお、ショットウェルはもともとILOとの関わりが深く、彼が編纂した『ILOの起源』(9) が一九三四年に刊行されている。

だが、新事務局長バトラーは、ILOが経済問題に果たす役割について、トーマと認識を異にしていた。ILOと国際連盟経済財政機構（EFO）は、バトラーが事務局長に就任すると接近し始めた。トーマは国際金融家との提携に積極的ではなかった。(10) 一九三四年ILO総会でバトラーは、前年のロンドン国際経済会議が不首尾に終わったことを受け、ILOは今後、専門分野ではない財政、経済領域も問題にも対処していくと宣言した。(11) そして、アヘン(12)と栄養(13)に関する直近の調査研究に基づいて一九三六年総会の事務局長報告(14)を作成し、国際連盟傘下の社会・経済機関との連携を強調した。この報告書では、イギリスを刺激するような植民地主義批判は影を潜め、労働者の健康や経済効率の話に力点が置かれている。(15)

バトラーが事務局長になって植民地主義批判が後景化したほか、対日姿勢でもトーマとの違いが見られた。トーマは、一九三一年ILO総会の炭坑労働時間の審議のなかで、満州炭鉱をめぐり日本を強く批判した。(16) 一方で、バトラーは日本との妥協を模索していた。彼はかつてイギリスの労働官僚として、一九一九年のILO設立時に同国戦時内閣閣僚のバーンズを補佐した。その過程でバトラーは、バーンズが例外・猶予規定を設けて日本の同意を取りつける様子をそばでつぶさに観察した。事務局長に就任したばかりのバトラーが、国際連盟は脱退したもののＩＬＯにはとどまっていた日本をなるべく刺激したくないと考えたとしても不思議ではない。実際、バトラー期ＩＬＯの対日配慮、それも相当程度宥和的な姿勢は、いわゆるソーシャル・ダンピング問題への対応にも表れている。当時、日本はその劣悪な労働条件を基礎に輸出を拡大していると国際的に批判されており、それは社会的な投げ売りと呼ばれていた。そこでＩＬＯは、この問題を調査して報告書を公表し、日本の輸出はソーシャル・ダンピングに該当しないとの結論を下したということがあった[17]。そうしたバトラーの対応は、一九三三―三四年頃の日中関係においては適切な側面もあった。この時期の日中関係はいったん小康状態にあったからである[18]。

それでは、この日本のソーシャル・ダンピング疑惑は、ＩＬＯでなぜ批判が高まらなかったのだろうか。ＩＬＯは概して事務局長の意向が尊重される組織であったので、バトラー事務局長の対日宥和的な判断が、ＩＬＯ事務局の調査報告書に反映されやすかった。かつ、事務局作成の報告書であるため、その内容の公表に際してＩＬＯ条約の採択のように事務局と加盟国との、あるいは加盟国間の関係から受ける影響は小さい。そしてＩＬＯ理事会では、労働条件が不十分なのはどの国も同じで、日本を名指しでソーシャル・ダンピングと糾弾する必要はないという論調が大勢を占めた[19]。それを受けて一九三四年ＩＬＯ総会でバトラーは、「厳密な意味での」ソーシャル・ダンピングにはあたらないと発言したのである[20]。しかし、ＩＬＯは日本を名指しで糾弾はしなかったが、日本の労働条件に問題がないと認めたわけでもなかった。ＩＬＯ理事会の雰囲気をくんだ発言といえる。

ＩＬＯの外に目を転じると、国際労働組合のＩＦＴＵは、一九三三年にロンドン経済会議が決裂して以来、通商と労働条件の連関を取り上げる意欲を失っていた。バトラー事務局長のＩＬＯとＩＦＴＵの関係もトーマ時代より親密でなくなった[21]。ただ、二国間の貿易摩擦（日印、日豪など）では相手国からの対日批判が強かったため[22]、日本国内ではＩＬＯソーシャル・ダンピング調査に対する警戒が根強かった[23]。だが、そうした日本国内の認識は、ＩＬＯの内情を知る吉阪俊蔵在ジュネーブＩＬＯ日本事務局長の認識とは乖離していたのである。そのため、ＩＬＯと日本外務省との板挟みになった吉阪は、日本外務省がバトラーの対日宥和の姿勢に気づいてくれるのかと悩むことになった。

ところで、事務局長の交代は、ＩＬＯの対中関与にも影響を与えたはずである。次節では現地の動向を、上海ＹＷＣＡに即して検討する。

2　租界の工場監督制度とＹＷＣＡ女工夜学

一九二九年の世界大恐慌によって中国の女性労働者は大量に失業し、深刻な影響を被った。上海の紡績工場は、労働者約一〇万人のうち二五％を解雇し、約五万人を雇用していた製糸工場では三三％減となったという。上海の紡績・製糸業の労働者の七割以上が成人女性（児童は一九二九年時点で紡績が三％、製糸が二四％）であったため、大恐慌の影響は女性に強く働いた。そもそも既婚女性が工場で働いていたのは夫の低収入を補うためであった[24]し、失業しても公的な救済がなかったため、生活は一気に困窮した。一九三〇年に上海の路上で餓死した三万人のうち、大多数は女性と子どもであったと中国女性労働運動史では語られている[25]。一九三一年九月の満州事変に際しては排日ボイコットが起きたが、日系企業の在華紡はこれに価格切り下げで対抗したため、中国資本の側も価格競争に応じざるを得ず、経営を圧迫した[26]。在華紡が「欧米商品の名をかりたり中国製品と称したりして、市場に商いすることは一日もやむことがなかった」といっても[27]、中国人が再就職先として在華紡を選ぶことは、排日ボイコットの最中は困難であったであろう。しかも、在華紡は、排日ボイコットや日本国内の産業合理化を理由に、大規模な解雇を進めていた。産業合理化の旗印の下、「何か失敗をみつけては首を切った。休憩時間にも物陰から監視してはつかまえて首にする、という非人間的なやり方」をしていたという[28]。ここに一

火事で出動した消防士のアレー
Duncan France, "Hongkou Fire Station, Shanghai – Rewi Alley's first workplace in China," New Zealand China Frendship Society (9 September 2017). https://nzchinasociety.org.nz/hongkou-fire-station-shanghai-rewi-alleys-first-workplace-in-china/（2024年8月29日閲覧）

九三二年の上海事変による損害も加わって工場の労働市場は縮小し、その傾向は一九三五年まで続いた。[29]

一九三三年一月、上海ＹＷＣＡ産業部顧問のヒンダーは、上海共同租界の行政を担うＳＭＣの産業社会部長に就任した。[30] 彼女を慕って、ニュージーランド出身で上海租界の消防士であったアレーが、工場監督官になりたいと申し出た。[31] その直後、二人は忘れ得ぬ出来事に直面する。同年二月二一日、租界でゴム靴工場の爆発事故が起きたのである。ゴムの加工に用いるベンゼンの気化物に地下の作業場のストーブが引火し、老朽配線を伝って上階まで延焼爆発したのだった。八一人が死亡し、相当数の人々が深刻な火傷を負うなど、上海史上例を見ない大規模な労災となった。[32]

ヒンダーは二月二五日、ジュネーブの世界ＹＷＣＡ事務局に宛てて、「このような悲劇を防ぐために有効な協調を諸国間で実現すべきである。日本がどのように考えているのか詳しく知らなくてはいけない」と書き送った。[33] ヒンダーが日本側の動きに注意を払うべきと述べたのは、彼女も含めて上海ＹＷＣＡは次のように認識していたからである。上海租界に中国の労働法制が適用できないのは、租界の意思決定を司る納税者会議のメンバーに、在華紡の経営者団体が圧力をかけているからに違いない、と。[34] 実際、ヒンダーが火災の調査のため保険会社の情報を集めていたところ、日本の企業が租界で工場法を施行するのに反対であると洩れ伝わってきた。[35]

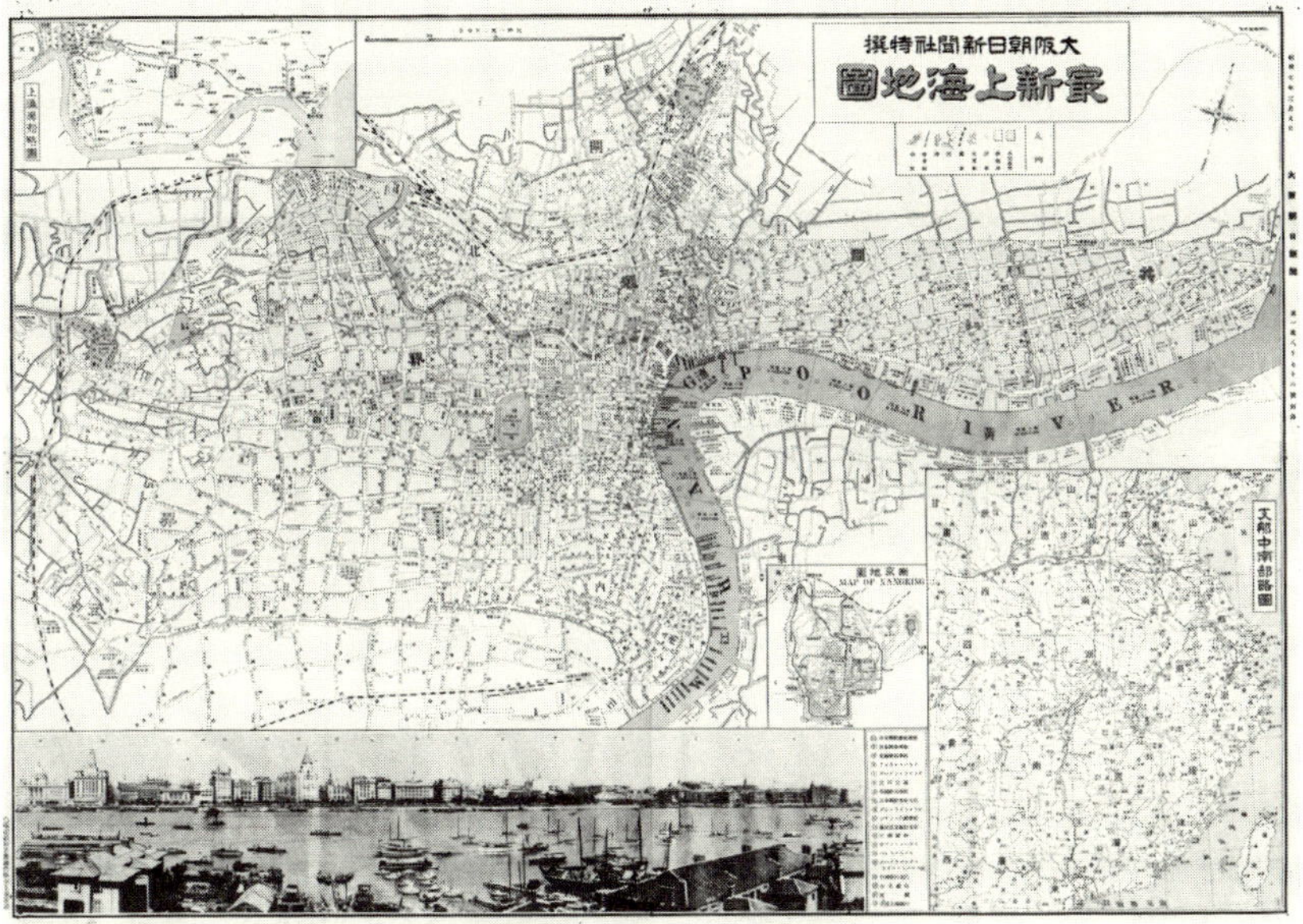

1932年の大阪朝日新聞社作成の上海地図（Virtual Shanghai より）

とはいえ、ヒンダーが自ら在華紡など日本企業の幹部に働きかけたところで、彼らに翻意を促せるはずもなかった。そこで、工場監督制を実現するため、三月二〇日付で世界YWCA事務局に書簡を送った。ここで彼女は、ILO訪中使節の仲介で上海市政府・共同租界・フランス租界の三者が一九三一年に交わした仮合意から説き起こしている。しかしその後、一九三二年初頭に上海事変が起きたため、交渉は中断を余儀なくされてしまい、「中国政府と租界当局との利害の違いを越えて再び協力する必要を説いてきた」が思うように進捗しなかったので、考え方を変えて交渉を再開すべきだという。工場監督の所管をめぐって、中国政府側か租界当局側かという二者択一では状況が好転しないというのである。さらにヒンダーは、「私は中国政府に対し、単に政治問題にこだわるのではなく、労働者の安全という社会問題に真に心を砕くよう働きかけた。中国政府はそうすると約束したものの、行動には移していない。租界当局にも私にできる範囲で働きかけてきたものの、成果は上がっておらず、未だに格闘している」

なかで、次のような考えに達したという。「中国政府は租界内の工場監督の権利は自分たちにあると主張している。私は、それでは租界当局が承知しないと長らく忠告してきた。それにもし租界当局が中国側の主張を受け入れたとしても、租界内の行政の統一性が保たれる保証はない。複数の当局が法的権限を有することになっては、行政の混乱を招きかねない」。このようにヒンダーは、単に工場監督の問題というよりも、租界行政の原則に関わる問題として、中国工場法の適用を認識すべきだと考えていた[36]。

租界行政の原則とは、もちろん労働者の権利を保護することである。つまりヒンダーは、そうした実質的な行政措置を中国の主権や租界の法的根拠をめぐる形式の問題よりも上位に置き、中国政府と租界当局の交渉を再開させようとしたのである。そして両者が合同で関与する工場監督制度を提案した[37]。この考え方は、行政当局者間で問題解決するよう望んだＩＬＯ事務局の関与の仕方と非常に近いものであった。

一九三三年四月に上海ＹＷＣＡは、女性や児童の労働者の保護を第一の課題とし、次いで安全衛生や労働時間の規制、福利の拡充という優先順位を決め、ＳＭＣや企業家に勧告した。ＳＭＣは租界の行政規則第三四条（事業所の認可の条項）を改正して安全衛生基準の条項を挿入し、中国工場法の施行に対処しようとしていた。上海ＹＷＣＡは、このやり方なら国家間の条約にふれずに済むと評価したが、中国当局と交渉せずにＳＭＣのみの判断で条文を変更することは不当であると考えた。そしてＳＭＣに対し、上海租界の労働規制一般に関して中国政府と交渉するよう求めた[38]。

前年の一二月には、共同租界の行政規則第三四条の改正についてＳＭＣと上海市政府、産業界の三者で交渉を行っていた[39]。ＳＭＣの改正案は、企業はＳＭＣから操業許可を得る必要があり、そのため工場監督を受け入れる場合もあるというものであった。ＳＭＣの案は国家間の条約に明文化するのを避ける策略だと、中国の商業会議所や中国納税者協会などは反発した。また、上海市政府は領事団に現行の条約についてＳＭＣに公式に抗議した。上海市政府秘書長の兪鴻鈞（O. K. Yui）とスターリング・フェッセンデン（Stirling Fessenden）ＳＭＣ議長は、こうして交渉を開始した。ＳＭＣの産業部長に就いたばかりのヒンダーの仲介が重要な意味を持った[40]。ヒンダーが提案した合同工場監督制についての交渉は、ＩＬＯ中国分局と租界当局との間で進められるため、詳細は第3節で述べる。

他方で、上海ＹＷＣＡの活動は、中国と租界両当局による合同工場監督の樹立という制度面の改革を目指した漸進的なものにとどまらない。その背景に、中国人女性の指導者が育ってきたことと、彼女らの共産主義への傾倒があった。アメリカＹＷＣＡから中国に派遣され長年活動してきたモード・ラッセル（Maud Russell）は、ソ連訪問を終え上海に帰国した一九三二年秋、上海ＹＷＣＡ産業部長の鄧裕志と再会した。鄧の経歴をみると、ＹＷＣＡにおける中国人指導者の成長ぶりがうかがえる。彼女は湖南の生まれで、一九一九年の五・四運動をきっかけに中国ＹＷＣＡの学生部に加入し、長沙で活動していたラッセルとともに働いた。そこでラッセルにマルクス主義の書物を勧められ、社会主義や英語の勉学に励んだ。一九二九年にロンドン大学経済学校へＹＷＣＡから派遣され、経済学を学んだ[41]。一九三〇年には中国ＹＷＣＡ産業部の主任幹事となり、上海ＹＷＣＡ産業部と協力して、女性の工場労働者のための学校を設立する（ＹＷＣＡ女工夜学）。上海ＹＷＣＡは、一九二八年から一九三〇年にかけて上海地区の主要な工場に次々と女工夜学を開校したのだった[42]。

女工夜学は二年制で、初級クラスと高級クラスの二つに分かれた[43]。初級クラスは『千字課』を教材にし、主に読み書きを勉強した。高級クラスでは歴史、算術、手紙文を教え、修了時には小学校卒業程度に達した。一九三三年には、社会発展史と女性運動史を学ぶ特級クラスを設けた。特級クラスの講師で最も多かったのは、このクラスの卒業生であった。一九三二年の上海事変で多くの労働者が失業したときは、上海ＹＷＣＡの仲介によって、五〇〇人余りが工場に再就職できた。女工夜学の入学希望者がそれで増加したという[44]。

上海地区のＹＷＣＡ女工夜学は、ソ連帰りのラッセルの講演など社会主義にふれる機会を中国人女性に提供した。一九三五年から中国ＹＷＣＡの中国人幹事たちは海外に一年間派遣されるようになり、ソ連を皮切りにヨーロッパを歴訪し、アメリカにいたる旅程であった。このプログラムで派遣された上海ＹＷＣＡ産業部幹事の鍾韶琴（Helen Chung Teng）は、ソ連の計画経済や大恐慌後のアメリカ労働運動を現地で学ぶ機会であったと回想している。[45]また、上海ＹＷＣＡは非公式ながらも中国共産党と交流していた。この点はカレン・ガーナー（Karen Garner）によるラッセル評伝に詳しい。以下、この評伝を参照しながら、ＹＷＣＡと中国共産党の関係をみていこう（人名表記は同書に従った）。

上海ＹＷＣＡで活動した経験があり、一九三〇―四〇年代に中国共産党に入党した人物を二人挙げておく。一人は、後に毛沢東（Mao Zedong）と結婚した江青（Jiang Qing）である。彼女は後年、共産党の最高幹部の一人になるが、一九三二―三四年の間、上海のＹＷＣＡ女工夜学で教師をしていた。もう一人は龔普生（Gong Pusheng）である。彼女は後に周恩来（Zhou Enlai）に誘われて中華人民共和国の外交部で働き、一九八〇年代に初代駐アイルランド大使を務めるのだが、ＹＷＣＡの職員だった時期がある。鄧裕志は共産主義のメッセージを盛り込んだ演劇を創作するため、中国共産党の文化担当者を女工夜学に招くなど、積極的な交流を推進した。[46]

上海の郵便局（Virtual Shanghai より）

世界ＹＷＣＡは、中国ＹＷＣＡが世俗化・ナショナリズム志向を強めていくことを懸念していた。しかし、一九三三年八月の中国ＹＷＣＡ大会に大勢の職員を出席させた結果、世界ＹＷＣＡはその懸念を解き、中国人女性の考えや主権回復運動の意義について理解を示すようになった。ラッセルは、西洋のＹＷＣＡと中国ＹＷＣＡの関係が転機を迎えたと捉えた。中国人女性はもはや受け身の存在ではなく、世界的な運動を牽引する主体なのだと考えた。中国ＹＷＣＡも、世界ＹＷＣＡに受け入れられたと感じ、今まで以上に社会主義革命に対する支持を鮮明にし、共産党を弾圧し日本と妥協する蔣介石率いる南京国民政府をはっきり批判するようになった[47]。

またこの頃、郵便労働組合の郵務工会を中心に、中央組織の結成に向けた動きも活発になっていた。朱学範ら全国郵務総工会執行委員らが中心となり、一九三五年二月二四日に中国労働協会が発足した[48]。

このような状況に、バトラーをはじめとするＩＬＯ事務局やその中国分局はどのように関わったのであろうか。ＹＷＣＡや中国労働組合の活動を、中国の労働法制の整備のために活用できたのだろうか。

3　程海峰ＩＬＯ中国分局長のアプローチ

はじめに、バトラーＩＬＯ事務局長の中国労働問題に関する認識について確認しておこう。彼は南京国民政府実業部宛ての一九三三年六月一六日付の書簡で、工場監督制がなかなか実現できないのは、中国の社会構造および対外関係のせいだと述べている。彼は交通、水利、公衆衛生の改善事業にふれ、中国の労働者が、不正義、困難、欠乏に巻き込まれないよう保証してほしいと伝えた[49]。

その翌年の一九三四年六月に開催された第一八回ＩＬＯ総会では、中国労働問題はどう議論されたのであろうか。六月一四日（第一二次会合）には、中国政府委員の李平衡（Li Ping-heng）が、自国の産業開発のため諸外国の協力が必要だと訴えた。「しかし当局者間の交渉はうまくいっていない。在外権益が維持されたままでは、ＩＬＯ規約の人道的理念を守ることができない。社会正義は政治的都合より上位に置かれるべきである」と発言

1934年の第18回ILO総会の議長挨拶をするジャスティン・ゴダール（フランス政府代表）。隣に座っているのがILO事務局長のハロルド・B・バトラー（ILOウェブサイトより）

した。[50]

一六日（第一六次会合）には、中国労働委員の安輔廷（An Fu-ting）が、「中国の法律に基づき租界の工場監督ができないことは、中国の主権問題であるだけでなく、国際労働条約の批准を妨げる」と訴えた。[51] バトラーはこれに対し、「李平衡の要請を実現することは困難と認識しているが、解決へ向けた準備を日々進めている。政治的立場よりも、社会的な立脚点に立って問題に対処すべきだ」と回答している。[52]

租界内での工場監督の実施が困難なことは、この問題を鼻であしらうイギリス外務省の見解からもうかがえる。ＩＬＯ総会直後の一九三四年七月一〇日、イギリス外務政務次官のスタンホープ卿（Lord Stanhope）はＩＬＯに宛てて書簡を送る。「李平衡の書簡によれば、彼は、工場監督制は非政治的な問題だとしており、共同租界の二元管理にも不平を述べていない。この通りであれば、私がこの〔二元管理による〕工場監督を共同租界だけでなく中国にも拡げるべきだといっても政治的な問題とはみなされないであろう」[53]。

ＩＬＯは、イギリス外務省極東部顧問のプラットに、七月二四日に回答している。「スタンホープの意見は認められない。〔中国工場法が上海租界に適用されていないことで〕上海租界の労働規制の休止状態が許されるのであれば、ひいては租界の中国人に対しても〔労働法制にとどまらず〕あらゆる規制が除外されていくであろう」という反論であった。さらにＩＬＯはこの書簡に、中国政府とＳＭＣの交渉に関する覚書を、これまでの経緯を確認する形で添付している。覚書の内容は次のようなものであった。ＳＭＣの妨害のため中国工場法による規制が実施できていない[54]。中国工場法適用対象の全労働者四〇万人に対して、上海だけで一六万人を占めている。彼らが働いているのは仏および共同租界内の工場である。中国政府は全国で工場監督を実施したいと考えている。しかし、租界当局は自由放任政策をとっていて、中国政府の労働行政を妨げている。一九三一年一一月のＩＬＯ訪中使節による中国当局と租界当局の仮合意後、交渉を進めたかったが、日本の侵攻により不可能になった[55]。

続いてＩＬＯはイギリス外務政務次官のスタンホープに対し七月三一日、「工場監督は間違いなく政治的問題である。中国のナショナリズムに対してＳＭＣは中国司法の存在を否定する態度をとっている。だが各国がこの問題を注視しており、今年正式に加盟したアメリカはとくに関心が高い」と伝えている[56]。

バトラーは各国政府に上海租界労働問題に関する書簡を送ったが、日本政府にはそれに加え、吉阪俊蔵在ジュネーブＩＬＯ日本事務局長に宛てた文書を一九三四年八月一日付で送付した。そこでバトラーは、ゴム靴工場火災は大規模な事故であったが、上海租界では死者を出すこうした労災が多発し、中国の労働組合はおろか資本家、政府が租界当局に中国工場法の施行を求めている現状は無視できないとして、この問題の重大性を伝えようとした[57]。日本政府、とくに外務省の協力を得たいという思惑があったと思われる。書簡は吉阪宛てであったが、外務省へ報告され、外務省が前向きに検討を始めることを期待したのだろう[58]。前述したように直前のＩＬＯ総会で、日本のソーシャル・ダンピング疑惑をひとまず否定しておき、対日宥和を模索していたのであった。

中国側について確認すると、前出のＩＬＯ総会中国政府代表の李平衡は、九月一〇日にポーヌへ電報を送っている。租界の工場監督を「政治問題ではなく社会問題として扱う雰囲気になって」きた機会を捉え、「諸外国政府の支持をＩＬＯが取り付けるなら、もっと早く解決するだろう。共同租界と交渉を再開し、仏租界と交渉を開始する」[59]。こうして交渉は進展した。残る大きな障害は、中国やＩＬＯに不信感を抱く日本の外務省だけになりつつあった[60]。

ＩＬＯ中国分局長は、一九三四年八月に陳宗城が病気で退任し、南京国民政府実業部労働司員の程海峰(Cheng Hai-feng)が後任に就いていた。程海峰はこの年の一二月に、ジュネーブのＩＬＯ事務局にここにいたる経緯を報告している[61]。彼は解決の成否は自分にかかっていると意欲をみせ、上海市政府、実業部、ＳＭＣは妥協点を探っているが、総領事たちとの折衝は難航していると述べた。この書簡に同封された文書によれば、ＩＬＯ中国分局はこれまでの交渉を以下のように整理、理解していた。

工場監督官を中国側四人、ＳＭＣ側三人とし、中国工場法における過失事案については、上海特別区法廷、つまり中国側を通して裁くことを要求した上海市政府に対し、ＳＭＣは修正案を提示した。結局、ＳＭＣの修正案を反映した最終草案の一〇項目が成立した。注目すべきは、実際に合意された①⑧⑨の内容である（傍線は修正箇所）。工場監督官の人数は中国側とＳＭＣ側はそれぞれ四人ずつ、中国工場法の租界内への適用は一部のみ、中国の裁判権は制限するという三点だった。こうして最終草案は成立した。①工場監督官の分担はいずれも四人ずつの八人制。②監督官の資格。(a)中国語と英語に精通していること。(b)中国工場法とその適用に精通していること。(c)産業化学、建築、衛生、統計、電気、機械のどれかの知識と経験を有するもの。③試用期間半年。④給料平等。⑤特別委員会の管理下。⑥監督官の職能は中国工場法による。⑦外資工場の監督は中国人と外国人の合同監督によって行われる。後者はＳＭＣによって選ばれる。⑧中国工場法の条項のうち、安全と衛生に関するもののみが租界内に適用される。この点は交換公文で扱われる。⑨中国人あるいは非治外法権国民の過失事案は上海特別区法廷で審議される。⑩失効規定は決定から一年後とする、といった一〇項目の合意である。
一九三四年一一月二日に上海市政府とＳＭＣが交わした暫行工場監督協定では、規定はより曖昧になり、中国側の意図と乖離した。とりわけ、⑧について、租界内に適用される工場法やその付則、また工場監督に関わる安全・衛生規制は中国の他の地域でも有効にすべきだ（「有効に」effectively にＩＬＯ側の写しでは手書きの下線あり）との規定が追加された。この規定は裏を返せば、中国の労働法制が中国全土で「有効」でなければ、租界でも「有効」ではないと認めるもので、「有効」の意味がはっきりしない。また、⑨については、過失事案の審議は「法廷」（なぜか the Court としか書いてない、ここにもＩＬＯ側の写しには手書き下線あり）で行われるとして曖昧であり、中国の法廷なのか不明である。このように交渉のたびに中国側にとって有利な条件が後退したことが、程海峰がＩＬＯ事務局に宛てた報告から読み取れる。

だが程海峰は、ＩＬＯ総会で中国側が積極的な演説をすれば紛糾すると危惧し、中国分局とＳＭＣの二者交渉を望んだ。これは程海峰がバトラーに宛てた一九三五年五月一六日付の書簡からうかがえる。[62] ＳＭＣの対応は中国側にとって決して満足のいくものではなかったはずだが、程海峰は、官僚どうしで妥協してほしいと願っていた。

同種の傾向はバトラーにもみられる。一九三五年の第一九回ＩＬＯ総会の会期中、バトラーは六月二五日に租界工場法について中国代表委員と非公式会談の機会を設けた。彼は、中国代表委員たちが説くところの、労働者側のＳＭＣに対する失望や労災への恐怖、また租界と中国本土とで労働法制が不統一であることに対する経営者側の反感、といった問題の深刻さ軽視していたわけではいなかった。しかしながら、そうした問題に正面から対応していくことよりも、経済実態に由来する行政的な要請の面からの取り組みを強調しがちであった。[63] そのためＩＬＯは、中国労働協会という労働組合中央組織がせっかく結成されたのに、それを租界労働法制問題の解決に活かせなかった。

バトラーの姿勢は、中国の労働官僚出身の程海峰をパートナーとする限りでは有効であったが、ＩＬＯが国際政府組織としての性格を強め、ＹＷＣＡや中国労働運動の活力を取り入れにくくなってしまうことと隣り合わせであったのである。ただ、対日要因に限っていえば、二人がＩＬＯ中国分局と租界当局のＳＭＣの閉じた交渉を好んだことには、それなりに理由があったと推測される。それは程海峰がＩＬＯ総会で中国側から積極的な問題提起がなされるのを恐れたこと、その旨バトラーに伝えていたことと関係がある。ＩＬＯ総会がこの問題を大きく取り上げた場合、中国は日本を批判し、日本は強く反発するだろうと容易に予想されたため、中国の肩を持つことを躊躇したのだろう。行政当局間での交渉にこだわったバトラーと程海峰のアプローチには、二人の官僚的な志向が表れているといってよい。次節では、そうした手法とは異なった上海ＹＷＣＡの動きについてみていく。

4　鄧裕志率いる中国ＹＷＣＡ産業部

ＩＬＯと租界当局が交渉するだけでは、租界に中国工場法を適用し工場監督を実現するのはとうてい不可能だと中国ＹＷＣＡと上海ＹＷＣＡは考え、次第に女性労働者の教育に力点を移していった。この関心の移行は、鄧裕志が一九三四年に作成した内部資料、「中国ＹＷＣＡの産業事業」で読みとれる。

鄧裕志は上海租界に中国工場法が適用されていない原因として、世界大恐慌への対策のため、租界当局や中国政府が財政的な困難を理由に積極的な労働者保護政策を実施しないこと、工場主が工場法の施行に反対していること、治外法権をめぐる法的問題が複雑なことを挙げるが、中国世論の弱さも同時に指摘した。国民党の許可と指導なしには労働組合を設立・維持できない状況が、その世論形成を阻害すると鄧はみていた。かつてある労働者に「ご自身の組合についてどう思いますか」と質問すると、「この組合は私のものではない。これは資本家組合というべきで、労働組合幹部に報酬を払うために私の賃金が奪われているんだ！」という答えが返ってきたことを例に挙げた。続けて、国民党によって統制されている労働組合を批判した。ストライキが発生すると、国民党系労働組合は労働運動の指導者として労働者の利益を守ろうとするよりも、労資間の調停者として振る舞おうとし、しばしばストを強制的に中止させているからであった。そして鄧は、労働者の指導者になりうる人材不足が問題だと考えるようになった。中国ＹＷＣＡの事業は労働条件を改善するために必要な、労働者自身による世論の形成を促していかねばならないと主張した。そのために「労働者自身の理詰めでの参加」を目標に掲げた。労働問題は個人の問題ではなく、経済システムという大きな枠組みの一部と考える彼女は、学生団体など他の社会勢力と連帯するために知識を与え、組織化の前提となる集団意識を醸成することを女性労働者教育の目的とした。社会経済的な環境を改善したい思う中国人女性労働者の要請にいかに応えられるかという観点から中国ＹＷＣＡの労働運動に取り組むべきだと主張したのである。[64]

このような鄧裕志の関心は、同じく中国工場法問題に行き詰まりを感じていた、ＳＭＣ産業社会部長のヒンダーと重なるものがあった。ヒンダーは、中国人少女の奴隷的な家事労働（婢女）に様々な社会問題の根源があると考え、婢女の実態調査と彼女らへの教育に焦点を合わせるようになった。[65]租界で中国工場法を施行させるための法的なアプローチが、しばしば条約や法律を迂回した行政規則の改正にとどまる一方で、鄧裕志もヒンダーも女性労働者自身の主体性や組織力の発展に結びつく教育事業に重点を移していったのである。

なお、鄧裕志が主導する労働者教育事業の甲斐があってか、一九三四年には上海・無錫・天津の三工業都市のＹＷＣＡ女工夜学の生徒数は八四六人であったが、一九三六年になると一三六四人に増加した。[66]この時期は紡績業が業績を回復しつつあり、消費財の物価上昇がみられた。生活の圧迫と、華北における日本の断続的な軍事行動は、北京の学生を中心とした救国運動を活発化させた。学生運動は上海、青島の在華紡で一九三六年一一月に起きた大ストライキと結びついた。[67]このストライキには、二六の工場で四万五〇〇〇人が参加し、中国資本の紡績工場の労働者も支持した。労働者たちは、殴打禁止、不当解雇反対を訴えるとともに、一〇％のベースアップを求めた。[68] 中国ＹＷＣＡ女工夜学はストライキの拡大に一役買った。もちろん教師たちが学生を扇動したわけではない。だが女工夜学が、別の工場に勤める労働者どうしの情報交換の場となり、各工場の共闘を支えたのである。[69]

5　英中接近に望みをかけるＩＬＯ

ただ、一九三六年までに積み重ねられた英中接近の傾向に照らすと、ＩＬＯのバトラー事務局長や程海峰中国分局長のアプローチが奏功する芽が全くないわけではなかった。程海峰はバトラーに対し五月一五日、ＩＬＯ事務局書記官イーストマンが中国の政労資と直接会談すれば、中国でもＩＬＯに対する関心が高まり、南京国民政府実業部・上海市政府と租界当局の交渉はうまく進むはずだと述べている。翌月には、中国工場法の違反をイギリス工場法の違反と同等に処罰するという規定も成立するかもしれないと期待した。幣制改革の際は、銀支払い禁止協定に違反した者はイギリス法廷で裁かれると規定された。これに各国が追随するかもしれないと述べている。この条項案と同様に彼は、イギリスの在華工場の操業に対して、今回も、イギリス本国の工場法が適用されるのではと考えた。そして、工場監督制を拒否する領事団に対し、内外の世論は落胆し厳しい目を向けていると付言した。[70] 彼らは、ルールや手続きの側面からの解決を模索していた。これならＩＬＯ総会で大々的な議論になることも避けられるだろう。ただし、イギリス外務省の覚書には、イギリス人に銀での支払いをしないことを強制し、そして中国の統一通貨である法幣の使用を求める法的根拠は乏しいと結論づけているものがある。そのため、工場法についてもイギリス外務省は同様の見解を示したであろうと思われる。[71]

とはいえ、バトラーと程海峰がイギリスに期待をかけるだけの理由はあったように思われる。とりわけ、イギリスの在上海総領事のブレナンは現地勤務が長く、中国工場法の問題に精通していることは好感が持てた。また、基本的な政策文書で確認できることからみても、ランプソン駐華公使は英中貿易の拡大のために在華権益の縮小策を検討していた[72]。イギリスは中国の産業が発展し購買力が高まれば、消費財中心の市場に変わって、金融市場、資本財市場が拡大するはずと期待したのであった[73]。さらに、イギリス外務省極東部顧問のプラットは、国際借款団が中国の主権や経済発展を阻害しているとすでに一九二九年に主張していた。この見方は、在中国のイギリス外交官・領事館員で共有されていたと思われる[74]。

たしかに、一九三一年九月に満州事変が起きるまで、中国の排外ボイコットやその取締に後ろ向きな当局の姿勢を理由に、イギリス外務省が治外法権撤廃に向けた交渉に消極的になっていたことは否定できない[75]。だが他方で、一九三一年に訪中したＩＬＯ使節の一人であったイギリス人女性工場監督官アンダーソンが翌年にイギリス外務省に送った書簡によれば、ブレナンは上海の工場監督制の樹立に好意的であったというから[76]、中国の行政機構が整備されたことは、英中接近の一要素であったといえなくもない。

こうしたなか中国の南京国民政府実業部は、在華領事団の治外法権に修正を迫るため、働きかけを強めた。一九三六年九月七日にはＩＬＯ中国分局に対して、「ほとんどの労働争議は中国側の調停法で対応している。領事団の治外法権概念は明白に間違いである」と書き送っている[77]。

しかし現地当局者による交渉は、それ以上進展することはなかった。日本の関東軍が支援する内モンゴル軍と中国軍閥の傅作義軍が衝突した綏遠事件、上海・青島在華紡スト、そしてこのストライキの鎮圧を口実にした日本海軍陸戦隊の派遣という、実力行使を伴った一九三六年一一月以降の日中関係の悪化は[78]、バトラーと程のアプローチの前提を崩すのに十分だった。

小結

一九三〇年代半ばの中国YWCAでは、会員が増加するなど、労働運動の組織化が一層進んでいたことは前述の通りである。[79] 一方、一九三六年八月にアメリカのヨセミテで開催されたIPR会議では、労働問題は「政治力の均衡の変化と平和的調整の可能性」部会という大きなテーマで扱われた。ILOが進めていた行政的な手法に比して、IPRは手続きの面で具体的でなかったことは否めない。[80] だが、IPRで進められた国際協調の原則に関わる議論に取り組むことには、この時期のILOは対中関与に限っていえば積極的ではなかった。すなわちILOは、上海YWCAや中国労働協会の活動を租界内の法制度交渉に活かすのではなく、行政当局者どうしの閉じた交渉で解決しようとしたといってよい。

フランスの社会主義運動指導者出身のトーマのもとでILOは対中関与を始めたが、事務局長がかつてイギリス労働官僚であったバトラーになると、大恐慌の克服を優先課題として、実現可能な改良に注力するようになった。バトラーは、一九三四年にILOに加盟したアメリカと協力し、国際連盟傘下の専門機関の社会・経済事業を参考にしながら、不平等条約の問題に取り組み続けた。[81] バトラーと程海峰は中国の幣制改革で英中が接近したのに期待をかけ、自分たちの交渉に利用しようとした。日本外務省もILOに非協力的であったが、積極的に妨害したわけではなかった。バトラーの意向もあって、ILO総会は上海租界の労働法規を大きく取り上げず、日本が反発する余地をあらかじめ削った。だが、日本の反発をかわすためにILOが払った代償は決して小さくなかった。ILOの対中関与がこの時期停滞したのは、過激な共産主義者と対立したからではなく、穏健なキリスト教社会主義運動や国民党系の労働組合との関係構築に失敗したからである。この失敗は、行政当局者どうしでの解決が追求可能であったがゆえに直面した問題といえるだろう。

一九三六年一一月に上海や青島で在華紡ストライキが起こると、日本軍は陸戦隊を青島に派遣して弾圧を加え、日中間の緊張が高まった。ＩＬＯ事務局は日本の宥和に努めたが、一九三七年七月に日中戦争が勃発すると、それを諦めるにいたった。

だが行政当局間の交渉は行き詰まってはいたが、上海ＹＷＣＡは新たな路線を模索していた。中国と租界当局の合同工場監督制という漸進的な改善策には満足せず、より急進的な姿勢もみせていた。中国人女性労働者を対象にしたＹＷＣＡ女工夜学で英語や社会主義を教え、中国人の労働運動指導者を育成しようとしたのである。この活動は、前述のように中国ＹＷＣＡの会員の増加に貢献した。しかも、女工夜学という交流の場は、各工場のストライキの連携を生んだ。上海ＹＷＣＡ産業部が意図したわけではなかったが、こうした条件がそろって、一九三六年一一月に上海・青島の在華紡で大規模なストライキは起こったのである。次章で述べるように、その後上海ＹＷＣＡは日中戦争期の被害を受けた中国人を救済する活動に携わっていく。

ところでＩＬＯでは、この頃からアメリカの影響力が増大する傾向が出てきた。一九三六年のＩＬＯ中南米地域会議と一九三七年のＩＬＯ繊維会議はアメリカ主導の成果といってよかった。一九三六年一一月の在華紡ストライキを理由に青島上陸を正当化した日本軍の動きは、アメリカ世論を刺激し[82]、とりわけ労働運動家は中国に強い関心を抱くようになった。このことは、一九三七年七月以降の日中戦争の展開に大きな影響を与える。また、国際労働運動はイギリス、ベルギー、フランス、オランダの労働組合と社会主義者が中心となって、ＩＦＴＵや労働・社会主義インターナショナル（ＬＳＩ、再建第二インター）との提携を一層進め、アメリカをこの協力関係に引き入れようと模索するのである。

次章では、日中戦争期の国際労働運動による対中支援と、上海ＹＷＣＡや中国ＹＷＣＡの活動を考察する。この点をふまえ、ＩＬＯがそれらの運動とどのような関係性を築いたのかを明らかにする。

注

（1） Zara Steiner, *The Lights That Failed: European International History 1919–1933* (Oxford: Oxford University Press, 2005), pp. 800–801.

（2） Robert W. D. Boyce, *British Capitalism at the Crossroads 1919–1932* (Cambridge: Cambridge University Press, 1987), pp. 229, 250–268; 杉山伸也「金解禁論争－井上準之助と世界経済－」杉山編『岩波講座「帝国」日本の学知2「帝国」の経済学』（岩波書店、二〇〇六年）第四章。

（3） Albert Thomas, *Report of Director for 16th International Labour Conference* (Geneva: International Labour Office, 1932), pp. 67–69 (hereafter cited as *RoD*, 16th).

（4） 鮎沢巌→岡実、一九三二年六月一日、岡実関係文書、2、国会図書館憲政資料室。この年のＩＬＯ総会では日本の軍事費の増大に注意が向けられた。

（5） Tomoko Akami, *Internationalizing the Pacific: The United States, Japan and the Institute of Pacific Relations in War and Peace 1919–45* (London: Routledge, 2002), pp. 117–118.

（6） James T. Shotwell, "Memorandum on Tariffs and International Labor Legislation," 12 August, 1933, 高木八尺ＩＰＲ関連ペーパー、R16、東京大学総合文化研究科附属アメリカ太平洋センター。

（7） ILO, *Unemployment and Public Works Policies in Pacific Countries* (Geneva: International Labour Office, 1933), p. 25.

（8） *Ibid.*, p. 29.

（9） James T. Shotwell, ed., *Origin of the International Labor Organization,* 2 vols. (New York: Columbia University Press, 1934).

（10） Patricia Clavin, *Securing the World Economy: The Reinvention of the League of Nations, 1920–1946* (Oxford: Oxford University Press, 2013), p. 75.

（11） Harold B. Butler, *Report of Director of 18th ILC* (June 1934), p. 79 (hereafter cited as *RoD*).

（12） ILO, *Opium and Labour*, B-22 (Geneva: International Labour Office, 1935).

（13） ILO, *Workers' Nutrition and Social Policy*, B-23 (Geneva: International Labour Office, 1936).

（14） Harold B. Butler, "Task of Reconstruction," *RoD*, 20th, Chap. 5.

（15） *Opium and Labour*, pp. 61–64.

（16） 満州炭鉱の労働時間問題に関し、一九三一年総会で日本政府委員はトーマに詰め寄られた。内政史研究会編『大野緑一郎談話速記録』（一九六八年三月八日）一三三－一三四頁。

（17）国際労働局東京支局編訳『モーレット氏報告書―国際労働局次長モーレット氏の日本産業に関する報告書―』（国際労働局東京支局、一九三四年）。
（18）酒井哲哉『大正デモクラシー体制の崩壊―内政と外交―』（東京大学出版会、一九九二年）五六―六二頁。
（19）ILO, ed., *Minutes of the 67th Governing Body* (1 June 1934), p. 13.
（20）ILO, ed., *Record of Proceedings of the 18th ILC* (1934), p. 248.
（21）Geert Van Goethem, *The Amsterdam International: The World of the International Federation of Trade Unions (IFTU), 1913–1945* (Aldershot: Ashgate, 2006), pp. 149–150.
（22）石井修『世界恐慌と日本の「経済外交」―一九三〇～一九三六年―』（勁草書房、一九九五年）一五、四三頁。
（23）高橋亀吉『ソシャル・ダンピング論』（千倉書房、一九三四年）二五九―二六二頁。
（24）小野和子『中国女性史―太平天国から現代まで―』（平凡社、一九七八年）一五八―一五九頁。
（25）中華全国婦女連合会編著、中国女性史研究会編訳『中国女性運動史 1919–49』（論創社、一九九五年）二三九頁。
（26）Emily Honig, *Sister and Strangers: Women in the Shanghai Cotton Mills, 1919–1949* (Stanford: Stanford University Press, 1986), pp. 24, 32.
（27）高村直助『近代日本綿業と中国』（東京大学出版会、一九八二年）一九九頁。
（28）三井物産の上海紡績調査部長などを歴任した白根善一の証言。ＮＨＫ〝ドキュメント昭和〟取材班編『ドキュメント昭和　世界への登場２　上海共同租界―事変前夜―』（角川書店、一九八六年）六六―六七頁。
（29）中華全国婦女連合会編、前掲書、二八五頁。
（30）Frances Wheelhouse, *Eleanor Mary Hinder: An Australian Women's Social Welfare Work in China between the Wars* (Sydney: Wentworth Books, 1978), p. 47.
（31）Geoff Chapple, *Rewi Alley of China* (Auckland: Sceptre Books, 1980), p. 64.
（32）Hider to Dingman, 25 February 1933, World/China 20–3, World YWCA Archives, Geneva (hereafter, YW); Eleanor M. Hinder, *Life and Labour in Shanghai: A Decade of Labour and Social Administration in the International Settlement* (New York: International Secretariat Institute of Pacific Relations, 1944), p. 31. 外務省通商局編纂『週刊海外経済事情』第六年第三六号（一九三三年九月一一日）一七頁によれば、大火災のあったゴム靴工場とは、正泰、永和という二つの日系工場だと思われる（ただし、五月の発災と記されている）。一九三二年の上海事変の激戦区の一つに日系ゴム靴工場が集中する地域があり、その際の工場の損傷が、漏電や火災につながった可能性も指摘されている。そのため、一九三三年前半に日系ゴム靴工場の火災が頻発していたものと思われる。この点については、許金生『近代上海日資工業史（1884–1937）』（上海：学林出版社、二〇〇九年）八七－九二頁。

（33）Hider to Dingman and Elvelyn Fox, 25 February 1933, World/China, 20–3, YW.

（34）May Bagwell to Dingman, 6 February 1933, World/China, 20–3, YW.

（35）Hinder to Dingman and Evelyn Fox, 25 March 1933, World/China, 20–3, YW.

（36）Hinder to Dingman and Evelyn Fox, 20 March 1933, World/China, 20–3, YW.

（37）Hinder to Dingman, 1 November 1933, World/China, 20–3, YW.

（38）Shanghai YWCA, "Factory Law Statement," [April 1933], World/China, 20–3, YW.

（39）この改正案が上海租界の納税者会議で通過したのは一九三三年四月一九日。

（40）Robin Porters, *Industrial Reformers in Republican China* (Armonk: M. E. Sharpe, 1994), p. 116.

（41）石川照子「上海のＹＷＣＡ－その組織と人のネットワーク－」日本上海史研究会編『上海－重層するネットワーク－』（汲古書院、二〇〇〇年）二七五頁。

（42）Honig, *op. cit.*, pp. 218–222.

（43）上海ＹＷＣＡ産業部幹事の一人の鍾韶琴（Helen Chung Teng）によれば、初級と高級の間に中級が設けられていたという。鍾は先述の鄧裕志（中国ＹＷＣＡ産業部）と協力して労働者教育事業を担当した。Henry S. Teng and Rosaline S. Teng Xu, *Our Mother and the Shanghai YWCA in the 1930s: Autobiography of Helen Chung Teng* (Amazon KDP Publishing, 2024), p. 33.

（44）中華全国婦女連合会編、前掲書、二八五－二八六頁。

（45）Teng and Teng Xu, *op. cit.*, pp. 53–54.

（46）Karen Garner, *Precious Fire: Maud Russel and the Chinese Revolution* (Boston: University of Massachusetts Press, 2003), pp. 134–136.

（47）*Ibid.*, pp. 146–153.

（48）久保亨「国民政府期の中国労働運動－郵務工会の活動を中心にして－」『中国労働運動史研究』第一五号（一九八六年一二月）一－一二頁。同論文は久保亨『現代中国の原型の出現－国民党統治下の民衆統合と財政経済－』（汲古書院、二〇二〇年）第六章の初出。働は日本の国字で、中国語では動を用いるため、固有名詞としては中国労動協会が正しいが、第5章ではこの団体の英語名称 Chinese Association of Labor の日本語訳として中国労働協会と表記しているため、ここでも働の字を用いた。

（49）Butler to the Ministry of Industry of the Nanking Government, 16 June 1933, FI 1/13/1/3, ILO Archives, Geneva (hereafter ILOA). 以後、この分類の書簡は送受信者と日付を本文中に付した。

(50) ILO, ed., *Provisional Record of 18th ILC*, no. 12 (Geneva, 14 June 1934), pp. 115–116.
(51) ILO, ed., *Provisional Record of 18th ILC*, no. 16 (Geneva, 16 June 1934), pp. 15–17.
(52) ILO, ed., *Record of Proceedings of the 18th ILC* (Geneva, 1934), p. 237.
(53) FI 1/13/1/2, ILOA.
(54) ここでは、法律上の施行（一九三一年八月）と区別し、実際問題にとしての規制の実施を意味している。
(55) FI 1/13/1/2, ILOA.
(56) FI 1/13/1/2, ILOA.
(57) FI 1/13/1/2, ILOA.
(58) 吉阪俊蔵在ジュネーブＩＬＯ日本事務局長→赤木朝治社会局長官、一九三四年八月一一日「上海ニ於ケル工場監督制度樹立ニ関スル件」外務省記録「国際連盟労働総会関係一件 第拾八回総会関係」(B.9.12.0.1-18)、外務省外交史料館。
(59) FI 1/13/1/2, ILOA.
(60) 注58の吉阪→赤木電報は、同年九月一九日、赤木より重光葵外務次官へ転送された。外務省記録に所収されている史料に貼られた紙片には、
一、事務局長来翰ニ対スル処置トシテハ「既ニ工部局〔ＳＭＣ〕ヲ通シテ支那側トノ協議ヲ行ヒ居レルヲ以テ之以上ノ処置ハ執レヌ一方租界的取扱ヲ危殆ナラシムル如キ方法ハ不可ナル」旨回答方ニ致シ
一、今後吉阪ト連絡ヲ充分ニシ此ノ種政治的問題ニ事務局側ヲシテ容喙セシメサル様注意ヲ怠ラサルコト必要ナリ過般ノ総会ニ於ケル決議案ノ如キモノカ締盟国ニ対スル「勧告」ノ形ニ於テ成立セハ甚タ面倒ナリ（支那側ニハ「制裁」迄持ツテ行キ度底意ナシトセス）
とＩＬＯに対し非協力的な日本外務省の意向が記されている。
(61) FI 1/13/1/2, ILOA.
(62) FI 1/13/1/2, ILOA.
(63) FI 1/13/1/2, ILOA.
(64) Cora Deng, "The Industrial Work of the YWCA in China," 29 November 1934, World/China, 20–3, YW.
(65) Wheelhouse, *op. cit.*, pp. 47; 中国全国婦女連合会編、前掲書、二八七頁。
(66) Elizabeth A. Littell-Lamb, "Engendering a Class Revolution: The Chinese YWCA Industrial Reform Work in Shanghai, 1927–1939," *Women's*

History Review, 21–2 (April, 2012), pp. 189–209.

（67） Honig, *op cit.*, pp. 218–222; Elizabeth J. Perry, *Shanghai on Strike: Politics of Chinese Labor* (Stanford: Stanford University Press, 1993), pp. 201–207, 249.

（68） 中華全国婦女連合会編、前掲書、三一〇頁。

（69） Hoing, *op. cit.*, p. 222.

（70） FI 1/13/1/2, ILOA.

（71） Minute by W. B. Backett, 29 June 1936, F3732/1/10, FO371/20217, the National Archives, London.

（72） “Sir M. Lampson's Review of Events in China,” 24 August 1933, *Documents on British Foreign Policy, Second Series* (Vol. XI), p. 596.

（73） 木畑洋一「リース＝ロス使節団と英中関係」野沢豊編『中国の幣制改革と国際関係』（東京大学出版会、一九八一年）二〇〇－二〇九頁。

（74） John T. Pratt, “Memorandum respecting the Chinese Consortium,” 21 August 1929, *Documents on British Foreign Policy, Second Series* (Vol. VIII), Doc. 95e, pp. 163–165.

（75） 後藤春美『上海をめぐる日英関係　1925–1932年』（東京大学出版会、二〇〇六年）第八章。

（76） Anderson to Mounsey, 19 February 1932, 7AMA/D4 Part2, the Women's Archives in LSE Library, Houghton Street.

（77） FI 1/13/1/2, ILOA.

（78） 古厩忠夫「八・一三（第二次上海事変）と上海労働者」『日中戦争と上海、そして私－古厩忠夫中国近現代論集－』（研文出版、二〇〇四年、初出一九八三年）一四三－一七八頁。

（79） Littell-Lamb, op. cit.

（80） W.L. Holland and Kate L. Mitchell, eds., *Problems of the Pacific: Aim and Result of Social and Economic Policies in Pacific Countries* (Chicago: University of Chicago Press, 1937), p. 201.

（81） Harold Butler, *Problems of Industry in the East: With Special Reference to India, French India, Ceylon, Malays and the Netherlands Indies* (Geneva: International Labour Office, 1938), p. 70.

（82） 斎藤博駐米大使→有田八郎外相、一九三六年一二月八日、外務省編『日本外交文書』昭和期II第一部五巻下、１１３３文書。

第5章　国際機構間関係史としての日中戦争

――「生活水準の向上」に基づく国際的な連帯

はじめに

日中戦争から第二次世界大戦にかけて、戦争目的や戦後構想をめぐる政治過程に国際機関はどのように関わったのだろうか。本章は、ＩＬＯとＹＷＣＡや国際労働組合との関係性に着目する国際機構間関係史の観点で、これを検討する。まず、第二次世界大戦中のＩＬＯを取り上げる理由とそこで中国要因が浮上する点について、あらためて述べてみたい。

第二次世界大戦中の国際機関については、外交史や国際機関史でこれまで必ずしも正面から検討されてこなかったように思われる。外交史的なアプローチでは、第二次世界大戦の戦争指導から、戦後構想の議論の比重が大きくなっていく過程、あるいは連合国内での大国間の駆け引きが詳細に考究されてきた。国家間関係を主とするこの分野では、戦争目的と国際機関の開戦当初からの関係性が主題とはなりにくかった。[1] むろん、国際連盟傘下の社会・経済機関を主題とする研究で、第二次世界大戦中の活動は取り上げられてきた。しかしながら、そうした研究は、権力政治の極致ともいうべき戦争指導とは異なる側面を、戦間期の国際的な技術協力からの連続性に注目して論じている。[2] だが、戦間期の国際連盟の遺産ではなく、第二次世界大戦中の各機関の活動をより詳細に実証すべきではないだろうか、と問う余地もある。ＩＬＯを事例に、第二次世界大戦の連合国と戦争目的を共有した国際機関が交戦国の一方に肩入れした経験を理解することは、国際連合の設立経緯のみならず、冷戦という新たな対立構図における国際機関の位置づけを考えるために必要となる。(3)

第二次世界大戦中のＩＬＯについては、連合国や枢軸国との関係、他の国際機関やＮＧＯとの関係の実証はあまり進んでいない。(4)だが、一九四一年八月に英米首脳が発表した大西洋憲章で、第五項に労働条件の改善と生活水準の向上(5)が掲げられたことにいち早く反応したのは、ＩＬＯである。ＩＬＯはその二カ月後にニューヨークで戦時緊急総会を開催し、大西洋憲章、とりわけ第五項を支持する宣言を採択した。この宣言は後述するように戦後の経済復興や経済開発にあたって社会保障を充実させることを謳ったものであり、ＩＬＯにおいて戦後構想に関わる議論は、一九四一年段階から存在していたのである。この点を手がかりに、本章では第二次世界大戦中の国際機関の動向を検討するにあたってＩＬＯに着目する。

それでは、第二次世界大戦でＩＬＯが連合国に肩入れした経験をどのように捉えるべきなのか。戦間期の国際機関の遺産が、そのまま戦後に継承されなかったということなのだろうか。連合国の戦後構想の形で発表された枢軸国への対抗案である大西洋憲章に、なぜ労働条件と生活水準の条項が存在するのか。そこで、本章で具体的に考察を始める前に、当時の思潮を若干ながら確認しておく。

ハンガリー出身の経済思想家カール・ポランニー（Karl Polanyi）は、イギリス亡命中にキリスト教左派グループで活動しており、その一環で労働者教育協会の講師をしていた。彼の論稿や講演は知識人だけでなく、一般の労働者にも向けられていた。たとえば、「平和の意味」という一九三八年執筆の草稿で彼は、「国家間に平和的秩序を構築するには、ただ戦いを拒否するのではなく、制度的基盤を着実に作り上げねばならない」と述べている。つまり、単なる反戦の主張は平和的な国際秩序に結びつかない。「一般民衆が自ら経済生活を管理し、所有の社会格差をなくすこと」が、平和的な国際秩序を築く第一歩だというのである。(6)それでは、ポランニーが主題とした一般民衆の経済生活と平和的な国際秩序の関係性は、戦時下でどのように論じられたのであろうか。

この論点に関連する文章として次のものがある。ＩＬＯ事務局長（一九三九―一九四一年在任）を経て、一九四一年にアメリカの駐英大使に転じたジョン・Ｇ・ワイナント（John G. Winant）の談話である。この談話はタイムズ紙に掲載され（一九四一年二月一〇日付）、イギリスの国際政治研究者で同紙編集者でもあったＥ・Ｈ・カーの『平和の条件』（一九四二年）に引用されている。ワイナントは駐英大使として赴任するにあたって、「若干の民主主義諸国は軍備だけでなく社会政策でも準備不足だったことにつけ込まれ、そして失業問題および安全保障問題の解決に失敗したことで、ファシズムとナチズムの手中に落ちてしまったのである」と述べている。[7]「ファシズムとナチズム」とは、自民族の生存を最優先し、内には非民主的な体制を築き、外には領土拡張を求めた日独伊といった枢軸国を指している。枢軸国に対抗するためには、単に反ファシズムを唱えるのではなく、内政改革を国際協調へ結びつけなければならないとワイナントやカーは主張した。本章では彼らの視座を参考に、ＩＬＯ史における戦間期と第二次世界大戦期の断絶に接近する。

ジョン・G・ワイナント（ILO ウェブサイトより）

このワイナントの談話から、社会政策と対外政策との関係性を探究することは、枢軸国に勝利し平和を獲得するためには避けて通れないと考えられていたことがわかる。そこで、大西洋憲章第五項に対するＩＬＯの反応、そしてＩＬＯと加盟国を媒介する国際的な社会運動の位置づけを検討する。

国際的な社会運動とは、西欧諸国とアメリカの労働組合、協同組合、キリスト教団体の自立的な社会運動を指す。では、それらの運動の展開になぜ着目すべきなのか。それは

アメリカの対中支援団体，中国援助連合による中国工業合作への募金の呼びかけ（ウォーリック大学近代史料センター所蔵）

国家から自立した組織の国際的な運動に、ポランニーのいうように「一般民衆が自ら経済生活を管理し」、ワイナントのいう「ファシズムとナチズムの手中」から脱する契機がどれほどあったかを史料に即して検討したいからである。実際、そうした社会運動は、対外的な安全保障問題を捉える視点を持っていた。「生活水準の向上」が国際機関の目的となる土壌は、ここにあったのではないか。それゆえ連合国が戦時中から掲げた目標や構想にＩＬＯがどのように関わったのかという点を考察する。

これらの社会運動は、日本から侵攻されている中華民国の支援を重要な安全保障問題とみなした。社会運動ないし平和運動が一定の政治的役割を果たす領域が、一般にボイコットや港湾ストライキなどの流通に関係していることを想起するならば、西欧とアメリカの社会運動が、戦時中の通商や金融に影響を与える手法で中国を支援したことの重要性が浮かび上がってくる。実際、以下で検討する内容を先取りすれば、それら団体の対中支援は、初期の段階では対日貿易のボイコットであり、続いて中国の非占領地域での協同組合運動への金銭的支援という形で、主に物資や通貨の流通過程に関与していたのである。中国史専門家による日中戦争史研究の成果の一部[8]は、そうした流通領域で日本に抵抗し中国支援を試みた国際的な社会運動の動向と突き合わせることで、将来的には国際関係史に接続され得る。本章は、その回路を開く手がかりを求めるものでもある。加えて、本章で日中戦争に焦点を当てるのは、第二次世界大戦勃発までは「生活水準の向上」に関わる議論が必ずしも国際協調路線とは結びついていなかったため、それ以前についても検討すべきだと考えたからである。

ここで、本書の主題の陰画となる一九三〇年代の展開を述べておく。この時期各国は、政府主導で経済規模の拡大を目指し、国内問題を解決しようとしたが、国際主義や国際機関の制度に無関心どころか、それらを忌避する傾向があった。この点に関し、まず注意すべきことは、第二次世界大戦後、先進工業国では福祉国家、途上国においては開発経済という政策課題が、中央集権国家による一元的な経済計画と親和性を持っていた側面である。[9]この親和性があったからこそ、「生活水準の向上」の言説は、自国民の生存のために軍拡と非民主的な政治体制を正当化したドイツのナチズム（ナチ・ドイツに宥和的だった、「労働プラン」で知られるベルギーの政権運営をも含む[10]）、そして日本の戦時体制[11]にまず出現したのだった。その指導者らは、自民族の生存という目的を最優先するあまり、広域的な経済圏を求めて対外的な武力行使や資源の収奪も辞さなかった。[12]他方、公共事業の拡大により雇用を確保し、市場経済を活性化させるニューディール政策をとったアメリカは、第二次世界大戦前は孤立主義を克服できておらず、関税や通貨に関して諸外国との合意形成には消極的な傾向があった。[13]このように一九三〇年代の「生活水準」論に関わる代表的な政策論や政治体制は、暴力を伴う国境を越えた経済圏の創設か、あるいは、一国内で実現可能な公共投資の促進を志向した。このようにいずれも国際主義や国際制度との結びつきを欠いていたのである。

以上のような問題意識から、本章では第二次世界大戦中のＩＬＯがどういった国際的な社会運動と連帯しようとしたのかを跡づけつつ、この時期の「生活水準の向上」概念の意義を明らかにする。まず、日中戦争初期の国際労働組合の排日ボイコットが、その後の対外政策論を形成する端緒となっていた点を確認する。そして、日中戦争期の中国でＹＷＣＡの対中支援活動が戦時救済から協同組合運動（中国工業合作、Chinese Industrial Cooperatives）へと展開したことと、それに呼応したキリスト教社会主義者のネットワークの動向を検討する。さらに、

ＩＬＯが上記の国際運動の成果を引き継いだうえで大西洋憲章以来の戦後構想を具体化しつつ、連合国の戦争に協力していった過程に進むこととしたい。ここでは英米の労働運動、キリスト教社会主義運動による対中支援の継続から、一九四四年のＩＬＯフィラデルフィア総会および国際通貨基金（ＩＭＦ）と国際復興開発銀行（ＩＢＲＤ）の設立会議となったブレトンウッズ会議にいたる過程を論じる。とりわけ、両会議で大西洋憲章に紐づけられた「生活水準の向上」という観点が国際機関の目的に盛り込まれたことに注目する。これら検討を通じて、第二次世界大戦中の国際労働運動、ＹＷＣＡ、ＩＬＯの関係性を示したい。

1　日中戦争前夜からの国際労働運動

(1)　ＩＬＯにおける米中接近

国際労働運動による日中戦争期の排日ボイコットを本節で扱うにあたり、日中戦争勃発直前の概況を確認しておこう。まず取り上げたいのが、在華紡で発生した大規模なストライキである。一九三六年一一月の上海・青島在華紡ストを決行した労働者たちは、日本の海軍陸戦隊の青島上陸という緊迫した事態に直面した。中国の労働運動を鎮圧するために日本軍を動員したことは、アメリカ世論の関心を高めた[14]。その直後、翌年二月に、ワシントンでＩＬＯ繊維準備会議（本会議は四月）[15]が開催されると、繊維製品の貿易摩擦と労働者保護をめぐる米中接近に各国の注目が集まった。ＩＬＯ事務局は、これまで中国の労働条件の改善のため、上海租界など治外法権下での工場監督制の樹立に向けて英日中の間で妥協を模索してきた。しかし、そうした妥協路線が行き詰まったため、ＩＬＯ繊維会議での米中協力に期待をかける。

この会議の開催を提唱したのは、フランクリン・Ｄ・ローズヴェルト（Franklin D. Roosevelt）米政権の後押しを受けたアメリカの社会保障委員会の委員長で、後にＩＬＯ事務局長となるワイナントであった[16]。アメリカの目的は、低賃金に基づく安価な外国製繊維製品の輸入を減らし、国内の雇用を創出、維持することであった。このアメリカの思惑は、租界に中国の労働法制を適用し、治外法権を笠に着た不平等な競争を是正し、労働条件を改善すべきだという中国の年来の主張と結びついた。[17] 貿易摩擦の渦中にあって、日本側がいかに中国資本の工場よりも在華紡の方が高待遇だと喧伝しても、それは説得力を持たなかった。日本資本の工場の方が労働条件がよいという論法は、イギリスの外交官や商務官に通用したとしても、[18] 国際労働基準の必要性を説き、租界の撤廃へ道筋をつけようとするＩＬＯには通じなかった。ＩＬＯが租界の撤廃を視野に入れるようになったのは、当初から総会で中国代表がそれを求める演説を繰り返していたからである。[19] ＩＬＯは繊維会議終了後、繊維業界の貿易摩擦と中国租界の労働法制の問題はつながっていると声明を出した。[20] 一九三四年に日本のソーシャル・ダンピング疑惑を否定したときとは、[21] 明確に姿勢が変化した。

ＩＬＯを場とした米中接近は、盧溝橋事件（一九三七年七月七日）以降、日本が武力行使を拡大するなかで、国際労働運動の方向性に影響を与えていく。各国外務省は日中戦争を傍観していたが、[22] 労働組合や社会主義者らは中国の抗日運動に対して見て見ぬ振りをするわけにはいかないと考えた。スペイン人民戦線の二の舞にしたくない、という事情もあった。約一年前の一九三六年七月一七日に、スペイン領モロッコでスペイン人民戦線政府に反抗する軍が蜂起し、これをきっかけにスペイン全土が、独伊から援助を受ける反乱軍との闘いに突入していた。これに対しヨーロッパ二七カ国政府は、フランス人民戦線内閣が提起したスペイン内戦不干渉委員会の設置に賛成し、一九三六年九月九日にロンドンで同委員会を開催した。だが不干渉委員会ができても、独伊は反乱軍の支援を止めなかった。憤慨したヨーロッパ諸国やアメリカ大陸の社会主義者と労働者らは、スペイン人民戦線に義勇兵として参加した。このようなスペイン内戦の構図が、また日中戦争でも繰り返されるように思われたのである。たとえば、イギリス共産党の一九三七年八月二四日付の機関紙は、スペインと中国の反ファシズムの連帯を訴える風刺画を掲載した。この絵には「他の枢軸」として耳を塞ぐイギリス政府要人も描かれており、各

アーネスト・ベヴィン（Wikipedia Commons より）

国の不干渉政策も批判していた。[23]

ただし、国際労働組合連盟（ＩＦＴＵ）、労働と社会主義インターナショナル（ＬＳＩ）に代表される社会民主主義勢力は、大きな犠牲が避けられない国際義勇軍には抵抗感を抱いていたものの、不干渉政策を決め込む英仏政府を支持することも選べなかった。英仏両国の社会主義政党とその系列の労働組合は、国内政治上では保守政党と共産党とに挟まれて苦しい立場に追い込まれていった。スペイン人民戦線で党派対立が激化すると、ＩＦＴＵやＬＳＩは介入しづらくなった。そのため義勇軍以外の支援策が求められていたのである。[24]

そこで、日中戦争の勃発をきっかけにＩＦＴＵとＬＳＩは、日本の繊維製品を買わない、日本に軍需物資を販売しないというボイコットを組織しようとした。不買運動には、日本に外貨を獲得させないことで、日本が軍需物資を輸入できないようにする目的があった。繊維製品ボイコットは、アメリカでは、アメリカ労働総同盟（ＡＦＬ）の主導で一九三七年八月から始まった。[25] ヨーロッパおよび英連邦では、イギリス労働組合会議（ＴＵＣ）を中心に会合を重ねた。[26] ＴＵＣは「日本の繊維を買うことは中国人を爆殺することだ」というフレーズを広めた。付言すると、ヨーロッパに滞在していた商務印書館長の朱懋澄（Thomas Tchou）が、イギリス運輸並一般労連（ＴＧＷＵ）や国際運輸労連（ＩＴＦ）に働きかけていたことも、一助となった。[27] ＴＧＷＵの創設者で長らく書記長を務めたアーネスト・ベヴィン（Ernest Bevin）は、一九四〇年に戦時内閣の労働相として入閣し、ロンドンで一九四二年ＩＬＯ戦時緊急総会を主導する（第3節参照）。

(2)　IFTU–LSI合同決議

日本軍の軍事行動は拡大する一方であった。日本軍が一九三七年一二月一三日に南京を占領すると、一九三八年一月一五日、ＩＬＯ理事会の労働者代表も交え、正式にはＩＦＴＵとＬＳＩによる合同の対日非難決議が発せられた。この決議はイギリス案を基礎にしていた。[28] 賛同者にＩＬＯ理事会の労働者代表が含まれていたことは、日本政府を刺激した。[29] ＩＬＯのバトラー事務局長と東京支局も、内務省社会局の官僚も、日本のＩＬＯ残留を望んでいたが、[30] 各国の労働組合には受け入れがたかった。残留を呼びかけていたバトラーも、三月に対日宥和を断念したとＴＵＣに伝えた。[31] 結局、日本政府は一九三八年一〇月、ＩＬＯ脱退を通告した。

ＩＬＯは対日姿勢を硬化させた。しかしながら、ボイコットによって日本の武力行使を抑制するという手法は、かえって新たな武力行使を招く危険もあった。実際、ＩＦＴＵの会合ではオランダ代表から、経済的に困窮した日本が蘭領東インドの石油を狙って武力行使する可能性を懸念する声も出ていた。これはスペイン内戦に関して、反乱軍を支援する独伊に対しボイコットを組織的に実行したならば、さらなる武力紛争による報復を惹起するに違いないとＩＦＴＵ内でも予想されていただけに、現実味のある懸念だった。しかもボイコットを理由に日本の武力行使が一層苛烈になれば、各国政府は労働組合にその責任をなすりつけるだろうと、容易に想像できた。[32] そのためＩＦＴＵは加盟労働組合を通じて各国政府にボイコットを呼びかけたが、[33] 力強さは欠けていた。ＩＬＯも、不安定な立場に置かれた各国の労働組合や社会主義政党とボイコットを通じて連帯を深めることは難しかった。

(3)　日中戦争とＩＬＯ中国分局

だが、国際社会が中国を支援する方法は、全くなかったわけではない。たとえば、イギリスで発足した反戦団体の中国キャンペーン委員会（China Campaign Committee: CCC）の活動や、ＴＵＣを中心とする各国の労働組合と

1939年発行と思われる中国キャンペーン委員会（China Campaign Committee, CCC）の冊子。同年の日本軍による天津租界封鎖に対する抵抗として，対日ボイコットを呼びかけている。この画像のように，「裏切り」が問題視されているのは，1938年のミュンヘン会談に代表されるイギリス政府のナチ・ドイツに対する宥和政策を批判するためであろう。

ILO中国分局との協力が挙げられる。

日本軍は南京陥落後も戦線を拡大し、一九三八年一〇月には広東と武漢を占領した。これを受けてCCCは一九三八年一一月、人道的、効果的な武器としてボイコットの意義を強調する声明を発した。[34] 同じ頃に採択されたTUC決議と同趣旨の内容だった。CCCは翌年一月に、近衛、平沼政権と続くなかで日本のファシズム化が進んでいると警鐘を鳴らし、反動政権下で労働者と農民が国家総動員法の犠牲になっていると表明した。[35] 一月末には、ノー・シルク・キャンペーンという、前年のクリスマス商戦を狙った対日ボイコットの成果を報告した。繊維製品など標的とすべき日本製品を特定したボイコットの意義を説くものであった。[36]

国際労働運動でも、ヨーロッパ諸国と中国とで労働者の連帯が一層強まっていった。IFTUは一九三九年七月にスイスのチューリッヒで総会を開き、中国国民党系労働組合の中央組織である中国労働協会（Chinese Association of Labor）の会長・朱学範（Chu Hsueh-fan）を招いている。この会合では、破壊的な日本の行為のみならず列強の「犯罪的受動性」が強く批判された。[37] CCCは、アメリカが七月に日米通商航海条約の破棄を通告したのだから、イギリスも対日通商条約を破棄し、日本と断交する流れを国際的につくるべきであると主張した。

CCCのリーフレットには、「中国を支援しないことは、中国だけではなく、民主主義とイギリスへの裏切りだ」、

「すべての日本製品を拒否せよ」と記載された。[38]

八月のTUC総会で、TUCからIFTUに対して対中関与を継続すべきと申し入れる案が決議された。[39] 翌月のCCCのTUC宛て文書には、ナチ・ドイツと同様に国際法と外交の常識を無視して中国を侵略している日本が英中関係の妨げになるとして、日英通商航海条約を破棄するようイギリス政府に求める方針を明記した。さらにCCCは同文書で、英連邦は完全に日本と通商を断絶すべきであると訴えた。[40] 戦間期イギリスの労働組合や社会主義者が雇用維持と緊張緩和のため、ソ連との通商断絶を避けようとしていたことを勘案すると、[41] 中国を支援するために日本との通商断交を求めるこの方針は、非常に強硬だったといってよい。

ボイコットから始まったイギリス労働組合の反戦運動は、中国ではどのように受け止められたのであろうか。中国国民革命の指導者孫文の夫人として知られ、国民党と共産党の連帯を訴えてきた宋慶齢（Soong Ching-ling）は、イギリスやアメリカの港湾労働者が日本へ輸出する商品の積み荷を拒否し、女性たちが日本の絹製靴下の不買運動をしたというニュースを聞いて、「私たちはどんなに感激し、喜んだことか！」と称賛した。労働運動に対する宋慶齢の評価は、各国政府が日本の侵略を傍観していることへの不信感の裏返しであった。[42] 国際的な反戦運動に触発された宋慶齢は、後述するように協同組合運動である中国工業合作の国際化を進めていく。

国際協力の象徴として中国の西北部に「国際平和病院」を新設するため、六〇〇ポンドの募金を送った事例もある。募金はヨーロッパの労働組合や社会主義政党がILO中国分局に送り、程海峰からニュージーランド人で上海租界の工場監督官のアレーを経由し、朱学範など国民党系労働組合の指導者へ渡された。[43]

だが、戦災の深刻さは明白だった。一九三七年八月一三日に第二次上海事変が起き、さらなる戦線拡大によって沿岸部の工場を失った中国では、国内難民となった人々は飢えに苦しみ、やがて冬を迎えた。[44] とはいえ、上海にとどまるのは、軍事的な抵抗に身を投じる覚悟が必要だった。この年の一〇月ごろから年末にかけて上海YWCAは、女工夜学の生徒に対し、全上海労働者女性抗日戦線衛生隊（All Shanghainese Working Women Anti-Japanese Medic Brigade）に加わるよう呼びかけ、組織的に動員する。生徒たちの中には、自発的に中国共産党の新四軍に入隊する者も現れた[45]。

前述したように国際的な運動も、日中戦争初期から全面的に支援していたわけではなく、アメリカの日米通商航海条約破棄をきっかけにようやく活気づいた。初期に中国国内で活動の主力となっていたのはアレーも大きく貢献した協同組合運動であり、中国工業合作と呼ばれる一連の運動である。次節では、その運動を国際的文脈に押し上げた、中国ＹＷＣＡを中心としたキリスト教社会主義者の連帯を扱う。

2　中国工業合作の国際化

(1) 日中戦争勃発直後

一九二七年の四・一二事件（蔣介石による共産党弾圧）、一九三二年の第一次上海事変に続き、一九三七年に第二次上海事変が起きて、上海租界行政当局のＳＭＣ産業社会部長のヒンダーは決意を新たにした。まず、上海ＹＷＣＡの戦時救済事業に救援物資を送り始めた[46]。それは彼女の篤い信仰に支えられた決断であった[47]。戦時下で中国の行政権とＳＭＣの治外法権との軋轢がゆるみ、この事業は積極的に推進できることとなった。ヒンダーは一一月にブリュッセルで開催された「九国条約会議[48]の結果には期待できないし、日本はこの条約を破棄するだろう」と悲観していたものの、「日本がいかに占領地を広げようと、工場は中国人労働者なしには稼働しない」ので、「日本軍に抵抗するのは不可能ではない」と考えた。そこで彼女は、日本軍に徴用されないよう、上海の難民救済に奔走した[49]。

ＳＭＣは、第二次上海事変で生まれた国内難民の救済に駆け回った[50]。上海ＹＷＣＡは女性のみを対象とした難民キャンプを運営し、縫製や靴製造技術の教育を施した。上海ＹＷＣＡの難民キャンプは、国際赤十字、上海

Oriental Affairs, 4 (October 1937) 掲載の写真。第二次上海事変勃発の翌日に撮影されたもので，市街地の破壊や死体の埋葬の様子が記録されている。

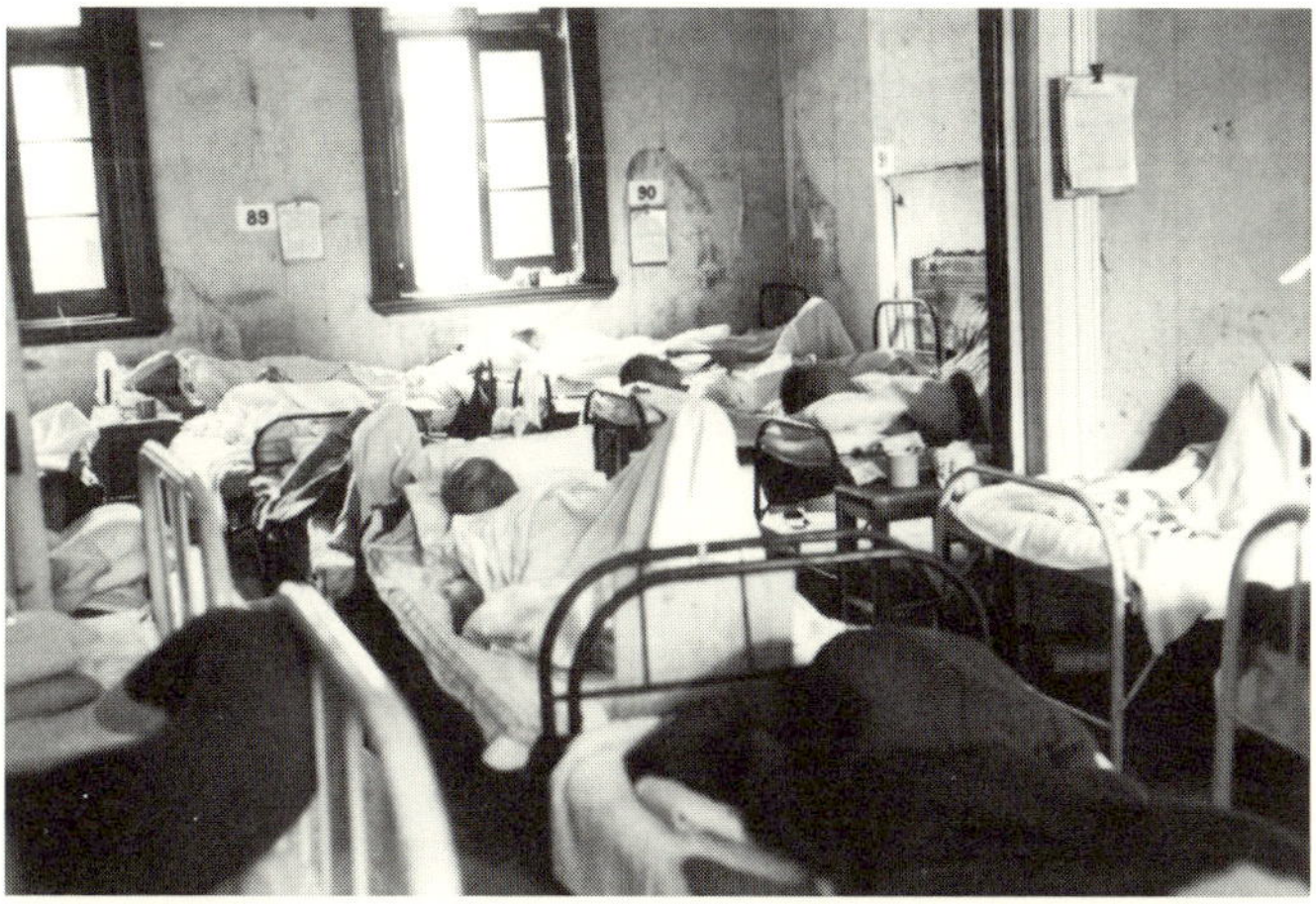

救急病棟へ運び込まれた8月14日空襲の被害者（Virtual Shanghai より）

慈善団体連合会難民救済分会、セント・ジョン大学、アメリカの教会から援助を受けていた。[51]

そうした上海ＹＷＣＡの活動にふれながら、上海ＹＷＣＡの教育事業担当者ガーラックが一九三七年九月、世界ＹＷＣＡへ中国情勢や今後の事業の構想を送付した。[52] 世界ＹＷＣＡ事務局長のルース・ウッズマール（Ruth Woodsmall）は、一〇月二五日付でガーラック宛てに返信し、教育事業と学生運動との連携を強調し、事業を展開するよう激励している。[53]

中国ＹＷＣＡは国際社会に働きかけるため、まず一九三七年八月三一日に世界中のキリスト者に支援を求める公開書簡を発表した。[54] 続いて一〇月には、アメリカの中立法を批判した。日本は中国に宣戦布告しておらず、アメリカは形式上では交戦国ではない日本と、軍需物資をも含む貿易を平時と同様に続けていたからである。中国ＹＷＣＡは国際社会に向けて、中国戦線での日本軍の国際法違反、人権侵害の実態を訴え、アメリカの支援を引き出したいと画策した。そのため声明で、戦火に晒されている工場の女子労働者の窮状を伝えようとした。[55] また、アメリカが興味をもつのは経済問題であると考えた中国ＹＷＣＡは、「日本の繊維製品に対し、中国の組織労働や進歩的勢力はボイコットをしているが、これはアメリカ産業と労働者を助ける運動でもある」とアメリカに呼びかけた。[56] さらに一九三八年三月八日の国際女性デーには、中国ＹＷＣＡを中心とする中国の女性団体が合同声明を出し、国際平和運動と協力し、排日ボイコットを継続すると述べた。[57]

(2) 戦時下の協同組合運動

一九三八年に入ると中国工業合作の実現に向けた動きが加速する。この運動の中心人物だったアレーは、戦前は上海租界の工場監督官であり、上海ＹＷＣＡのヒンダーとも親交があった。[58] 蔣介石（Chiang Kai-shek）率いる国民政府は協力する意思を示したが、それはアーチボルド・クラーク＝カー（Archibald Clark-Kerr）イギリス駐華大使が、国民政府財政部長の孔祥熙に対して工業合作社の重要性を指摘したからである。[59] 中国ＹＷＣＡも運動

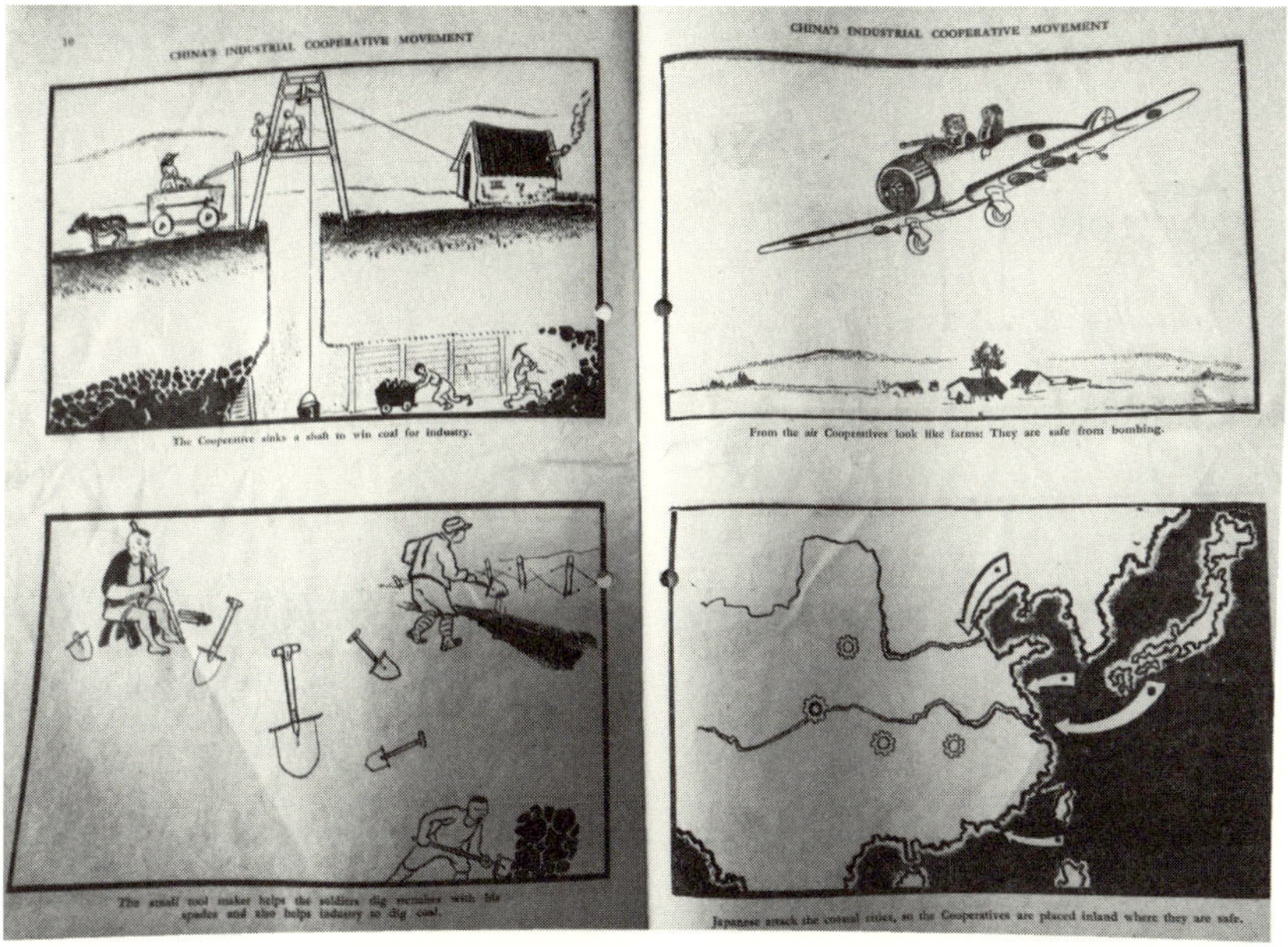

Jack Chen, "Progress of China's Industrial Cooperatives with a Series of Twenty Drawings," *The China Weekly Review*, 8 (April 1939), pp. 9-10. 日本軍による空爆の標的となることを避けるという，小規模な生産協同組合の意義が描かれている。著者のジャック・チェンは反蔣介石派の広州国民政府で外交部長を務めた陳友仁の息子であり，当時共産主義者の画家として知られていた。

に加わり、戦時救済から生産復興に移行するために、沿岸部からの難民に労働者教育を施すことにした。

中国ＹＷＣＡの活動を考察するにあたり、一九二〇年代初めから中国の女性労働問題に関わっていた、アメリカ人で前中国ＹＷＣＡ産業部長のハースの視点は興味深い。彼女は、ファシズムによる抑圧に対抗するため、ＹＷＣＡの中国における日中戦争勃発前までの労働者教育事業に裏づけられた女性運動に基礎を置くべきだと主張した。このことはキリスト教の理念にも合致すると考えていた[60]。こうして難民化した労働者、とりわけ女性に教育を与え、自助の手段を提供しようとしたのである。教えたのは裁縫など、消耗品や雑貨の生産の基礎となる技術が中心だったが、これは女工夜学の方針を引き継いでいた[61]。また、国際情勢については、中国ＹＷＣＡの年報に次のよう

Ibid., p. 12.　協同組合に基づく軍需物資の供給を通じた日本軍への反攻が，最終コマに置かれている。

な記述がある。「一九三七年に中国ＹＷＣＡ産業部が企画したサマーキャンプの頃から日本軍の動きが怪しかった」「七月七日〔盧溝橋事件〕、そして上海に戦火が拡大した八月一三日〔第二次上海事変〕を経て現在にいたっても、諸外国の援助は期待できないだろう。国際的な解決を望むよりも、我々自身で中国を救わなければならないであろう」[62]。

救済を超えた「救国」で中国ナショナリズムに応えようとするこの中国ＹＷＣＡの決意は、国際的なキリスト教団体という理由で一国に肩入れするのを懸念するきらいのあった世界ＹＷＣＡ事務局を対中支援へ引っ張った[63]。日中戦争勃発以来、毎年三月八日の国際女性デーに中国ＹＷＣＡを含む中国の女性団体は声明を出し、世界ＹＷＣＡとしても対中支援の姿勢を示さざるを得なかった。実際、一九三九年三月の世界ＹＷＣＡの会議では、「世界ＹＷＣＡとその社会的責任」という決議に対中支援が盛り込まれた[64]。

それでは中国ＹＷＣＡは、どのような手段で中国を救おうとしたのだろうか。前述したように偶然にも、中国ＹＷＣＡは難民を再教育の上、協同組合の形で戦時の生産活動を支えるノウハウを持っていた。それは転じて、ゲリラ戦をも支え得る医療用の繊維製品の生産も可能であった。中国工業合作は軍需品を提供することで、日本軍に抵抗したのであった[65]。さらに、協同組合の理念や手法を広めるにあたり、重慶や成都のみならず昆明[66]、貴陽、西安といった各地のＹＷＣＡ支部が拠点となったことも注目に値する[67]。

LE MOUVEMENT DES COOPERATIVES DE PRODUCTION EN CHINE
НОВОЕ КО-ОПЕРАТИВНОЕ ДВИЖЕНИЕ КИТАЯ
OUR INDUSTRIAL CO-OPERATIVE MOVEMENT 中國工業合作運動

Mme. Sun Yat-sen, Honorary Chairman of the Hongkong Promotion Committee.
Мадам Сун Ятьсен, почетный председатель гонконгского комитета помощи ко-оперативам.
香港促進社社長宋慶齡女士。

Mme. Chiang Kai-shek who, from the beginning, has given the C.I.C. every assistance and encouragement.
Мадам Чан Кайши, которая с самого начала всячески помогает движению.
蔣夫人居於倡導和贊助的地位。

Madame Sun Yat-sen, présidante honoraire du Comité de Promotion à Hongkong.

Madame Chiang Kai-shek, une des initiatrices de Coopératives de Production.

Monsieur Kung Hsiang Hi, un des initiateurs de Coopératives de Production.

Monsieur Rewi Alley, conseiller technique général.

Dr. H. H. Kung under whom the Chinese Industrial Co-operatives are organized.
Д-р. Кун Сянси, под чьим руководством было организовано общество промышленных ко-оперативов.
主持中國工業合作協會的孔祥熙氏。

Mr. Rewi Alley, technical expert and adviser.
Реви Аллей, технический специалист и советник.
工合總會技術顧問艾黎氏。

OUR INDUSTRIAL CO-OPERATIVE MOVEMENT

"Japan destroys not only our families and homes. She seeks above all to destroy our modern industries in order to make our people agrarian slaves. She already has smashed and seized 75 per cent of our machine industry and left more than a million workers jobless.

"In answer to this holocaust we do not lose hope. Our people and our Government are determined to rebuild productive power even during wartime by erecting thousands of small factories throughout the hinterland, even on the flanks of the Japanese-held railways. In order to mobilize the widest participation of the people, give meaning to their sacrifices, and give a democratic character to this reconstruction, these factories are being developed in the form of co-operatives.

"Through co-operatives we hope to absorb refugees and divert millions in relief funds from unproductive refugee camps in Japanese-occupied areas, where our destitute compatriots are merely kept alive until the Japanese are ready to exploit them.

"Industrial co-operatives can maintain the economic stability of our internal market, and thus avoid chaos in the villages even if the Japanese occupy all our cities. They can utilize idle workers, keep our soldiers clothed and fed, avoid famine and other consequences of economic dislocation, support prolonged resistance, and make the Japanese occupation of our cities entirely profitless.

"This movement needs the help of progressive people everywhere. We ask you to request your relief agencies to stop sending all their money to Japanese-occupied areas and to send it instead to these industrial co-operatives We ask you to urge your governments to sell these co-operatives machinery on credit. Ask your bankers to lend money, your youth to volunteer as technicians. Our Government will welcome all support to this progressive movement."

Mme. Sun Yat-sen.

LE MOUVEMENT DES COOPERATIVES DE PRODUCTION EN CHINE

"Le Japon détruit non seulement nos familles et nos foyers. Il cherche par-dessus tout à détruire notre industrie nouvelle, afin de rendre notre peuple esclave du sol. Il a déjà saccagé et saisi soixante-quinze pour cent de notre industrie mécanique, et a laissé sans travail plus d'un million d'ouvriers.

"En réponse à cet holocauste, nous ne nous décourageons pas. Notre peuple et notre gouvernement ont pris la décision de reconstruire notre force productrice même pendant le temps de guerre, en établissant des milliers de petites usines, partout, dans l'intérieur, même le long du chemin de fer occupé par les Japonais. Et dans le but de mobiliser le plus grand nombre possible de gens, de donner un sens à leurs sacrifices et un caractère démocratique à cette reconstruction, ces usines sont développés sous la forme de coopératives.

"Des millions ont été envoyees à la caisse de secours pour les réfugiés dans les zones occupées par les Japonais; là, nos malheureux compatriotes sont juste maintenus en vie en attendant d'être exploités par leurs maitres. Nous espérons employer ces fonds pour occuper nos réfugiés dans les coopératives.

"Les Coopératives de Production peuvent maintenir la stabilité économique de notre marché intérieur, et éviter ainsi le chaos dans les villages, même si les Japonais occupent toutes nos villes. Elles peuvent employer les ouvriers sans travail, habiller et nourir nos soldats, nous préserver de la famine et d'autres conséquences économiques désastreuses, soutenir la résistance et rendre l'occupation japonaise dans nos villes entièrement sans objets.

"Ce mouvement a besoin de l'aide d'hommes progressifs dans le monde entier. Nous vous sollicitons de demander à vos sociétés de secours de cesser d'envoyer leur argent dans les zones occupées par les Japonais et de l'envoyer à ces coopératives de production. Nous vous demandons de faire pression sur votre gouvernement et de vendre à crédit les machines pour ces coopératives. Demandez à vos banquiers de nous prêter de l'argent, à votre jeunesse d'offrir ses services comme techniciens. Notre gouvernement accueillerait avec reconnaissance tout appui à ce mouvement pour la reconstruction d'une nouvelle Chine."

Madame Sun Yat-Sen.

НОВОЕ КО-ОПЕРАТИВНОЕ ДВИЖЕНИЕ КИТАЯ

"Японские милитаристы не только уничтожают наши дома и семьи но и пытаются стереть с лица земли нашу современную промышленность, надеясь таким образом превратить нашу страну в аграрную колонию и наш народ в колониальных рабов. В течении войны им уже удалось разбить или захватить 75% наших механизированных заводов и выбросить на улицу свыше миллиона промышленных рабочих.

"Несмотря на это, мы и не думаем терять надежду. Наш народ и наше правительство решили перестроить и увеличить производительную силу страны путьем организации тысячь мелких заводов по всему Китаю, не только в глубоком тылу но и в партизанских районах, пересеченных железными дорогами захваченными врагом. Для того, чтобы мобилизовать поддержку народа, придать значение его труду, и поставить наше строительство на демократических началах, мы решили развивать эти заводы в форме промышленных ко-оперативов.

"Путьем этих ко-оперативов мы надеемся всосать в производство бесчисленную беженскую массу и применить продуктивно миллионы долларов заграничных пожертвований, которые до сих пор тратятся на лагеря в оккупированных районах, где наши беженцы содержатся только для того, чтобы предоставить запас рабочей силы для врага, когда ему станет угодно начать ее эксплоатировать.

"Промышленные ко-оперативы помогут поддержать стабильность нашего внутреннего рынка и таким образом предотвратить разорение деревни, даже если японцам удастся захватить все наши города. Они могут обмундировать наших бойцов, спасти народ от последствий полной экономической дезорганизации, и гарантировать что японская оккупация китайских городов не принесет врагу ни малейшей пользы.

"Поэтому, это движение имеет право требовать поддержку всех прогрессивных людей."

Из речи мадам Сун Ятьсен переданной
по радио в мировой конгресс молодежи
в Вауинсон, США, в июле 1938 г.

中國工業合作運動

關於中國工業合作社，本人願竭誠向一切抗戰的友人，作一個簡略的介紹。

在當前的抗戰中，日本不僅毀滅了我們的家庭，並且陰謀驅使我們人民完全成為它的農業的奴隸，它尤其用盡一切方法毀滅我們的近代工業。我們百分之七十五的機器工業，都已給它破壞了，或是沒收了，百多萬工人失掉職業。

我們決不以失望來回答這種殘暴的行為；就是在這樣的戰爭期間，我們的人民，我們的政府，都已經下了決心，來重新恢復我們的生產力。在內地各處，甚至於在日人佔據了的鐵路沿線，我們建設了成千的小規模工廠。因為要使廣大的人民參加，使他們的犧牲獲得代價，使這種建設成為民主性的，所以這些工廠都是以合作社的方式建設起來的。

透過這些合作社，希望我們將難民吸收，使花在日人佔領區域難民營的千百萬賑款，由消耗的施捨變為生產的資本。目前在這些區域裏，貧困的難民不過是養活在那裏等着日人準備好了的時候，隨時去剝削他們而已。

工業合作社能維持內地市場的穩定？這樣即令日人將一切的城市都佔領了，也可以免除農村經濟的紊亂。工業合作社可以安插失業工人，供給軍隊的服裝糧餉，防止饑荒以及其它因經濟脫節所可引起的糾纏，支持抗戰，使日本佔領我們的城市絲毫得不到利益。

這個運動需要各地正義和進步人士的扶助：賑濟機關應當將原定送往日人佔領區域的賑款捐助與這些工業合作社。工業家應當將購買機器原料的信用給與這這些工業合作社，這樣來扶助這種永久的生產經濟事業，也就可以擴充自己的本來市場。慈善的銀行家應當放款，有訓練的青年應當投効充任技術人員。凡一切對於這個進步運動的扶助，我們的政府人民都是熱忱歡迎的。

——宋慶齡——

香港で発行された月刊誌 *China Today*（『今日中国』）, Vol. 1, No. 2 (August 1939) より。上段の 4 人は左から宋慶齢，宋美齢，孔祥熙，ルウィ・アレー。日本軍の侵攻により家族や家を失い，機械工業の 75% が破壊され 100 万人以上の失業者が発生したと切り出して宋慶齢は「このホロコーストへの対応において私たちは希望を失わない」と述べている。その上で彼女は，避難民を吸収しながら小規模の生産協同組合を発展させて，経済を民主的に復興するという中国工業合作の目的を表明している。

中国工業合作が沿岸部からの避難民を吸収して発展したことは、中国が日本に対し抵抗し続けるための経済的な基礎の一つとなっていった。中国ＹＷＣＡは、一九三九年に入ると勝利への展望を語り始めた。国際教育事業を通して、この見解は各地の協同組合の工業合作社に拡散されていった[68]。一九三九年七月には中国工業合作の国際委員会が香港に設置された[69]。

この協同組合運動が、英米の労働組合やキリスト教団体による対中支援の受け皿となっていく。一九四二年一月の連合国共同宣言に蔣介石率いる重慶政府が調印する前に、戦時協力の体制がある程度整っていたことはかなり重要である（前章で扱った不平等条約も、重慶政府と英米は一九四三年一月に改正した[70]）。

3　労働と金融の国際協力

(1)　ＩＬＯ戦時緊急総会

第一節で述べたように、日本は一九三八年にＩＬＯを脱退した。日本の脱退後、ＩＬＯ事務局長に就任したアメリカ社会保障委員長のワイナントと、その後任のフィーラン（一九四一年にＩＬＯ事務次長から事務局長代理に就任[71]）は、反枢軸国の旗幟を鮮明にした。独裁政権や軍国主義を否定し、社会政策の革新を追求したＩＬＯは、第二次世界大戦で連合国側に立ちながら、各加盟国政府や労働組合、国際協同組合運動とどのように関係を構築したのであろうか。

大戦中のＩＬＯとイギリスの関係を考えるうえで、好適な史料がある。イギリス労働次官のフレデリック・Ｗ・レゲット（Frederick W. Leggett）の一九四〇年の覚書である。まずはこれに基づいて、イギリス労働省および労働組合指導者のＩＬＯに対する見方を確認しておこう。この覚書でレゲットは、一九三九年に出された国際連盟改組に関するブルース・レポートに対し、この内容は労資関係を軽視するものであると批判していた。政治問題からの社会・経済事業の自立を提唱したブルース・レポートは通常、第二次世界大戦後の国連専門機関の発展にいたる前史と位置づけられる。[72] しかしレゲットは、ブルース・レポートの内容では、社会・経済事業と政治との関係性の再構築よりも、両者の切り離しにつながると考えた。労資協調のために市場介入を模索していたイギリス労働省や労働組合指導者は、むしろ社会・経済事業を起点に政治的な変革を追求していた。[73] これは、戦間期の国際連盟の社会・経済事業の遺産が第二次世界大戦後に国連機関に引き継がれるには、戦時中に政治と経済の関係性を再編し、戦後構想に包摂しなければならなかったことを示唆するのではないだろうか。

一九三九年九月一日にドイツはポーランドへ侵攻し、第二次世界大戦が勃発した。アメリカ政府は、スイスのジュネーブに所蔵されているＩＬＯ作成の各種統計がドイツに奪取され、ドイツ経済の効率化に利用されることを恐れた。ＩＬＯは一九四〇年にジュネーブからカナダのモントリオールにあるマッギル大学へ避難し、国際連盟よりも明確に反ファシズムの旗幟を掲げて、国際主義と民主主義を強く擁護するようになった。[74] 地理的にもアメリカに近くなり、国際連盟の非加盟国にしてＩＬＯの重要な加盟国（八大工業国すなわち理事国）のアメリカや南米諸加盟国と協力する必要があった。そこでＩＬＯは、消費を刺激し経済規模を拡大して不況の脱却を目指すニューディール政策に着目し、ファシズムへの対抗策を構築しようとした。労働条件

歴代 ILO 事務局長。左からフィーラン（4 代目, アイルランド出身のイギリス労働官僚）, バトラー（2 代目, イギリス）, ワイナント（3 代目, アメリカ）（ILO ウェブサイトより）

1941 年 ILO 戦時緊急総会にて。右から 3 人目が朱学範（ILO ウェブサイトより）

の向上を通じて国際協調を目指すＩＬＯは、ファシズムを批判はするが、市場の自己調整に任せて世界大恐慌を招いた轍を踏むわけにはいかなかった。一方、ローズヴェルト米政権も、ニューディール政策の国際主義的な性格を強調し、旧来の孤立主義的な外交政策を克服しようとしていた。[75] このような「内政を扱う国際機関」と「内政と外交の新たな結合を求める政権」との共振が、連合国の戦争目的を形づくった。ＩＬＯの戦時中の活動はそれに規定されたのである。

一九四一年八月に英米首脳は大西洋憲章を発表した。労働条件の改善と生活水準の向上を掲げたその第五項は、イギリス戦時内閣労働相のベヴィンの発案により挿入された。[76] この第五項にＩＬＯは素早く反応し、一〇月二七日よりニューヨークで戦時緊急総会を開催する。そして一一月初頭、大西洋憲章第五項を支持する、一九四一年ＩＬＯ戦時緊急総会決議を発表した。その「一般決議Ｃ－ii」では、政府、政府間団体、民間団体との協力を深め、社会・経済領域の戦後計画を遂行すると謳った[77]。また、ＩＬＯの戦時協力を象徴するような決議もまとめた。この決議は、アメリカのＩＬＯ加盟を推進し、その後もＩＬＯを重視し続けてきたアメリカ労働長官のフランシス・パーキンス（Frances Perkins）が主導して採択されたものである[78]。これは、アメリカをはじめとした非交戦諸国の意見表明であったため、ファシズムに対抗し民主主義国を国際的に支援する中立諸国の決議と呼ばれた[79]。「中立」とは、非交戦国を指す形式的な文言に過ぎなかった。

一九四一年一二月に英米が対日宣戦布告をすると、ＩＬＯは英米に協力する姿勢をより明確にした。次回のＩＬＯ戦時緊急総会に向けて、年明けからフィーランＩＬＯ事務局長代理とイギリスのベヴィン労働相との間で議題や日程などを調整した[80]。一九四二年四月にロンドンで開催されたＩＬＯ戦時緊急総会の冒頭、ベヴィンは「人民の戦争は、人民の平和へと通ずるものでなくてはならない」と「人民」の権利を強調する演説を披露した。そして、大西洋憲章第五項の「改善された生活水準と社会政策」という約束は、肌の色や人種に関係なく適用される、と結んだ[81]。ベヴィンは、人々はもはや抑圧されるだけの単なる労働者ではなく、自ら平和を構築する主体であるという戦争目的を表明したのだった[82]。日中戦争が始まったとき、国際労働運動が排日ボイコットに乗り出したことは、労働運動が安全保障を考えるきっかけとなった。ベヴィンのこの演説は、その経験をふまえたものであった。そしてベヴィンの得意分野である運輸労働者の労働条件といった、戦争努力の根幹に関わる議題を中心に、彼の主導の下でこのＩＬＯ総会の討議は進められた。

ベヴィンは、インドや中国といった非ヨーロッパ地域の運輸労働者にも関心を持った[83]。運輸業界の国際労働組合であるＩＴＦも、中国とイギリスの海員労働組合の橋渡しを試みた。中国側の主要人物と目されていたのは、中国労働協会会長の朱学範であった[84]。ベヴィンや運輸労働組合は、形式的な国際主義の表明にとどまらず、現実に戦争を遂行するうえでの要請に対応しようとした。戦時の大西洋海上を横断する輸送でアジア人、主として中国人とインド人乗組員は白人労働者よりも過酷な条件下に置かれていた。このような差別的待遇は、労働者の意欲を損ね、戦況にも悪影響を与える恐れがあった。労働相にして労働組合指導者のベヴィンだからこそ、この問題に対処する必要性を強く認識することができた[85]。

ベヴィンは、労働力こそが貴重な資源であるとして労働者の権利を擁護し、生産および流通の効率を上げるべく努めた。このベヴィンの手腕は、連合国間の物資調達協力を目的とするフレデリック・リース＝ロス（Frederick Leith-Ross）率いる連合国戦後調達委員会の関心を引いた。こうしてＩＬＯは連合国の戦争に結びつけられていく[86]。

(2) 国際的な対中支援運動

ＩＬＯは、イギリス労働省が提示した戦時協力構想を受け、ヨーロッパ戦線へ関与するだけでなく、中国を国際協力の中に位置づけようとした。その際に、英米の対中支援団体に注目する。

このうち重要な役割を果たしたのが、英華連合援助基金（British United Aid to China Fund: BUACF）である。記録一九四二年一〇月一〇日付でＢＵＡＣＦが集めた一二万ポンドは、イギリス外務本省から在重慶大使館へ渡り、ＢＵＡＣＦ事務局長のイソベル・クリップス（Isobel Cripps）から蔣介石夫人の宋美齢（Soong May-ling）に渡されたという[87]。イソベル・クリップスは協同組合を通した中国の民主化に期待をかけており、それを推進するため中国工業合作を支援していた。ＢＵＡＣＦの活動は、一九四三年末のイギリス労働党議員、党員、労働組合の合同協議会で議論された。ＢＵＡＣＦには、全国の労働党関係者から一九四三年中で八八万七〇〇〇ポンドの寄付が集まったと報告された[88]。

ＢＵＡＣＦの活動を方向づけたのは、スタフォード・クリップス（Stafford Cripps）[89]の、イギリス政府特使としての訪中である。彼はイギリス労働党左派の代表的人物であり、イソベル・クリップスのパートナーでもあった。一九四〇年二月に重慶に赴いた彼は、日中戦争を契機に組織された工業合作に注目するようになった。当初は工業合作についてアメリカ共産党の手先ではないかと警戒していたが、やがてこの運動の重慶政府（を主導する国民党）や中国共産党からの自立性[90]や、民主的性格に感銘を受け、「中国工業合作社は、中国に新しい民主主義の基礎を築きつつある」と述べるにいたった[91]。四川の工業合作社を視察すると、宋美齢に、この運動に関心を向けるよう訴えた。その後も彼は工業合作運動の組織者として有名になっていた前述のアレーや香港の中国工業合作国際委員会名誉会長である宋慶齢らと親交を深めながら工業合作を支援し、さらに中国共産党に対する認識も深めた。中国共産党は目下のところ、民主化や汚職の厳罰化に基づいて抗日戦線をより強めることに専念しており、共産主義者の党ではない、というのが彼の見立てであった[92]。このように当事者や支援者たちは、工業合作を国民党と共産党の「合作」の基礎に据えるべきものと考えていた。人民の生活を保障し経済格差を是正することを説いた孫文の三民主義「民生」を理念として掲げたことは、社会主義などの左翼的なキーワードを避けた以上の意味があった。実際、アレーや宋慶齢らは、この「民生」に工業合作と国共合作の両合作を象徴する意味合いを持たせていた[93]。

ＢＵＡＣＦと密接な関係にあったアメリカの団体に、中国工業合作支援団体のインダスコ（Indusco）がある。

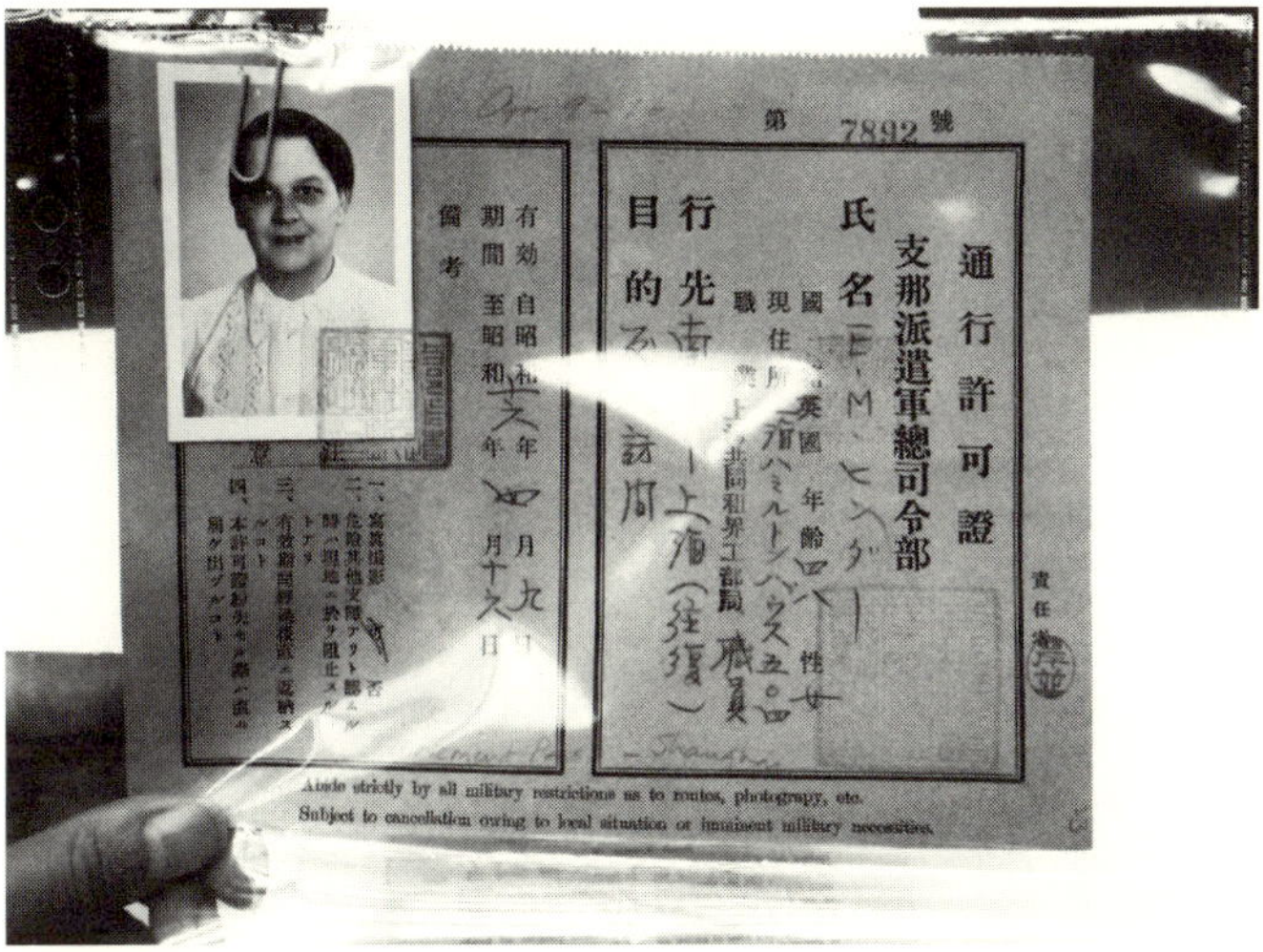

日本占領下の上海でのヒンダーの通行許可証（ニューサウスウェールズ州立図書館付属ミッチェル図書館所蔵）

ＹＷＣＡのガーラックや、エレノア・ラティモア（Eleanor H. Lattimore）、スノー夫妻（Edgar and Helen Foster Snow）といった中国現地でも活躍した活動家やジャーナリストが関わっていた。(94) さらにアメリカの団体を挙げれば、太平洋問題調査会（ＩＰＲ）事務総長として知られるエドワード・カーター（Edward Carter）が代表を務める中国援助連合（United China Relief: UCR）が該当する。ＵＣＲの場合は、中国工業合作についてＩＬＯとのやり取りを示す記録も残っている。(95) 外国団体の支援は、一九三八年から一九四五年までの工業合作社の資金の六割以上を占めていたという統計もある。(96)

上記のような労働組合やキリスト教団体とＩＬＯとの結びつきを強めたのは、日本の対英米宣戦の直前に上海からアメリカに避難し、一九四二年からニューヨーク滞在のＩＬＯ調査員になっていたヒンダーであった。彼女は、一九四三年にＩＬＯ事務局に対中支援に関する調査報告を提出した。その内容は、前述の一九四一年ＩＬＯ戦時緊急総会決議の一般決議Ｃ－iiで述べられた、「政府、政府間団体、民間団体との協力を深め、社会・経済領域における戦後計画を遂行していく」ために適合的な条件が、国際的な対中援助を通して見出せることを示して、(97) 次のように説くものであった。ＢＵＡＣＦやＵＣＲといった団体が切り開いた運動にＩＬＯが関わっていくことが最重要であり、ＹＷＣＡの教育事業の成果である中国工業合作を支援するべきだという。また、中国の民主化の基礎となり得る工業合作社は、国民党から自立できることが望ましい、とも述べている。(98) 政権からの自立性が生産能率をより向上させるために重要だったからである。このあたりは、クリップス夫妻の所見と一致している。ヒンダーの調査研究は、ＵＣＲのカーターやＢＵＡＣＦのクリップス夫妻らから受けた情報や知見によって可能になった面があった。(99)

ヒンダーは食料農業機関（ＦＡＯ）の設立に触発され、労働問題と栄養問題の関連からも、対中支援にこだわった。ＩＬＯの調査業務の一環として、ケンブリッジ大学で栄養学を修めた魯桂珍（Lu Gwei-djen）と共同で栄養調査報告書を作成している。報告書では、難民を協同組合の構成員に変えた中国工業合作運動のさらなる展望と

皮革，毛織，縫製，織染など様々な合作社。左側中段は「難民少女の紡績」とある。前掲号の *China Today* より

1944年ILO総会にて。右端がILO中国分局長の程海峰（ILOウェブサイトより）

して、彼らの栄養状態の改善を強調した。具体的な課題として運輸や防腐に着目しているが、それは孫文が三民主義の「民生」で食料問題について述べたときに挙げた項目をなぞっていた。ヒンダーと魯桂珍は、技術官僚が主導する上からの計画よりも、栄養教育の充実を訴えた。ここには、栄養教育を通して下層から連合国の戦争目的を浸透させていく狙いもあった[100]。

二人の調査報告は、一九三〇年代にＩＬＯが、国際連盟保健機関（ＬＮＨＯ）の影響を受けつつ、社会政策の一環としての栄養問題に着目してきたことと重なるものがあった[101]。この問題は、ＩＬＯの「生活水準の向上」を重視する構想でも重要な意味を持つ。第二次世界大戦中には、「生活水準」と並んで「民生」という言葉がよく用いられるようになった。孫文は一九二四年の「国民政府建国大綱」で三民主義について語り、「民族」と「民権」の上位に、全国民のための衣食住および交通の拡充を目標とする「民生」を置いた[102]。孫文は中国国民革命のためにこの「民生」を重んじたが、存命中に国際的に注目を集めることはなかった。

しかし、第二次世界大戦中に欧米の社会主義者や経済の専門家が「生活水準の向上」を国際機関の目的とするなか、「民生」は再発見される。それは、「生活水準の向上」を多様な問題関心の上位に置く、国際協力をめぐる議論と無関係ではなかった。

(3) 労働と通貨の国際会議

一九四四年四月から五月にかけてフィラデルフィアで開催されたＩＬＯ総会において中国重慶政府代表でＩＬＯ理事会中国代表を兼ねる李平衡は、同総会が決議するはずのフィラデルフィア宣言について意見を述べた。この宣言が「生活水準の向上」を掲げたことは孫文のいうところの「民生」の実現を謳っていると強調した。同じく労働者代表で中国労働協会会長の朱学範は「社会正義は、国家および国際政策の中心目的を構成すべし」と演説している。ここで重要なのは、社会政策を通じて民主主義と国際協調主義は結びつけられる、と重慶政府が

TRAINING FOR THE POST-WAR SPRINT

ILO, *The ILO at Work No. 4: The Philadelphia Conference* (Montreal: ILO, November 1944), p. 4. フィラデルフィア会議に関するILOパンフレットより。精悍な労働者ふうの「ILO憲章」が，やや肥えた国際金融家と思しき「世界通貨計画」を，人物からみて前方，読者にとっては左方向の「完全雇用政策」へと引っ張っている。後方（右側）のパンクした自転車の持ち主は「金（ゴールド）と貿易の循環」と書かれたプラカードを持っている。世界大恐慌は国際金本位制に大打撃を与えた。当時の人々はまさに経済がパンクし，回転が止まったように思っただろう。そして，この構図に「戦後精神にふさわしい訓練」と題目が付されている。目的とされた「戦後精神」を代表するのが上記の「完全雇用政策」であり，そこへ国際金融家を連れていくというILOの意思を表現した一枚だと思われる

示唆したことである。これは同時期、アメリカで活動していた国際法学者の夏晋麟（C. L. Hsia）の主張とも重なる。外圧や干渉から自由にならなければ民主化できない、日本の敗戦は政治のみならず社会の民主化の予兆であると夏は述べた。さらに夏はアメリカのニューディール政策を国際的に実施するという「国際ニューディール」論を支持するとし、国民国家の放棄までも明言する。ただ注意すべきは、夏の言う国民国家の放棄とは、国家の否定ではなかった。国際的な相互依存を成立させるために各国の社会政策を共通の性格に収斂させることを、連合国の目的にすべきだという。すなわち、自由放任の過酷な国際市場は、戦後復興を目指す国家にとって実に外圧と干渉に他ならず、かえって反動的な保護主義を引き出してしまう、と夏は危惧したのである。偏狭な保護主義を排除するためには、労働者の搾取を前提とした過度な経済競争を統制しなければならないと説いた。[103]

そうした中国側の主張は、フィラデルフィア宣言の第三条と第四条を強く支持するものであった。第三条のａ項は「完全雇用及び生活水準の向上」をＩＬＯの目的とし、その達成のために第四条で「生産及び消費の増大、激しい経済変動の回避、世界の未開発地域の経済的及び社会的発展の促進、一次的生産物の世界価格の一層大きな安定の確保並びに国際貿易の量の多大な且つ確実な増加のための措置」が必要だと明言している。フィラデルフィア宣言は、ＩＬＯ事務局長のフィーランがアメリカ労働長官のパーキンスに宛てた書簡によれば、直後に開かれるはずの国際金融に関するブレトンウッズ会議を意識して作成されたという。[104]

各国の経済官僚や専門家が集った七月のブレトンウッズ会議でも、中国重慶政府代表の演説は、「生活水準の向上」の議論で重要であった。この会議には、中国工業合作を支援した孔祥熙財政部長が出席していた。孔祥熙が「民生」を引きながら打ちだした国際的な経済開発の構想は、国際復興開発銀行（ＩＢＲＤ）の設立をめぐる議論と同じ課題を扱っていた。生活水準を向上させるために、経済開発とインフレ抑制を両立させる必要である。その結果、外資導入による開発の重要性が各国で共有された。製品の消費を刺激するには、通貨価値を安定させて実質賃金と生活水準の上昇を最優先に考えねばならない。こうすれば途上国の経済規模・国際貿易を拡大でき、ひいては先進工業国の経済を好転させられると期待された[105]。

孔祥熙の主張と密接に関わる「生活水準の向上」論は、ＩＢＲＤ協定の最終修正に反映された。ＩＢＲＤ協定の第一条第三項は、「加盟国の生産的資源の開発のために国際投資を促進することによって、国際貿易の長期の均衡ある成長と国際収支の均衡維持を促進する。これを以て加盟国領土内における生産性、生活水準、労働条件を向上させる」だが、最後の一文はこのとき挿入された[106]。

ニューディール政策の実施を担ったユージン・ステイリー（Eugene Staley）は、ＩＬＯから報告書『世界経済開発―先進工業国への効果―』を一九四五年に刊行した。国際的な経済開発理論に、ＴＶＡ（テネシー渓谷開発公社）官僚としての実務経験を織り交ぜた国際機関構想である。ステイリーは、一九四四年に連合国救済復興機関（ＵＮＲＲＡ）使節として訪中もしている。この調査報告で彼は、中国経済の開発が国際市場の拡大につながると訴えた孫文の著書『中国の国際開発』（英語版は一九一八年執筆、一九二二年刊行）を脚注に挙げ、それを自著のテンプレート（ひな型）と述べるほどに重視した。その趣旨は、「アメリカの南部開発は北部にとっての消費地の拡大である」という国内経済政策を国際規模で実行するというものであり、その一環としてステイリーは、先進工業国の市場を創出するために中国経済を国際的に開発することを構想した。孫文の著作にニューディール政策を重ね合わせた米中二国間の開発援助構想を元に、国際機関による途上国開発へと議論を展開させ、とくに先進国と途上国との発展段階の相違に着目し効率的な国際分業を推進することを重視した[107]。

ステイリーは、生産性向上と消費の刺激によって市場を拡大して雇用を生み出す開発経済の実現を説いた。それは自由放任主義だけでなく、ファシズムや軍国主義への対抗策でもあった。アメリカ財務省はブレトンウッズ協定の意義を国内向けに解説したが、アメリカの労働組合中央組織の一つの産業別組合会議（ＣＩＯ、一九三五年に結成）もそれに協力した。ＣＩＯは「ブレトンウッズはパンと賃金（Bread and Wages）」との標語をパンフレットに用いて、ステイリーの主張と同様の見解をアメリカの労働者に広めようとした[108]。

(4)「民生」と「生活水準の向上」

このように一九四四年の二つの国際会議の経緯やそれ以前のＩＬＯ側の調査の記録をたどっていくと、孫文の三民主義「民生」[109]から着想を得た二つの「生活水準の向上」論があったことがわかる。一つは、上海ＹＷＣＡで活動し、一九四二年からニューヨークでＩＬＯ調査員として働いていたヒンダーが提示した、労働者教育の拡充と栄養状態の向上を目的に掲げた多元的な協同組合運動を基調とする運動論があった。もう一つは、アメリカのＴＶＡ官僚のステイリーが、「アメリカ南部開発は北部にとっての消費地を拡大する」ことから類推した、先進工業国の市場を創出するための中国開発構想だった。テクノクラート主導の計画を重視した産業国有化の議論であり、中央集権的な性格が強い。

二つの解釈が生じたのは、日中戦争期の「民生」の意味合いと、孫文による一九二四年の三民主義講話の力点に重大な差異があるからである。戦時の協同組合運動である中国工業合作について前述したように、「民生」で掲げられた食料供給、運輸の整備、繊維工業の発展という目標は国家に対して自立的なこの運動で掲げるべきものとされた。後に宋慶齢評伝の著者として知られるアメリカ人ジャーナリストのイスラエル・エプスタイン(Israel Epstein)によれば、「宋慶齢は〔工業〕合作社のこうした経営方針を、孫文の民生主義を体現化したものだと絶賛した」という[110]。だが、孫文が三民主義講話で語った「民生」は、国家から自立的な協同組合運動とは相反する性格を持つ。孫文は「われわれが民生問題の解決をはかり、外国に奪われぬよう自国工業を保護するには、まず自分で工業を保護できる政治力をもたなくては[111]」ならず、国家の政治力を用いて「全国の労働者に仕事があるようにしなければならぬ[112]」と主張した。労働者の権利向上のために、中央集権国家の政治的・経済的な役割を強調しているのである。ステイリーの「民生」解釈の方が孫文に忠実といえるが、日中戦争期の中国での「民生」の用法に沿っているのは、ヒンダーの方だということになる。

ただし、孫文のいう「民生」が第二次世界大戦後の国際機関構想の下敷きになったとしても、中国の思想が国際機関の再編を引き起こしたことにはならない。むしろ中国側からの統一的な働きかけや政府の公式見解がなかったからこそ、英米の社会主義者や経済官僚らが自らの問題意識に合わせて「民生」を解釈し直したといえよう。

そこで、かれらがあえて孫文を典拠にしようとした動機を探るため、戦間期にさかのぼって思想状況を見てみよう。ロシア革命が起こり、中国ナショナリズムが高揚し、世界大恐慌を経験した欧米の社会主義者や自由主義者にとって、ヨーロッパ近代の行き詰まりとその克服は重大な課題であった。ただし、ロシアの共産主義革命および中国の国民革命をどのように理解するかについては、論者によって異なっていた。ここで取り上げる差異は、世界同時革命の原動力としての「後発国の優位」(113)を重視するか、先進国とは別の「後発国の経路」(114)に注意を向けるかに起因する。「後発国の優位」を定式化する場合、一元的な発展段階を設定することと親和的であろう。他方、先進国とは異なる「後発国の経路」を探求する試みは、多元的な理解に結びつくであろう。この点を糸口に、ヒンダーとステイリーの、「民生」の違いを生み出した背景を検討する。(115)

上海ＹＷＣＡのヒンダーと交友があり、中国の協同組合運動を支援するために訪中したクリップス夫妻に目を向けてみよう。夫妻はイギリス労働党左派の著名な人物だが、その党派性は、不平等を拡大させた西欧資本主義を批判するとともに、国家主導の経済計画によって民主主義を損なってしまうような社会主義的な解決も拒むという点に表れている。そのため、既存の資本主義とも社会主義とも異なる発展経路を探るべく、中国の国民革命に注目した人物が見出せる。たとえば、スタフォード・クリップスは一九四〇年三月四日に、孫文の長男で重慶政府立法院長の孫科（Sun Fo）と会談している。彼らは、国民党と共産党との対立を乗り越えるために、孫文の政策をどう継承していくか話し合った。(116) そうした観点から、中国独自の発展の道を探ろうとしたのである。イギリス労働党左派の同様の例は、一九三一年の国際連盟教育使節として訪中したキリスト教社会主義者のリチャード・Ｈ・トーニー（Richard H. Tawney）にも見られる。トーニーは、西欧に与えた中国革命の衝撃を明らかにするために中国の土地問題と労働問題を研究した。その延長線上に、資本主義的な自由とも、社会主義的な計画とも異なるものとして、国家に対して自立的な協同組合運動が浮かび上がってきた。(117) 協同組合運動を重視した人物として、代表的な多元的国家論者のG・D・H・コール（G. D. H. Cole）を挙げることができる。彼は、過度の産業国有化の中に、民主主義的な意思決定を軽視するような全体主義に通ずる要素があることを警戒していた。(118) クリップス夫妻やトーニーの場合は、コールの懸念をふまえており、さらに訪中した際に国民党と共産党双方から自立的な工業合作社を見聞きして、協同組合運動の意義を強調することになったのではないか。

一方、ステイリーのようなアメリカの経済官僚や在野の国際主義団体などは、アメリカと後発国との関係を論じるにあたって、イギリス労働党左派とは違う形で孫文を取り上げた。ニューディール政策というアメリカ国内後進地域の公共事業を重視する経済政策の延長で先進工業国による対中援助を説くステイリーについてはすでに述べた。このステイリーの構想は、アメリカ労働官僚や労働経済学者に受け入れられていた。このタイプの援助は、中央集権的な国家の役割を重視し、担い手として経済官僚を想定する。アメリカ国内の孤立主義者は援助を伴う対外関与に強硬に反対しており、その克服が課題だった。孤立主義を乗り越えるには、対外援助と国内経済の発展をつなぐ構想を示す必要があったのである。アメリカは国際連盟非加盟国でありながら、ローズヴェルト民主党政権の労働長官パーキンスの下で一九三四年にＩＬＯに加盟した。そのため、労働省は積極的に対外関与を論じた。また、民主党政権と結びつきが深い新設の労働組合中央組織ＣＩＯも、孤立主義的なＡＦＬに比べ、国際労働組合運動への関心が高かった。実際、第二次世界大戦中にＣＩＯは、国際労働組合運動の活性化に一役買っていた。(119)

前述のようにパーキンス労働長官は、ＩＬＯ戦時緊急総会でＩＬＯを連合国に結びつける決議の採択を主導した。戦争目的の一つの「生活水準の向上」に国内経済の変革を結合させる労働省の姿勢は、アメリカ国内の国際主義運動とも一致していた。国際機関研究団体の平和機構研究会が一九四三年に発表した報告書は、その一例である。報告書は、孫文のいう「民生」はローズヴェルト大統領が掲げた「欠乏からの自由」と同一であり、その理念の下で多国間協調を促進する制度を構築すべきだと主張していた。平和機構研究会は、アメリカが第二次世界大戦後に孤立主義に回帰しないよう、ニューディール政策の海外輸出によって対外援助や国際機構論を打ち出してくという文脈で、孫文とローズヴェルトに共通点を見出したのである。[120]

以上のようにアメリカでは、国家に対して自立的な「下からの運動」に着目したイギリス労働党左派とは異なり、自国政府が対外関与を継続できるように中国援助政策が主張されていた。孫文の「民生」は、経済官僚が推進する「上からの経済計画」によって、経済の規模を拡大するという形で受容されていた。[121]

こうした潮流のなかでＩＬＯは、労働組合や協同組合に基づく多元性のある下からの運動を支援しつつ、他方で重化学工業や建設事業などでは国家の計画を重視し、両者を「生活水準の向上」という目的の中に併存させようとした。第二次世界大戦後の一九四六年のことだが、前ＩＬＯ事務局長で、国際連合経済社会理事会のアメリカ代表のワイナントは、アメリカ国連協会で講演した。彼は、「一層高い生活水準、完全雇用並びに経済的及び社会的の進歩及び発展の条件」（国連憲章第五五条）を生み出す事業では、政府系国際機関だけでなくＮＧＯをも含めた連帯が求められると明言した。[122]

小結

本章は、第二次世界大戦後の国際機関構想が、戦争中から形成されてきたことを、ＩＬＯに即して解明しようとした。ＩＬＯは、加盟国の社会運動と連帯しつつ、「生活水準の向上」という新たな目的を大西洋憲章に沿って打ち出した。

端緒となったのは、対中支援に携わる国際労働組合運動の進展であった。スペイン内戦への義勇軍派遣による武力介入は、その効果に対して犠牲が大きかった。そこで、各国の労働組合や社会主義政党の指導者らは日中戦争に際して排日ボイコットにこだわった。

中国ＹＷＣＡは、中国工業合作を国際的な中国支援運動の受け皿にしたが、これは国際機関と各国のキリスト教団体や労働組合など、性格の異なる組織を結びつける契機となった。日中戦争の長期化と中国の孤立が見込まれるなか、中国ＹＷＣＡは国内難民に労働者教育を施そうとした。難民を中国工業合作社の労働者にし、日本に対する抵抗の基盤を固める狙いがあった。そして、各国のキリスト教団体や労働組合はこの運動に資金援助をするのである。こうして日中戦争初期に中国ＹＷＣＡは、上海など工業都市のＹＷＣＡがそれまで進めてきた女性労働者の教育事業（女工夜学）を国際的文脈に接続させたのだった。

国際的な対日ボイコット運動は、日本製繊維製品など生活必需品の流通に介入する安全保障政策であった。また、中国工業合作は国内難民を協同組合の労働者として自立させる試みであったが、ＹＷＣＡが介在して、外貨を獲得する運動となり得た。生活実践と国際協力が結びついていった。さらに「生活水準の向上」を掲げる国際協調が、一九四四年に開かれた二つの国際会議（事実上、連合国の会議）の共通点であった。労働者の権利を扱うＩＬＯフィラデルフィア総会と、国際金融の安定をめぐるブレトンウッズ会議である。

この「生活水準の向上」という概念は、専門分野の異なる組織の共通認識として有用だった。第一に、国際機関どうしや、国際機関とＮＧＯと政府間の協力関係を生み出す契機となり得た。ＩＬＯが一九四四年のフィラデルフィア宣言で掲げ、直後のブレトンウッズ会議でも議論された、第二次世界大戦中の意味合いでの「生活水準の向上」に含まれた異なる問題関心は、労働者の権利と国際金融の安定という専門分野の違いだけではなかったからである。多元的な協同組合運動の推進と中央集権的な経済計画という正反対の理念を両方とも包摂する形で、「生活水準の向上」が唱えられたのである。

第二に、画一的でないこの概念は、国際協力を単一の国際基準ではなく、それぞれの国の社会・経済領域の改良に結びつける道筋を準備した。自民族の生活を守るためとして対外的な武力行使を正当化したファシズムとは、対極にある考えだった。この「生活水準の向上」という目標は、設立期のＩＬＯが、画一的な国際基準を避けつつも、各国の労働運動との連携が不十分であったことと対比して考えなければならない。ＩＬＯ設立過程における政府優位の制度設計やそれを支えた考え方は、第4章で扱った一九三〇年代前半の上海租界内の工場監督制問題でも表面化している。ＩＬＯは、行政当局者どうしでの妥協を選びがちであった。したがって、非画一的な国際基準と各国の社会・経済の改良運動が結びついたのは、ＩＬＯが第二次世界大戦中に反ファシズムを掲げてからだったといってよい。また、連合国の反ファシズム戦争を支えた国際的な社会運動は、ＩＬＯの重要性を理解していた。その結果、ＩＬＯやＩＢＲＤなどの国際機関の規約（後に国連憲章第五五条も加わる）に生活水準の向上という課題は明文化されることになった。このことは、内政改革を推進する勢力が、一国主義的な主張に傾倒することを回避し、国際協力論を展開する根拠となった。たとえば、労働者の権利擁護のためにブレトンウッズ協定を引き合いに出したアメリカ労働組合中央組織のＣＩＯのように、国際協定を外国に押しつけられた基準としてではなく、それぞれの国が内政改革を推進するために用いることが可能であった。枢軸国に公式に勝利する前に連合国は、国際機関と社会運動の連帯により、ファシズムへの対抗策を提示できたのである。

この「生活水準の向上」をめぐる問題から、第二次世界大戦後の国際機関史をどのように検討できるだろうか。この章での検討結果に位置づけを与えるために、後史を若干ながら述べる。戦災によって、衣食住を支えるインフラが破壊されて経済復興がままならない状況下で、ヨーロッパでは一九四六年末からの厳冬、中国では国共内戦に突入してしまった。アメリカ政府においては、そこでの飢餓が「共産主義者の格好の温床[123]」になるという危機意識が高まり、反共産主義的な対外援助政策が形成されていく。同時に、アメリカ労働組合は反共的な対外関与に乗り出した[124]。そうした情勢にあって、戦後の貧困と飢餓に対処しようとした国際機関やＮＧＯは、アメリカを盟主とする西側の冷戦戦略に協力することになる。むろん、そこでは西欧諸国の経済復興が優先された。とはいえ、この分野での国際機関やＮＧＯによるインターナショナルな活動が、西欧諸国それぞれの復興というナショナルな願望によって解体を余儀なくされたわけではなかった。むしろ現地の「生活水準の向上」を目的とした国際的な活動は、その一環で対象国の国家的要請に応えようとしたがゆえに、政治・経済体制の優位を競う東西冷戦の一焦点とみなされていった。[125] ＩＬＯ、ＹＷＣＡ、英米の労働組合についての検討によって浮かび上がってきた国際的な協力関係は、単にファシズムに対する勝利への道として把握するのみではなく、その歴史的意義を以上で述べた西側の冷戦戦略との親和性に注意を払って考察する必要がある。

続く終章では、各章の検討結果を振り返り、冷戦期ＩＬＯ史に着手する前に、本研究でなし得なかった点、他方で位置づけが突出している点にふれつつ、これまでの議論を補足する。

注

（1）戦後構想や戦争目的に関する代表的な研究は、連合国側の経緯は、Wm. Roger Louis, *Imperialism at Bay: The United States and the Decolonization of the British Empire, 1941-1945* (New York: Oxford University Press, 1978), Part III. 連合国への対抗を試みた戦後構想について、とくに枢軸国の一国である日本の事例は、波多野澄雄『太平洋戦争とアジア外交』（東京大学出版会、一九九六年）第七章。

（2）Patricia Clavin, *Securing the World Economy: The Reinvention of the League of Nations, 1920-1946* (Oxford: Oxford University Press, 2013), pp. 346-347, 353; 安田佳代『国際政治のなかの国際保健事業－国際連盟保健機関から世界保健機関、ユニセフへ－』（ミネルヴァ書房、二〇一四年）二〇〇頁、後藤春美『国際主義との格闘－日本、国際連盟、イギリス帝国－』（中央公論新社、二〇一六年）二三〇－二四四頁。

（3）詫摩佳代「機能的アプローチの実践と国際組織化－国際連盟、戦時食糧協力、ＦＡＯへ－」『国際関係論研究』第三三号（二〇一八年三月）四二頁によれば、第二次世界大戦中の機能的アプローチの条件が冷戦の始まりとともに崩れたという。しかし、ある分野で機能的アプローチが有効でなかったとしても、国際機関が活動していなかったわけではない。むしろ第二次世界大戦中の国際機関の経験が、その戦時経験ゆえに冷戦という新たな「戦争」の時代に再現されたのではないか、との問いも立て得る。本章はそうした観点からの研究の準備作業でもある。

（4）Geert Van Goethem, "Phelan's War: The International Labour Organization in Limbo," in Jasmien Van Daele, et al. eds., *ILO Histories: Essays on the International Labour Organization and Its Impact on the World during the Twentieth Century* (Bern: Peter Lang, 2010), Chap. 13; Sandrine Kott, "Fighting the War or Preparing for Peace: The ILO during the Second World War," *Journal of Modern European History*, 12 (April 2014), pp. 359-376; idem., "Organizing World Peace: The International Labour Organisation from the Second World War to the Cold War," in Stefan-Ludwig Hoffmann, et. al eds., *Seeking Peace in the Wake of War: Europe, 1943-1947* (Amsterdam: Amsterdam University Press, 2015), pp. 297-314. 第二次世界大戦時の国際機関再編の事実関係については、以下の研究がある。Dan Plesch and Thomas G. Weiss, eds., *Wartime Origins and the Future United Nations* (New York: Routledge, 2015). ＩＬＯについては同書第七章で扱われているが、概ね二次文献によっている。

（5）　第五項で国際協力の目的とされているのは、「改善された労働条件」に加え、「経済的進歩および社会保障」である。これ以降の連合国間の社会・経済分野の会議、とりわけ一九四四年のＩＬＯフィラデルフィア総会と、国際金融についてのブレトンウッズ会議との連続性を示すため、本章では「経済的進歩および社会保障」を「生活水準の向上」の条項と記した。このような言い換えの例は、後述するように一九四二年のロンドンで開催されたＩＬＯ戦時緊急総会でみられる。

（6）　Karl Polanyi, "The Meaning of Peace," (1938) in Polanyi, *For a New West: Essays, 1919-1558*, edited by Giorgio Resta and Mariavittoria Catanzariti (Cambridge: Polity, 2014), p. 81. 以下の邦訳も参照した。「平和の意味（キリスト教左派グループ『会報』の草稿）」一九三八年、福田邦夫ほか訳『経済と自由―文明の転換―』（筑摩書房、二〇一五年）一四二頁。

（7）　E. H. Carr, *Conditions of Peace* (London: Macmillan, 1942), p. 132; "Better Social Order: Mr. Winant's Appeal," *The Times* (10 February 1941), p. 3.

（8）　代表的な研究として、菊池一隆『中国工業合作運動史の研究―抗戦社会経済基盤と国際反ファッショ抗日ネットワークの形成―』（汲古書院、二〇〇二年）が挙げられる。日中戦争期の中国ＹＷＣＡについて、その国際的な運動を扱った研究には、石川照子「抗戦期におけるＹＷＣＡの活動と女性動員」中央大学人文科学研究所編『民国後期中国国民党政権の研究』（中央大学出版部、二〇〇五年）第二章がある。中国史専門家による「国際反ファッショ抗日ネットワーク」への着目を、国際機関史の観点で引き取るのが本章の試みである。

（9）　Ｅ・Ｆ・シューマッハー著、小島慶三・酒井懋訳『スモール イズ ビューティフル―人間中心の経済学―』（講談社、一九八六年、原書一九七三年）第四部第二、四章、藤原帰一「ナショナリズム・冷戦・開発―戦後東南アジアにおける国民国家の理念と制度―」東京大学社会科学研究所編『20世紀システム ４ 開発主義』（東京大学出版会、一九九八年）第三章。

（10）　マーク・マゾワー著、中田瑞穂・網谷龍介訳『暗黒の大陸―ヨーロッパの20世紀―』（未來社、二〇一五年、原書一九九八

年）一七五－一八〇頁、Gerd-Rainer Horn, *European Socialists Respond to Fascism: Ideology, Activism and Contingency in the 1930s* (Oxford: Oxford University Press, 1996), pp. 94, 119–122; Tommaso Milani, *Hendrik de Man and Social Democracy: The Idea of Planning in Western Europe, 1914–1940* (Cham: Palgrave Macmillan, 2020), Chap. 9.

（11）有馬学『日本の歴史23 帝国の昭和』（講談社、二〇一〇年、初出二〇〇二年）二一八－二四五頁。アーロン・S・モーア著、塚原東吾監訳『「大東亜」を建設する－帝国日本の技術とイデオロギー－』（人文書院、二〇一九年、原書二〇一三年）二八六－二九三頁。

（12）もっとも、ナチ・ドイツの広域経済圏構想は、今日にいたるグローバル・ガヴァナンスの系譜を考える際に無視できない一面がある。イギリスの経済学者でブレトンウッズ会議の同国代表であったジョン・M・ケインズ（John Maynard Keynes）は、一九四〇年一一月二五日作成の「ドイツの「新秩序」に対する反提案」で、次のように述べている。「ドイツの宣伝は、その近隣諸国に対して、金〔ゴールド〕を保有していない国々の交易のために工夫された安定的な通貨制度と、特に、経済的秩序と機構を備えた制度を提案しようと意図している。その目的は現在の環境の下では政治的独立よりも、社会保障のほうを重視しようとしている大衆と有力者によびかけることである。わたくしはそれに対する反対宣伝のための可能な論拠について草案を作るように求められた。しかし、それを全く否定するという基調に立って説得的な宣伝分〔文カ〕を書くことは容易ではない」。ケインズは、もし前向きな提案ができないのなら、イギリスは黙っている方がマシだろうと思っていた。それゆえ、彼はナチ・ドイツに対する反対宣伝のためのこの草案を「社会的および個人的保障〔「保障」原文に強調あり〕を求めるアピールにおいては、われわれのほうが資格十分のゆえに、この点でドイツと競争したほうがよいという考え方に基づいて」作成したという。このようにして、第二次世界大戦後の国際通貨制度に関するケインズ案は、ナチズムから影響を受け、それへの対抗案として形成されたのである。こうした理由で、ケインズの国際通貨制度論を考える際には、その社会的目的に着目することは重要といえる。あわせて、そうした内容が明示された「ドイツの「新秩序」に対する反提案」が、第二次世界大戦中の文書であることに注意を向けるべきだと考える。それゆえ、本書は「生活水準」概念について、一九三〇年代と第二次世界大戦期とでは両者の意味内容が異なるという観点に立っている。同草案とその注釈については、村野孝訳『ケインズ全集第二五巻 戦後世界の形成－清算同盟一九四〇～四四年の諸活動－』（東洋経済新報社、一九九二年）九－一八頁。

（13）Patricia Clavin, *The Great Depression in Europe, 1929–1939* (London: Macmillan, 2000), pp. 160–163.

（14）斎藤博駐米大使↓有田八郎外相、一九三六年一二月八日、外務省編『日本外交文書』昭和期Ⅱ第一巻五下、１１３３文書。

（15）なお、この産業別会議という手法は、第二次世界大戦後ＩＬＯの「産業委員会」に通じる。

(16) 一九三四年にＩＬＯに加盟したアメリカが存在感を高めていったことは、ワイナントをめぐるＩＬＯ事務局人事の面でもうかがえる。アメリカ労働長官のパーキンスはバトラーＩＬＯ事務局長に対し、一九三三年のドイツのＩＬＯ脱退に伴う元ドイツ労働相のフリードリヒ・ジッツラー（Friedrich Sitzler）ＩＬＯ事務局長補の辞職を受け、ワイナントを後任に推薦した。バトラーがそれを受け入れたことで、ワイナントは一九三五年五月にＩＬＯ事務局長補に就任した。しかし一九三五年一〇月、ワイナントはローズヴェルト米政権のニューディール政策の一環として新設された社会保障委員会の委員長に任命されたためＩＬＯ事務局長補を辞職した。だが、一九三八年にバトラーがＩＬＯ事務局長を辞任すると、若干の空位期間を挟み同職にワイナントが一九三九年に就任した。次期ＩＬＯ事務局長として有力だったモーリス・ヴィップル（Marius Viple）ＩＬＯパリ支局長を差し置いて、バトラーが自らの後任に推したのがワイナントであった。Sandrine Kott, "Competing Internationalisms: The Third Reich and the International Labour Organization," in Sandrine Kott and Kiran Klaus Patel, eds., *Nazism across Borders: The Social Policies of the Third Reich and their Global Appeal* (Oxford: Oxford University Press, 2018), p. 35; Antony Alcock, *History of the International Labour Organization* (London: Palgrave Macmillan, 1971), pp. 145, 155.

(17) ILO, ed., *Tripartite Technical Conference on the Textile Industry* (Washington, D. C.: ILO, 1937), pp. 1-7, 54-55.

(18) 杉原薫「フリーダ・アトリーと名和統一」杉原四郎編『近代日本とイギリス思想』（日本経済評論社、一九九五年）第九章。

(19) 国際労働局東京支局『世界の労働』第一四巻六号（一九三七年六月）一〇－三九頁。Alcock, *op.cit.*, pp. 140-142.

(20) Phelan to Labour Minsters of the Members, 7 May 1937, FI 1/13/1/2, ILO Archives, Geneva (hereafter, ILOA).

(21) 国際労働局東京支局編訳『モーレット氏報告書－国際労働局次長モーレット氏の日本産業に関する報告書－』（国際労働局東京支局、一九三四年）。

(22) Rana Mitter, *Forgotten Ally: China's World War II 1937-1945* (Boston: Mariner Books, 2014), pp. 107-108.

(23) Tom Buchanan, *East Wind: China and the British Left, 1925-1976* (Oxford: Oxford University Press, 2012), p. 62.

(24) Tom Buchanan, *British and the Spanish Civil War* (Cambridge: Cambridge University Press, 1997), p. 64; Ｅ・Ｈ・カー著、富田武訳『コミンテルンとスペイン内戦』（岩波書店、二〇一〇年、原書一九八三年）第三－四章、渡辺和行『フランス人民戦線－反ファシズム・反恐慌・文化革命－』（人文書院、二〇一三年）一九三－二〇三頁。

(25) AFL, ed., *Report of Proceedings of Annual Convention of the American Federation of Labor* (1937), pp. 504, 630. 笠原十九司『日中全面戦争と海軍－パナイ号事件の真相－』（青木書店、一九九七年）二五六－二七九頁に、日本の外務省記録に含まれたアメリカにおける報道や在米日本領事の報告に基づいた詳しい記述がある。

（26） TUC, “Sino-Japanese Conflict: Action Taken in British Labour Movement and IFTU,” 2 December 1937, Papers of the Trades Union Congress, [TUC]MSS.292/951/7, the Modern Record Centre of Warwick University, Coventry (hereafter, MRC).

（27） Buchanan, *East Wind*, p. 67. 朱懋澄は上海商務印書館労働管理員の肩書で、一九二七年八月の上海で開かれた「経済関係のキリスト教化についての会議」に出席している。同会議で彼は、中国ＹＷＣＡ地域宣伝担当の程婉珍（Cheng Wanzhen）とともに、労働問題に関する質疑を主導した。その後朱懋澄は一九二八年から一九三四年まで中国国民党の南京政府工商部労働司長として、中国工場法の起草および施行に携わった。陳珠如「基督教與工業改造－以1927年「基督化經濟關係全國大會」例－」（桃園市：中原大學宗教研究所學位論文、二〇一六年）三三－四一頁。

（28） IFTU and LSI, “Resolution adopted at that Joint Meeting,” 15 January 1938, [TUC]MSS.292/951/7, MRC.

（29） 宇佐美珍彦在ジュネーブ国際会議事務局長代理→宇垣一成外相、一九三八年七月七日、外務省編『日本外交文書』昭和期Ⅲ第二巻、７５４文書（以下、『日外』Ｓ Ⅲ－二、７５４文書のように記す）。

（30） 宇佐美→近衛文麿外相、一九三八年九月三〇日、『日外』Ｓ Ⅲ－二、７５８文書。

（31） ILO to TUC, 16 March, 1938, [TUC]MSS.292/951/4, MRC.

（32） “Proceeding of Joint Meeting in 15 January 1938,” [TUC]MSS.292/951/7, MRC.

（33） “Meeting of the NCL with the Prime Minister,” 25 January 1938, [TUC]MSS.292/951/7, MRC.

（34） CCC to TUC, [November 1938], [TUC]MSS.292/951/5, MRC.

（35） CCC to TUC, 18 January 1939, [TUC]MSS.292/951/5, MRC.

（36） CCC, “Report of Meeting Held on Saturday, January 28th. To Consider Organization of No-Silk Campaign,” [TUC]MSS.292/951/5, MRC.

（37） “Eighth International Trade Union Congress, Speech by Chu Hsueh-fan (China),” 5 July 1939, [TUC]MSS.292/951/5, MRC.

（38） CCC, “Emergency China Conference,” 1 August 1939, [TUC]MSS.292/951/5, MRC.

（39） TUCGC, “Section J (International),” August 1939, [TUC]MSS.292/951/5, MRC.

（40） CCC to TUC, 22 September 1939, [TUC]MSS.292/951/5, MRC.

（41） E. H. Carr, *A History of Soviet Russia: Foundations of a Planned Economy, 1926–1929*, Vol. 3-1 (London: Macmillan, 1976), pp. 28–35.

（42） イスラエル・エプシュタイン著、久保田博子訳『宋慶齢－中国の良心・その全生涯－』上巻（サイマル出版会、一九九五年、原書同年）四三六頁、同書下巻三〇頁。

（43） Agnes Smedley to Ben Tillett, 22 August 1938, [TUC]MSS.292/951/4, MRC.

（44）沿岸部から奥地に流入した人口の正確な把握は困難であるが、ここでは当時の認識を確認しておく。それら国内難民について、一九三九–一九四〇年時点の中国工業合作運動においては、約三〇〇〇万人と見積もられていた。Nym Wales [Helen Foster Snow], *China Builds for Democracy: A Story of Cooperative Industry* (1941, reprinted Beijing: Foreign Languages Press, 2004), p. 183.

（45）Henry S. Teng and Rosaline S. Teng Xu, *Our Mother and the Shanghai YWCA in the 1930s: Autobiography of Helen Chung Teng* (Amazon KDP Publishing, 2024), pp. 43, 50. なお、All Shanghainese Working Women Anti-Japanese Medic Brigade の中国語名称は、上海労動婦女抗日戦地服務団なのだが、この名称に「衛生兵」を意味する medic が反映されないため、英語名称からの日本語訳で記した。

（46）"War-time Services of the Shanghai Young Women's Christian Association," [August 1937], World/China, 03, World YWCA Archives, Geneva (hereafter, YW).

（47）Karen Garner, *Precious Fire: Maud Russel and the Chinese Revolution* (Boston: University of Massachusetts Press, 2003), pp. 161–162.

（48）ワシントン会議（一九二一–二二年）で締結された中国に関する九国条約のこと。

（49）Hinder to Agatha Harrison, 8 October 1937, Papers of Eleanor M. Hinder, Michael Library, Manuscript (MLMSS 7-20-3), State Library of New South Wales, Sydney (hereafter, NSW).

（50）Isabella Jackson, *Shaping Modern Shanghai: Colonialism in China's Global City* (Cambridge: Cambridge University Press, 2018), pp. 231–233.

（51）石川、前掲論文、三五八頁。

（52）"Extracts from Letters from the National YWCA, Shanghai, 15 August, and 22 August and 3 September 1937," in Garlach to Woodsmall, 18 September 1937, World/China, 03, YW.

（53）Woodsmall to Garlach, 25 October 1937, World/China, 03, YW.

（54）"An open letter to the Christians of the world on the present Sino-Japanese crisis, Shanghai," 31 August 1937, World/China, 03, YW.

（55）"A Letter from Shanghai YWCA Industrial Club Girls to YWCA Industrial Girls in America," 2 October 1937, World/China, 20, YW.

（56）"On the War China," 21 January 1938, World/China, 13, YW.

（57）"Speech delivered on the International Women's Day on March 8th 1938 by Miss T. H. Hwang, Representative of the United Association of Chinese Women's Organization in Shanghai," in J. H. Sun to Woodsmall, 14 March 1938, World/China, 20, YW.

（58）Geoff Chapple, *Rewi Alley of China* (Auckland: Sceptre Books, 1980), pp. 70–71; Garner, *op. cit.*, p. 137.

（59）Rewi Alley, "The Chinese Industrial Cooperatives," *The China Journal*, 30-5 (May 1939), pp. 254–256.

（60）Lily Haass, "Does China Need a Women's Movement," [January 1938], World/China, 13, YW.

（61）"A Brief Summary of the YWCA Industrial Camp for Refugee Women and Children," [1938], World/China, 13, YW. 日中戦争勃発前までの女工夜学を通じた活動が戦時下の中国ＹＷＣＡの活動に引き継がれた点は、石川照子が上海ＹＷＣＡから一九三八年に発行された『上海基督教女青年会三〇週年紀念特刊』に依拠して述べている。石川、前掲論文、三五七－三五八頁。

（62）"Annual Report, YWCA of China," 1937-1938, World/China, 13, YW.

（63）Ruth Woodsmall to China YWCA, 4 December 1938, World/China, 13, YW.

（64）World YWCA to J. H. Sun, 20 March 1939, World/China, 20, YW.

（65）"Industrial Department of Shanghai YWCA, 労工部事工概況," April 1939, World/China, 05, YW.

（66）昆明は雲南省の省都である。中華民国期のリベラリズムを論じた中村元哉は、日中戦争期の雲南省の「容共リベラリズム」と宗教団体の活動の親和性を指摘している。中村によれば、「戦時下の団結とそのための自由を重視した雲南は、信教の自由に対して事実上寛容だった」ため、「宗教関係者が容共リベラリズムの空間を保持することにつながっていた」という。このような、中国のキリスト教社会主義、あるいは他の宗教社会主義を受け入れる環境は、中国にキリスト教を布教するつもりのＹＷＣＡの外国人宣教師および労働者事業の指導者らにどういった影響をおよぼしたのであろうか。たとえば、中国人を改宗させるつもりが、逆に中国人に感化されるといったような中国ＹＷＣＡの外国人幹部や顧問の経験を掘り起こすことは、今後の課題としたい。中村元哉『中国、香港、台湾におけるリベラリズムの系譜』（有志舎、二〇一八年）一五五－一五六頁。

（67）China YWCA, "Industrial Cooperative Work 工合," [1939], World/China, 05, YW.

（68）"Minute by International Education Commission of National Committee YWCA of China, May 1939," World/China, 13, YW.

（69）Marjorie King, *China's American Daughter: Ida Pruitt (1888–1985)* (Hong Kong: Chinese University Press, 2006), p. 137; Ian Cook and Jenny Clegg, "Shared Visions of Co-operation at a Time of Crisis: The Gung Ho Story in China's Anti-Japanese Resistance," in Anthony Webster, et. al., eds., *The Hidden Alternative: Co-operative Values, Past, Present and Future* (Manchester: United Nations University Press, 2012), pp. 337–338.

（70）麻田雅文『蔣介石の書簡外交―日中戦争、もう一つの戦場』上巻（人文書院、二〇二一年）によれば、日本の対英米宣戦以前は、蔣介石の満足のいく対中援助を英米から引き出すことは困難であったことがわかる（とくに、一九三八年段階を扱った第二章、一〇二－一一三頁）。

（71）ワイナントの駐英大使就任に際して急遽、フィーラン事務次長が事務局長代理に任命された（一九四一年の決定に遡及して効力を持つという形式で、一九四六年に事務局長に任命された）。

（72）詫摩、前掲論文、三三頁。

（73）Memorandum by F. Leggett, 9 April 1940, [TUC]MSS.292/925.1/1, MRC. このようなレゲットのブルース・レポートに対する批判は、イギリス外務省にも伝えられた。後藤、前掲書、二三二頁。

（74）David Ekbladh, "American Asylum: The United States and Campaign to Transplant the Technical League, 1939–1940," *Diplomatic History*, 39-4 (April 2015), pp. 629–660.

（75）Jill Jensen, "From Geneva to the Americas: The International Labor Organization and Inter-American Social Security Standards, 1936–1948," *International Labor and Working-Class History*, 80 (Fall 2011), pp. 215–240.

（76）Alan Bullock, *The Life and Times of Ernest Bevin*, Vol. II, *Minister of Labour 1940–1945* (London: Heinemann, 1967), p. 69. 一九三〇年代末から、イギリスでは包括的な社会保障体制の構築に向けた議論が本格化していた。その議論は一九四二年一二月に発表された『社会保険と関連サービス』という報告書に結実した。これは保健省からの委託によって発足した、自由党の指導的存在であった社会政策学者のウィリアム・ベヴァリッジ（William Beveridge）を中心とする委員会の報告であり、ベヴァリッジ報告として知られる。だが、ベヴィン発案の大西洋憲章第五項は、ベヴァリッジ報告にいたる議論に支えられていたとは必ずしもいえない。戦時内閣首相のウィンストン・チャーチル（Winston Churchill）ら保守党の閣僚は、そうした社会保障体制を戦後構想に組み込むことに反対していた。そのため、戦時内閣の内部でベヴァリッジ報告をめぐる保守党と労働党との溝が深まることを懸念したベヴィンは、同報告に対する態度をあいまいにしていた。こうした対応は、彼が国家主導の社会福祉に労働組合運動の自立性を損ねる側面があると懸念していたこととも関連がある。Peter Weiler, *Ernest Bevin* (Manchester: Manchester University Press, 1993), pp. 139–140.

（77）"The Social Objective in Wartime and World Reconstruction: The New York Conference of the International Labour Organisation," in *International Labour Review*, 55-1 (January 1942), p. 24.

（78）Frances Perkins, *The Roosevelt I Knew* (New York: Viking Press, 1946), pp. 337–346; Carl R. Lubin and Anne Winslow, *Social Justice for Women: The International Labor Organization and Women* (Durham: Duke University Press, 1990), pp. 60–63.

（79）Ralph Assheton and Fredrick W. Leggett (UK Delegations to the Emergency ILC) to Anthony Eden, 8 November 1941, C12933/111/98, FO371/26649, The National Archives, London (hereafter, TNA).

（80）Phelan to Bevin, 22 January 1942; ILO, "Economic and Social Reconstruction: Work Arising out of the Resolutions of the Conference of the International Labour Organization held in New York, October-November 1941," 30 January 1942, LAB13/82, TNA.

（81） Bullock, *op. cit.*, pp. 202–203.

（82） ベヴィンのいう「人民の戦争」の意味については、セリーナ・トッド著、近藤康裕訳『ザ・ピープル―イギリス労働者階級の盛衰―』（みすず書房、二〇一六年、原書二〇一四年）一三七―一三九頁。

（83） Bullock, *op. cit.*, p. 207.

（84） Bob Reinolda, ed., *The International Transportworkers Federation 1914–1945* (Amsterdam: Stichting beheer IISG, 1997), pp. 221–222.

（85） Meredith Oyen, "Fighting for Equality: Chinese Seamen in the Battle of the Atlantic, 1939–1945," *Diplomatic History*, 38–3 (March 2014), pp. 526–548.

（86） Phelan to Bevin, 22 January 1942, LAB13/82, TNA; Alcock, *op. cit.*, pp. 171–173.

（87） United Aid to China Fund to TUC, 10 October 1942, [TUC] MSS.292/951/8, MRC.

（88） Extract from Minutes of Meeting of the National Council of Labour, 23 November 1943, [TUC] MSS.292/951/8, MRC.

（89） スタフォード・クリップスはあくまでも労働党は階級闘争に重きを置くべきだと考えていた。そのため彼は、反ファシズムという対外的な危機への対応を階級闘争よりも優先する労働党主流派とは相容れなかったため、一九三九年五月に労働党から除名された。Peter Clarke, *The Cripps Version: The Life of Sir Stafford Cripps 1889–1952* (London: Penguin Books, 2003), pp. 81–83.

（90） この点にクリップスが感銘を受けたのは、工業合作社の自立性を損なうような、両党の動きが存在していたからである。Jenny Clegg, "Mass-and Elite-Based Strategies for Cooperative Development in wartime Nationalist China: Western Views on the 'Gung Ho' Industrial Cooperative Experience," *European Journal of East Asian Studies*, 11 (2012), pp. 305–327.

（91） エドガー・スノー著、森谷巌訳『アジアの戦争』（筑摩書房、一九七三年、原書一九四一年）一八四頁。原文はIndusco, *A Nation Rebuilds: The Story of the Chinese Industrial Cooperatives* [1944], p. 16.

（92） Clarke, *op. cit.*, p. 155.

（93） Cook and Clegg, op. cit., p. 336.

（94） American Committee in Aid of Chinese Industrial Cooperatives to TUC, 10 July 1942, [TUC] MSS.292/951/8, MRC.

（95） "American Labour's Contribution to Relief and Labor Welfare in China," [1943], RL 13/5/2, ILOA.

（96） 菊池、前掲書、五五七頁。

（97） 上海租界行政当局のＳＭＣ産業社会部長の経験を通して、労働行政の役割の一つに、労働運動の組織化の促進があると考えたヒンダーは、そうした行政と社会運動とでの協力関係のイメージをＩＬＯの戦後構想の議論に持ち込んだものと思われる。

Eleanor M. Hinder, *Life and Labour in Shanghai: A Decade of Labour and Social Administration in the International Settlement* (New York: International Secretariat Institute of Pacific Relations, 1944), pp. 78–80, 139–140.

（98）Hinder, "The Place of the International Labour Organization in Rehabilitation Measures in China," in Hinder to Phelan, 26 January 1943, MLMSS 770/2–4–2, NSW.

（99）Hinder to Stafford Cripps, 26 July 1943, MLMSS 770/2–4–2, NSW; Edward Carter to Hinder, 20 June 1944, RL 13/5/2, ILOA.

（100）Hinder and Lu Gwei-djen, "Study on Nutrition in China," 1944, MLMSS 770/2–4–2, NSW.

（101）ILO, *Workers' Nutrition and Social Policy*, B-23 (Geneva: International Labour Office, 1936).

（102）孫文「国民政府建国大綱」一九二四年一月一八日、深町英夫編訳『孫文革命文集』（岩波書店、二〇一一年）三九〇頁。

（103）ILO, ed., *International Labour Conference 26th Meeting* (Philadelphia, 1944), pp. 93, 127; Tehyun Ma, "'The Common Aim of the Allied Powers': Social Policy and International Legitimacy in Wartime China, 1940–47," *Journal of Global History*, 9–2 (2014), pp. 254–275.

（104）Phelan to Perkins, 1 June 1944, CL 700, ILOA.

（105）Eric Helleiner, *Forgotten Foundations of Bretton Woods: International Development and the Making of Postwar Order* (Ithaca: Cornell University Press, 2014), pp. 186–199.

（106）牧野裕『ＩＭＦと世界銀行の誕生―英米の通貨協力とブレトンウッズ会議―』（日本経済評論社、二〇一四年）三一四頁。

（107）Eugene Staley, *World Economic Development: Effects on Advanced Industrial Countries* (Montreal: International Labour Office, 1945), pp. 7–33, 207.

（108）Eric Rauchway, *The Money Makers: How Roosevelt and Keynes Ended the Depression, Defeated Fascism, and Secured a Prosperous Peace* (New York: Basic Books, 2015), pp. 220–221.

（109）「開発」という用語を国際主義や非ヨーロッパ地域の経済発展という主題で用いた例として、孫文が発表した『中国の国際開発』（英語版は一九一八年執筆、一九二二年刊行）を挙げている研究がある。開発経済をめぐる政治史研究の分野の標準的な研究として、Sara Lorenzini, *Global Development: A Cold War History* (Princeton: Princeton University Press, 2019) を参照したが、同書の場合、『中国の国際開発』の刊行が指摘されているにとどまる（pp. 9, 91）。この点に関して本節では、第二次世界大戦中の英米の社会主義者や経済官僚らが「生活水準の向上」を語る際に、孫文の三民主義「民生」に言及していた事例を取り上げる。ここには、孫文存命中に彼の思想が国際機関に関する議論では顧みられることなく、それから約二〇年後の第二次世界大戦中に参照されたという、タイムラグがある。ここでの検討も、中国起源の思想が第二次世界大戦中の国際機関に関する議論を方向づけたという一方的な因果関係を示すものではない。なお『中国の国際開発』の英語版は、Sun Yat-sen, *The International Development of China* (New York: Putnam, 1922). 英語圏で普及していたとみられる一九二二年版ではなく、上海の商務印書館より一九二〇年に刊行された英語版を基礎とする日本語訳（抄訳）が深町英夫編訳『孫文革命文集』（岩波書店、二〇一一年）二五一－二六九頁にある。

（110）イスラエル・エプスタイン著、王唯斯訳『わが中国－革命・戦争・建国－』（左右社、二〇二〇年、原書二〇一五年）一四三頁。

（111）孫文著、安藤彦太郎訳『三民主義』下巻（岩波書店、一九五七年、原書一九二四年）一九六頁。

（112）同上、一三九頁。

（113）レフ・トロツキー著、藤井一行訳『ロシア革命史』第一巻（岩波書店、二〇〇〇年、原書一九三一年）六三頁。

（114）Richard H. Tawney, *Land and Labour in China* (London: George Allen & Unwin, 1932), pp. 194–195.

（115）以下の検討は、本章で扱った人物および事例との関係に限られている。というのも、この検討は本章の小結に向けた形で、第二次世界大戦中ＩＬＯの「生活水準の向上」論に含まれた差異に接近する作業にあたるものであり、現段階では中国要因に偏した内容とならざるを得なかったためである。他日、孫文の「民生」が彼の存命中には顧みられず、一九四〇年代に入ってから西欧の社会主義者や経済官僚によって多様な読まれ方をされた経緯を分析することで、その責を果たしたい。本書ではひとまず、一九三〇年代の「生活水準」論あるいは「国民生活」論が国際主義や国際制度との連関を欠いていたことに着目して「生活水準」概念の変化を論じるため、日中戦争以降の展開を重視している。また、中国要因の相対化に向けて、中国以外の非ヨーロッパ地域へのＩＬＯの関与を検討する視点については終章で扱う。

（116）Clarke, *op. cit.*, p. 164.

（117）Lawrence Goldman, *The Life of R. H. Tawney: Socialism and History* (London: Bloomsbury, 2013), pp. 151–155.

（118）David Goodway, "G. D. H. Cole: A Socialist and Pluralist," in Peter Ackers and Alastair J. Reid, eds., *Alternatives to State-Socialism in Britain: Other World of Labour in the Twentieth Century* (Cham: Palgrave Macmillan, 2016), pp. 249–256.

（119）Samuel Moyn, *Not Enough: Human Rights in an Unequal World* (Cambridge: The Belknap Press of Harvard University Press, 2018), p. 97; Anthony Carew, et. al., eds., *The International Confederation of Free Trade Unions* (Bern: Peter Lang, 2000), pp. 155–160.

（120）Elizabeth Borgwardt, *A New Deal for the World: America's Vision for Human Rights* (Cambridge: Belknap Press of Harvard University Press, 2005), pp. 98, 133–134.

(121)　こうした「上からの経済計画」を伴う対中援助論に、かつての欧米列強による「中国の国際管理」にも通じてしまう問題はなかったか、ということの検討は今後の課題としたい。最近の研究では、一九四〇年代までは援助地域の実情に即して「近代主義」の押しつけを避けるという方針を持っていたＦＡＯが、一九五〇年代に入るとトップダウン型の開発援助計画に傾斜していったと論じられている。ステイリーや平和機構研究会の議論が一九五〇年代に入ってからのＦＡＯとの共通点を持っている可能性は、大いに考えられる。Amalia Ribi Forclaz, "From Reconstruction to Development: The Early Years of the Food and Agriculture Organization (FAO) and the Conceptualization of Rural Welfare, 1945–1955," *International History Review*, 41–2 (January 2018), pp. 351–371. 対中援助についての中国側の視点としては、中国の社会学・人類学者の費孝通の論稿が参考になる。費孝通は「社会構造がまさに革命段階にある国では、建設的な経済借款」は「政治的な借款」に必然的に転化するため、「この国の主権を失わせ、実質的な植民地に陥る」原因となることを危惧していた。とはいえ、対外援助を受け取る必要も彼は認識しており、「中国の工業化の過程においては確かに国際的な支援が望まれるが、しかし決して国際投資を必須の条件としてはならない」と述べ、消費を抑制して生産性向上のための資源を確保する必要を説いている。費孝通の中国工業化論には、対中援助を受け取るにあたり中央政府の経済計画を要請する議論と親和的な一面もみられ、彼も一般論としては中央政府による経済計画が持つ効率性を認めている。他方で費孝通は、中国の現状を鑑みると中央政府主導の経済計画は国家権力の濫用に通ずると考え、国家ではなく「郷土」意識に基づく分散的な経済で可能な資本蓄積の方法を探究することに傾注した。費孝通著、諸葛蔚東訳『郷土中国・郷土再建』（東京大学出版会、二〇二一年）二三八–二三九、二五三–二五六頁。『郷土中国』は一九四七年、『郷土再建』は一九四八年が初出。

(122)　John G. Winant, "The Pursuit of Happiness in the Economic and Social World," *International Conciliation*, 422 (June 1946), p. 291.

(123)　アメリカのテイラー（Myron C. Taylar）駐バチカン特使の一九四四年九月一日の言。豊下楢彦『イタリア占領史序説』（有斐閣、一九八四年）一八〇頁から再引。冷戦期のカトリック教会をＩＬＯとの関係で論じた研究に、松本佐保『バチカンと国際政治－宗教と国際機構の交錯－』（千倉書房、二〇一九年）がある。

(124)　Anthony Carew, *American Labour's Cold War Abroad: From Deep Freeze to Détante, 1945–1970* (Edmonton: AU Press, 2018), Chap. 2.

(125)　第二次世界大戦後、労働力を確保しようとする各国政府と、他方で難民に雇用先を提供する国際機関やＮＧＯの両者は、協力関係に入りやすかった。むろん、その協力は国際的な権力政治と不可分の産物であった。Jef Rens (Deputy of Director-General of the ILO) to David Morse (Director-General of the ILO), 26 and 31 January 1950, Z1/1/1/16 (J. 2), ILOA.

終章

以上、一九一九年のＩＬＯ設立過程を詳述するところから、第二次世界大戦中の連合国の国際会議における国際機関についての議論にいたるまでを扱った。その始点と終点をつなぐ形で、ＩＬＯの対中関与を主題とし、主として上海ＹＷＣＡとの協力関係に着目して論じてきた。この事例をＩＬＯの事業の地理的拡大の端緒と位置づけるとともに、その目的を理解すべく「生活水準」概念の変遷を追った。以下では、まず各章での検討をもとに結論を述べる。次いで、そこへいたるために設けた本書の視角ゆえに十分に論じることができなかった部分や、突出した位置づけを与えてしまった点について補足していきたい。

1　結論

(1) 対中関与と「生活水準」概念

まず、本書の検討対象を地理的、通史的に位置づけることから結論を始めたい。第1章では、一九一九年のパリ講和会議でのＩＬＯの設立から同年の第一回総会にいたる過程を、日本側の代表者であった商工官僚の岡実に着目して検討した。ここで明らかとなったのは、次のことである。まず、日英両国の政府系代表者が協力していたことが挙げられる。彼らは、国内的には労資協調の実現にあたり政府の役割を重視する点で共通していた。そして国際労働基準の設定にあたって浮上した日本に対する特例条項をめぐる問題でも政府関係者どうしの合意を優先し、労働運動側の要求を抑える選択を重ねていった。

続く第2章では、ＩＬＯのヨーロッパへの関与を扱った。一九二〇年代半ばの英独仏で穏健な連立政権が成立し、ヨーロッパ協調の機運が石炭・鉄鋼分野の国際カルテルの形成を促すなかで、ＩＬＯがどのような役割を担ったのかを検討した。ここでいう穏健（ないし中道）には、第二次世界大戦を経て定着したケインズ主義、あるいは修正資本主義と現在一般に呼ばれるものとは異なる意味合いがある。一九二〇年代のそれは、ロシア革命を受けて共産主義には対抗しつつも、従来の資本主義の枠内、すなわち均衡財政の範囲内で一定の社会的目的に応えようとした立場を指している。一九二三年のルール危機に伴うハイパーインフレーションが終息すると、国際金本位制の再建へ向けて各国政府は動き出した。社会主義政党や労働組合の指導者も、実質賃金を大幅に低下させる物価上昇の再来を恐れていた。それを前提とするヨーロッパの相対的安定に沿って、ＩＬＯは自らの事業を展開しようとしたのであった。ＩＬＯは過酷な通商競争に直面していた炭鉱業に着目し、炭坑労働の最低賃金の設定を試みた。それは、労働者の権利を擁護することはもちろん、際限のない賃金の低下を防ぐことで炭鉱業が直面していた深刻な価格競争に歯止めをかけ、国家間の貿易摩擦を軽減するためであった。その実現に向け、ＩＬＯは物価と賃金に関する調査研究をもとに、労働条件の悪化や貿易摩擦を防ぐ各国ごとの「生活水準」を定めることを目指した。

ここまでの検討から、ＩＬＯの事業の限界や地理的制約が浮かび上がった。ＩＬＯの設立過程では労働運動の影響が低められ、炭坑労働の最低賃金調査の対象国もヨーロッパの枠内にとどまっていた。しかもこの対ヨーロッパ事業の大前提は各国が緊縮財政に基づいてそれぞれの通貨を安定させ、物価上昇を抑制することであった。これは軍拡の制約にもつながってヨーロッパ諸国の協調を生み出し、ＩＬＯもその恩恵を受けることになるのだが、他方で次の問題を抱えることになった。緊縮財政は、不況および失業対策や社会福祉の拡充の目的で国家財政を拡大する政策とは対立する側面も有していた。そのため、ＩＬＯの国際基準の設定という手法は、現実の労働者階級の利害と一致しない側面もあった。実際、一九二〇年代を通じてヨーロッパの失業問題の改善は十分に果たされなかった。第2章の時点でのＩＬＯの「生活水準」には、そうした利害対立が顕在化した場合に有効な対策が見出せない。そのままで、一九二九年の世界大恐慌を迎えてしまうことになった。

第5章でも言及したポランニーは、戦間期の国際システムを論じた際にＩＬＯの設立について、「各国間の競争条件を均一化し、生活水準に脅威を与えることなしに貿易を自由化するための措置であった」と述べている[1]。本書での検討結果とあわせてこの一節を解釈するならば、ポランニーは、ＩＬＯが経済規模を拡大して雇用の確保に取り組むよりも、各国の通貨の安定に基づく物価上昇の抑制を重視していた点を衝いたように思われる。

ＩＬＯが変化するきっかけは、ヨーロッパ外の急進化した労働運動からもたらされた。内在的に変化を生み出したというよりも、外的な衝撃を受けて自己を変革しようとしたＩＬＯは、それ以前の組織のあり方とは断絶していると考える。このことを序章では第一の断絶にあたると述べた。第3章では、一九二〇年代後半からの中国の民族運動、労働運動の高揚を受けて、ＩＬＯの対中関与がどのように開始されたのかを検討した。外国人行政区画である上海租界をめぐる問題となったため、そこに中国工場法が適用できるのか、そして実際に労働者の実態を調査するにあたりどのような行政機構で工場を臨検するのかが争点となった。労働行政の実現は中国側にとって、政府の統治能力を示すものであり、列強との間の不平等条約の改正を達成するにあたって重要な課題とされた。労働運動も中国の主権回復の訴えと結びつくことで成長していった。しかし中国ナショナリズムの高まりは、イギリスや日本などの列強に対する排外暴動として表出する場合もあり、対外関係どころか労働問題自体の改善も困難にした側面があった。ＩＬＯは、このような状況で対中関与にふみ出した。ただし、ＩＬＯは、中国労働運動と直接的な協力関係をただちに築けたわけではなかった。現地社会に適応するために上海ＹＷＣＡが労働運動への関わりを重視するようになっていたことは、ＩＬＯの対中関与の糸口となった。その一環で上海ＹＷＣＡは、ＩＬＯとの協力に向けて動き出した。そして、上海ＹＷＣＡはジュネーブの世界ＹＷＣＡを経由して、ＩＬＯ事務局に働きかけたのであった。そうした過程をふまえ、この章では、国際機関のＩＬＯと中国労働運動とを媒介した国際的なＮＧＯの支部として、上海ＹＷＣＡを挙げ得ることを明らかにした。この連携を維持し発展させるためには、ＩＬＯとＹＷＣＡとの間で、これまでの組織の目的や規則で固定された役割分担を超えて、自己を変革しつつ互いに補い合う関係性を作り出していくことが必要であった。第4章ではその段階には進まなかった事実を跡づけた。ＩＬＯは上海租界内の工場監督制度の法的根拠についての合意形成のためなら、日本に対する宥和も模索しながら、租界当局との妥協を繰り返した。他方で同時期の上海ＹＷＣＡは、夜間学校を通じた教育事業といった実践に重きを置くようになるなかで、中国共産党との交流も活発に進めた。ＩＬＯは上海ＹＷＣＡや中国労働運動との協力のきっかけをつかむことはできたが、その連携をさらに発展させることはできなかった。

転機は再びＩＬＯの外部からもたらされた。それは、日中戦争の勃発、とりわけ日本軍による中国沿岸部の工業地域の占領である。この戦災は多数の国内難民を発生させた。彼らをどのように救済するのかが、戦時中国での活動や国際的な対中支援の重要課題の一つとなった。とはいえ、日中戦争に際してもまた、ＩＬＯは中国情勢に直接的な関与ができたわけではなかった。だが、英米の労働組合やキリスト教団体による対中支援は、ＩＬＯと中国を結びつける運動となっていく。国際労働組合運動による対日ボイコットは、日本の繊維製品などの生活品をめぐる流通過程に介入することで中国の抗日戦争を支援するものであった。このことは労働組合が独自の対外政策を練ることを促した。また、戦時の協同組合運動である中国工業合作は、国内難民を協同組合の労働者として自立させる試みであった。この運動は、ＹＷＣＡという国際的なキリスト教団体との結びつきを活用して英米のキリスト教団体や労働組合からの資金援助を得ることができた。こうして日中戦争勃発後に対中支援のための国際的なネットワークが形成されていった。大西洋憲章を支持する一九四一年のＩＬＯ戦時緊急総会決議、そして「生活水準の向上」を掲げた一九四四年のＩＬＯフィラデルフィア宣言は、こうした国際的な連帯にＩＬＯが組み込まれていくなかで生み出されたものであった。

本書は、「生活水準」概念の変化を引き起こした要因を考えるため、一九二〇年代後半以降のＩＬＯによる非ヨーロッパ地域、とりわけ中国への関与を検討することを課題にした。一九二〇年代ＩＬＯの「生活水準」概念は、「向上」という拡大路線よりも、均衡財政の枠内での改良を目指すにとどまっており、この点に第二次世界大戦中との差異があった。そして、一九三〇年代においては、経済規模を拡大させる形での「生活水準の向上」は各国で議論されながらも、それは国際協調とは結びついていなかった。むしろ生活水準のへ関心は、ナチ・ドイツや満州事変以降の日本が「自民族の生存」を優先したように、排他的な地域経済圏の形成を目指す動きと親和性が強かった。

それゆえ、国内経済問題への対処に国際協調を結びつける概念は、戦間期の国際協調に起源を持つというよりも、反ファシズム戦争を通じて第二次世界大戦中に発見されたのである。この点は、ＩＬＯ史の戦間期と第二次世界大戦期とでの差異という、本書でいうところの第二の断絶にあたる。第二次世界大戦中のＩＬＯは、国内経済問題の解決にあたって、その実現が国際協力と不可分であると説くための概念の一つとして、中国国民党指導者の孫文が提唱した三民主義「民生」を再発見した。孫文は最晩年の一九二四年、「国民政府建国大綱」で意思形成の形式的な合理性を示す「民権」「民族」よりも上位に、福祉への実質的な配慮としての「民生」を置いた。(2)孫文が中国国民革命の実現に向けて「民生」の優位性を強調したことは、彼の存命中にはあまり注目されなかった。しかし第二次世界大戦中、連合国の社会主義者や経済の専門家らが国際機関の目的として「生活水準の向上」を提示する際に「民生」はしばしば引用された。ただし、一九四四年のＩＬＯフィラデルフィア総会、およびその直後のブレトンウッズ会議での議論には、「生活水準の向上」の意味合いとして、労働者の権利と国際金融の安定という異なる問題関心が含まれていた。さらに、孫文の再発見の仕方にみられるように、多元的な協同組合運動の推進（下からの運動）と中央集権的な経済政策（上からの計画）という正反対の理念も浮かび上がっていた。だが、ＩＬＯはこうした異なる分野の問題関心や、政策実現に向けた方向性の違いを包摂する国際協力を生み出すべく、「生活水準の向上」を自らの目的に据えたのである。

以上の経緯で、ＩＬＯの「生活水準」概念の変化が生じていった。ＩＬＯという組織の全体的な性格に関わっていえば、次のようになる。第一次世界大戦の講和に際して意思形成の形式的な正しさを示す国際基準設定のフォーラムとして発足したＩＬＯは、「生活水準」概念の変化を軸にして、加盟国の社会政策の形成を促す国際技術協力を実行する行政組織となることを自らの目標として掲げるにいたった。

あわせて、ＩＬＯと他の組織や運動との関係性の変化も重要である。第5章で論じた国際労働組合運動、ＹＷＣＡ、ＩＬＯの国際機構間関係は、労働運動の要求を抑えて設立されたＩＬＯの出発点からは直接に導き出されていない。さらに、戦間期のＩＬＯのままでは第二次世界大戦を乗り切れなかった。第二次世界大戦中に連合国に協力することで実現した各国政府や社会運動との協力関係なしには、戦後のＩＬＯは成り立ち得なかった。そして、その関係性は、冷戦という新たな対立の時代へと引き継がれる。

(2) 対立の構図を超える媒介者

このように本書の検討対象を地理的、通史的に位置づけてみると、国際基準と国家主権の間、国家行政と社会運動の間といった二種類の亀裂が浮かび上がる。この二つは基本的には前者が国際問題、後者が国内問題ではある。しかしながら、国際基準への対応が国内の党派性を際立たせることもあれば、国内制度を参考に国際機関のあり方が論じられる場合もあるため、両者それぞれの国境を越える契機にも注意を払う必要がある。二つの争点につき、労働と平和の国際機構間関係史の現時点での結びに向けて、本論で得られた結果に即して述べていこう。

国際基準と国家主権との対立は、ＩＬＯが国際労働基準の設定を試みた初発の段階で顕在化していた。それは、日本が国際基準の画一性に対し、自国の「特殊事情」を理由に規制を緩め、さらに日中二国間の不平等条約を根拠にＩＬＯによる上海租界労働問題への介入を嫌ったことからも明らかである。自国の国家主権を重視する日本政府の動向は、国内に目を転じてみると、国家行政が社会問題に直接介入することで、自国の労資対立を未然に防ぐという商工・社会官僚が抱きがちな発想と親和的であった。このことは、国家行政と社会運動との間で軋轢を生み出した。講和会議全権のような中央政府の指導者どうしの密室での交渉がＩＬＯ設立を左右していた（第1章）。そして、ＩＬＯは上海租界行政の当局者のみの交渉で租界内の工場監督制問題が解決されることを期待した（第4章）。これらの過程では、労働運動は意思決定から疎外されがちであった。労働運動家や社会主義政党の指導者は、ＩＬＯ条約の施行猶予や規制の緩和などの特例が、彼らの意に反して特定のＩＬＯ加盟国に認められる事態に直面した。その一方で、労働組合や社会主義政党が議会を通じて国内の労働者の権利を守ろうとしても、各国の経済政策が自国の通貨価値を保つために国際収支の動向に拘束されていた状況では、その目的を十分に果たすことは難しかった。ただし、第2章で扱った一九二〇年代ヨーロッパの場合は、変革や発展の可能性に抑制がかかっていたとはいえ、漸進的な改良に向かったことで、国内外におけるひとまずの安定を享受した側面も否定できない。

しかし、一九二九年世界大恐慌が発生すると、国内では失業問題が深刻化し、国際的には保護主義的な通商政策が広まり、政党政治と多国間協調の基礎が揺らいでいった。そうした内政と外交で生じた経済問題の解決策として、国内では中央政府による一元的な計画化が、対外的には国家主権の強化が求められる傾向が世界中で生じた。とりわけ、日本の軍国主義やドイツのナチズムのように、自民族の生存を理由に民主主義と国際協調の放棄へ向かう政治体制も出現した。広域経済圏を求めて既存の国際秩序に敵対する国が現れ、国際制度の形骸化に伴って大国間の権力的な駆け引きの比重が高まっていった。また、日独で顕著だったように、失業や貧困の解決のために国家行政が強化され、それと表裏の関係で議会制民主主義が軽視されていった。このような方法で、国際基準と国家主権との摩擦や、国家行政と社会運動との亀裂を解消してしまうことが可能だと一九三〇年代においては考えられていたのである。前述したように、ＩＬＯ事務局長を経て第二次世界大戦中にはアメリカの駐英大使であったワイナントは、そうしたファシズムの手法に警戒感を強めつつ、それに代わる解決策を求めた。

前項では通史的な位置づけを示すため、枢軸国のファシズムに対抗した連合国およびＩＬＯの「生活水準の向上」という概念に着目し、戦間期と第二次世界大戦中とでのＩＬＯの違いを論じた。ここでは別の観点から考えてみたい。国際基準と国家主権、あるいは国家行政と社会運動といった関係性は、対立の発生源でしかなく、この領域で発生した不満への対処で現状変革を求めるとファシズムに接近するしかなかったのだろうか、という問題である。そこで、上海ＹＷＣＡの媒介者としての働きを焦点に当ててこの問題を考える形で、本書の検討結果を参照してみよう。このことを通じて、国際基準と国家主権の整合性や、国家行政と社会運動とが結びつく契機を見出したい。

国際基準と国家主権の関係性については、両者を架橋するには前者が後者に対する押しつけであるという見方を克服する必要がある、という切り口からみていこう。そのような認識の変化は、上海ＹＷＣＡの中国人女性労働者との関わりに見出すことができる。

一九二五年の五・三〇事件以前の上海ＹＷＣＡは、上海租界内の児童労働規制の実現に向けて知識人や労働問題の専門家への働きかけを重視していた。しかし五・三〇事件の発生後から、中国の労働運動の急進化とナショナリズム運動の昂進に対応して現地での活動を続けていくため、労働者向けの事業を推進した。上海ＹＷＣＡの労働運動への関わりを通じて中国ＹＷＣＡは、キリスト教の布教に労働者保護を結びつけるだけでなく、英米系のキリスト教団体が中国で活動することの意味を再考することで、この危機に対処したのであった。とりわけ、中国ナショナリズムの形成をＩＬＯをはじめとする国際機関との連帯を通じて果たすという、国際機関の中の中国という視点を獲得した鄧裕志に代表されるような中国人幹事の考え方が重要である。中国に権益を有する列強と結んだ不平等条約と国際機関で採択された条約とを峻別し、後者との連帯を訴えた鄧裕志のこの姿勢は、従前の対立を超えた国際協調の契機となるものであった（一九二七年九月）。このことは、ソーバンのような外国人幹事に深い感銘を与えた。中国ナショナリズムへの応答として書かれたソーバンの論稿でみたように、彼女自身は、家庭内で女性が個人として尊重されるべきであるのと同様に、国際主義と中国ナショナリズムの調和を目指すのだと、男女差別の克服を目指すこととの関連で国際社会を捉える見方を提示した（一九二八年五月）。

たしかに、租界という不平等条約に基づく外国人行政区画の存在が、中国人労働者を外国人排斥に向かわせる契機となったことは否定できない。また、労働者階級として団結するために階級意識を強調する中国労働運動の指導者にとっては、女性労働者が要求する男女平等は内部対立の火種と思われた。そこで、男女差別を改善するのではなく、敵意を在華紡の経営者に向けるための言説が生み出された。[3] このように、国際主義とナショナリズムの関係性や、職場や家庭における男女の地位をめぐって深刻な対立が生じがちであった。しかし、上海ＹＷＣＡは、そうした対立を回避し隠蔽するのではなく、問題に向き合ってより高次の結びつきを提示した。その労働者事業は、そうした目標の実現に向かって推進されたものであった。このこととの関連で、日中戦争下の中国工業合作も、日中二国間の軍事衝突を多国間のレベルに引き上げて抵抗した国際的な協同組合運動であったといえる。日本軍に対する民衆の抵抗を国際的な反ファシズム戦争の一戦線に位置づけ、英米のキリスト教ネットワークからの支援を引き出した事例として捉えることができる。

この展開をＩＬＯの側からみると、次のようにまとめられる。ＩＬＯは、上海ＹＷＣＡの要請を糸口に上海租界の労働問題に関与した。そのようにして開始された対中関与をきっかけに、ＩＬＯは国際基準の設定者から加盟国の抱える課題に対応する技術協力の推進者へと変化し始めた。国際機関のインターナショナリズムの方も、加盟国のナショナリズムを通して発展するものであったことが、本書の検討からうかがえるであろう。

国家行政と社会運動との関係性については、次の点が指摘できる。中央集権的な国家行政による自由放任経済の維持や促進に対し、それに批判的な社会運動が発展する。しかしながら、社会運動の勢力を議会内に確保することで漸進的な改良を実現することよりも効果的な不況対策や経済復興の実質的な遂行が次第に優先されるようになり、中央政府の行政機構が肥大化していった。こうした展開は戦間期の事実の一面であろう。しかし、このような国家と社会の関係の捉え方を克服する視点を、本書の登場人物に見出すことができる。SMC産業社会部長の経験に基づいてヒンダーは、分権的で多元的な協力を制度的に支える国家行政の役割を重視するという観点を提示した。それは労働分野の場合、労働運動の組織化の促進やその交渉力の向上を通して、労働組合を主体的な交渉相手として育成することが行政の役割だという考え方である。ヒンダーはニューヨークでILO調査員として勤務しつつ、太平洋問題調査会（IPR）の求めで『上海における生活と労働―国際共管租界の労働・社会行政の一〇年―』（一九四四年）を刊行している。同書で彼女は次のように述べている。

労働者の上海での経験は、彼らが集団行動を理解することを促したと思われる。上海で労資調停が進められたときに表明された基本原則に、「労働者の影響力の妨げになるようなことは決してしない」とあるのは、望ましい健全な組織の重要性を証明するものといえる。適切な労資間の調停手続きに大いに満足した労働者は、ある労資紛争のその場限りの成果であった労働者の結束力を、組織的な形で永続させることを望んだ。そのようなことが何度もあった(4)。

「上海での経験」とは、労働条件、賃金、労働時間などを規制する全国的な労働法がない、あるいは適用されていない場合に、租界行政当局の一部門のSMC産業社会部が労資間の対話を促すことを目的として、労資紛争の調停に従事してきたヒンダーの仕事も指している(5)。以上のような考えをもとに、彼女は在ニューヨークの

ＩＬＯ調査員として、ＩＬＯ事務局に向け国際機構間の多元的な協力関係の構想を提言するにいたった。

社会の多元的な協力関係を促進する国家行政の役割、という視座を上海での経験から提示したヒンダーの考え方は、一九二九年世界大恐慌以後のイギリスで活発化したキリスト教社会主義運動と共通するものがある。大恐慌以後の思想的潮流を参照するために後者の展開にふれつつ、両者の共通点について述べていこう。(6)大恐慌によって露呈した市場経済の問題を克服するため、国家主導の介入主義的な経済政策の拡充が各国で目指された。このことは、国家行政が肥大化していく国際的な傾向を生んだ。中央政府による経済計画を志向する点ではファシズムと共産主義には類似の性格が存在した。ファシズムと共産主義を克服する方法を求めた社会民主主義者らは、行政部門の経済計画を肯定する一方で、それが議会での論争を迂回して実行されることを警戒していた。ただし、計画化と議会制民主主義との整合性をめぐる問題は論争的であり、社会民主主義勢力内部の党派的な対立は深まっていたのであった。(7)

国家行政の肥大化、それに対する社会民主主義政党の方向感覚の欠如を受けて、こうした問題を克服しようとしたのは、一九三〇年代中葉イギリスのキリスト教社会主義運動の指導的知識人であった。「補佐的キリスト教左派」（一九三六年設立）に代表されるイギリスのキリスト教社会主義者は、マルクスの『経済学・哲学草稿』（一八四四年ごろ執筆、ドイツ語版抄録の刊行が一九三二年）で論じられた「疎外された労働」という概念にとくに注目し、その英訳を英語圏に広める活動をしていた。そうした活動の重要な成果の一つとして、『キリスト教と社会革命』（一九三五年）の刊行が挙げられる。(8)国家による社会福祉部門の行政は、労働者を「疎外」して非民主的に膨張する恐れがあった。同書編者の一人で前出のポランニーは、大恐慌後に生じた市場経済の機能不全や国家行政が肥大化する傾向に対処するため、労働組合、協同組合、キリスト教会などの自発的結社による多元的な自治を主張し、その自治を促進する役割を国家機能にも求めた。キリスト教社会主義者は、市場経済を批判する一方で、共産主義者が唱える労働者国家、いわゆる「国家の死滅」にも否定的であった。他方でファシズムに対しては、資本主義と民主主義との矛盾を解消するために「民主主義的な「政治領域」の全廃」をもくろむものだと批判した。キリスト教社会主義者ならばファシストとは異なり、資本主義と民主主義との矛盾に「民主主義的原理を政治面から経済面へと拡張すること」で対処すべきだ、とポランニーは考えていた。[9]

以上のように、キリスト教社会主義者は労働組合や協同組合の働きと国家行政とを連携させることを目指していた。その見解からは、国家行政の肥大化で社会・経済問題の解決を望むよりも、新たな国際連帯を築くことによって現状を克服しようという発想が生まれた。労働組合や協同組合に基づく国内の多元的な自治の構想は、それと接続すべき国際的な経済協力を模索する視点を生み出した。[10]

国際基準と国家主権との対立や、国家行政と社会運動との矛盾が顕在化した戦間期の史的展開にあって、上海ＹＷＣＡの労働者向け事業およびＳＭＣ産業社会部の労働行政は、それらの対立や矛盾を超える媒介者の役割を示すものであったといえるだろう。

2　残された課題

本書では主として、ＩＬＯの対中関与に際しての上海ＹＷＣＡとの関係に着目してきた。その結果、十分に論じることができなかった観点や、突出した位置づけを与えてしまった部分が存在する。中国外交史の一環として不平等条約改正史を扱いきれなかったことと、もう一つは、第二次世界大戦中の連合国における「生活水準の向上」への関心の高まりを論じるにあたり、中国要因に偏重した形となった点である。ここでは、本書での検討の不十分さを認めつつも、その作業でそうした問題が生じた理由について述べることで結びとするとともに、今後の展望につなげたい。以下では、(1)中国外交史および労働運動史、(2)国際連盟史、(3)ＩＬＯ史との関連で、それぞれ述べていく。

(1) 上海租界の行政権

中国の不平等条約改正史に、本書第3、4章で扱った上海租界内の工場監督制をめぐる問題はどのように位置づけられるだろうか。その位置づけを考えるために、租界内に工場監督制を設ける過程について、特定分野の行政上の権利を回復するという、いわば「行政権の回収」という視点で論じ得る可能性を検討してみたい。この視点で、租界の撤廃要求とは異なった権利回復の手段を探ることができるだろう。ただし、そのためには、ILO史、あるいは、ILOとYWCAの関係史というテーマでは十分に扱うことができなかった、中国政府の政策決定過程を実証する必要がある。

序章で述べたように、中国外交史は近年の研究成果で、実力行使を伴った在華権益の回収など「革命外交」の側面を強調しがちな従来の見解が修正されている。国民革命を経て成立した南京国民政府であっても、柔軟な外交交渉によって漸進的に列強の在華権益を回収する外交戦略を採用した。その顕著な成果は、一九二八年の米中関税協定から一九三〇年の日中関税協定にいたる関税自主権の回復であった。しかしながら、治外法権撤廃の方は一九三一年の満州事変以降、日中間の軍事衝突が断続的に発生していたこともあり、その実現は難しかった。第二次世界大戦中、一九四二年一月の連合国共同宣言に中国が調印するまでは、外務当局者間での不平等条約改正交渉では目立った進展がなかったようにもみえる。(11)

だが、個別具体的な「行政権の回収」という観点で、上海租界の工場監督制をめぐる問題に着目すれば、治外法権の面での不平等条約改正交渉が単なる停滞に陥っていたわけではないことがわかる。第4章で検討したように、一九三二年初の上海事変の終結から一九三六年末の上海・青島在華紡ストライキまでの、日中間の緊張が比較的緩和されていた時期には、上海租界の労働問題の改善に向けた動きが存在していた。そうした動きは、外務当局者間ではなく、別の主体によって支えられていた。本書では、ILO中国分局、中国の上海市政府、および上海租界行政当局の工部局(同産業・社会部長を務めていた上海YWCAのヒンダーを含む)の間での実務的な協議を跡づけた。こうした交渉を基礎に進みつつあった中国の「行政権の回収」は、上海租界内の工場の臨検を中国当局と租界当局とで合同で担う制度の導入を第一歩とするものあった。

本書では上記の実務者間交渉を跡づけ、それが中国労働運動を疎外して進められたものであったことは指摘できたが、その過程と各国政府間の外交交渉とを関連させて論じることはできなかった。上海租界の労働法制をめぐる実務者間協議と国家間外交の両者の関連を問うなら、新たに史料的検討が不可欠となる。本書で指摘し得た南京国民政府実業部の動きを手がかりに中国政府中央での労働政策の決定過程を追い、その政策を実行するうえで不平等条約改正交渉に各部局がどのような影響を与えたのか、というように外交史として扱える領域を見定める必要がある。このように課題を設定するのであれば、中国政府の動向や諸外国の反応について、中国の労働運動家がどのように認識していたのかが問われるであろう。この課題に取り組むことは本書では果たせなかったが、ＩＬＯの対中関与の検討を通じて、多少の手がかりは得られたと考えている。

産業政策、労働政策を所管する実業部の動きは本書でふれることができた。一九三一年のＩＬＯ対中使節団派遣時に実業部長であった孔祥熙の役割がそれにあたる。この点を手がかりに、実業部の視点で中国外交史を理解することができるかどうかが課題となるであろう。[12]

また、この労働分野の「行政権の回復」に向けた展開で、各行政分野の責任者が対外政策の決定において果たした役割を明らかにすることは、日中戦争期の中国外交の理解を深めることにつながるであろう。なぜなら、軍事指導者としての性格が強い蔣介石の「国際的解決」戦略からは浮かび上がりにくい側面が、日中戦争期の中国外交に存在するからである。蔣介石の外交戦略に懐疑的だった人物らが、国際的な認識を欠いていたわけではない。そのことはこれまでの中国外交史研究ですでに明らかにされている。蔣介石の方針に異議を唱えたことがある人物として、国際法に詳しい王寵恵（日中戦争期の外交部長）、そして産業、財政分野の有力者の孔祥熙（行政院長、財政部長、中央銀行総裁を歴任）が挙げられている。[13] 彼らの専門に即した「国際的解決」について、国際機関との関わりで検討する余地があるだろう。

(2) 国際機関の専門分化と包括化

第5章で考察した、第二次世界大戦期の連合国で生じた「生活水準の向上」への関心については、ＩＬＯの対中関与を分析した前章との関連から、中国要因が突出している点は否めない。本書では、ＩＬＯの事業の地理的拡大と「生活水準」概念の変化に注目してきた。その一環で日中戦争期を扱った第5章で、孫文の三民主義「民生」を取り上げた。ただし、孫文の「民生」それ自体で持ち得た影響力よりも、それを受容した側である英米の社会主義者や経済官僚の問題意識に焦点を当てた。ここでは中国要因の相対化のため、本書で扱った対中関与の事例と同様に、地理的拡大と「生活水準の向上」への関心の高まりが併行して生じた事例を挙げることとしたい。

そのために、まず一九三〇年代国際連盟の社会・経済事業の展開を確認しつつ、国際連盟とＩＬＯとの差異に着目しがちであった本書の議論を補足する。この時期の国際連盟では世界大恐慌の深刻化を受けて、栄養、住宅、生活水準に関する調査事業が進められていた。この経緯を扱った国際金融史家の金井雄一は、それらの調査課題が専門的に分化された個別の問題としてではなく、大恐慌克服のため公共投資を推進して社会問題を解決することが目指された当時の傾向に沿って包括的に論じられた事実を明らかにした。大恐慌後、包括的な社会政策は政府の積極的な財政支出なしには実現し得ないという認識が国際連盟において共有されつつあったことを指摘した金井は、この時期の財政観の変化に国際連盟の社会・経済分野の調査事業を関連づけている。だが、一九三〇年代にあっては調査事業の域を出ていなかったとも述べている[14]。実際のところ、この時期の各国の政府も民衆も、国際協力の理念よりも自国民の雇用や繁栄を重視し、国際的な合意形成には非協力的な姿勢をとりがちであった。

以上のように、一九三〇年代の国際連盟における活動の段階では、「生活水準の向上」論が国際協力の目的として浮上していく前提は存在していたものの、その制度化が実現するところまでは到達していなかったことがわかる。一九三〇年代末には、積極財政を支持する財政観の変化が社会政策の拡充に結びつくようになっていた。しかし、この点に国際協力の側面を見出すとしても、それは各国それぞれの社会改良が同時に進行していくことが望まれたということにとどまるであろう。一九三〇年代の国際連盟の到達点と、第二次世界大戦中の連合国（後の国際連合）の戦後構想には次のような違いがあった。一九四四年ブレトンウッズ会議での通貨・金融の議論は、「新たな介入主義的福祉国家による政策の自律性が国際的な資本移動によって妨害され」ることを防ぐため、国内経済の改良を支えるべく、資本移動の規制を含んだ国際経済システムを国際協定の形にした点で重要なものであった[15]。裏を返せば、それ以前は、国内経済と国際経済の連関が国際経済システムの構想として明確になっていなかったのである。

この理解を前提に、世界大恐慌以後の一九三〇年代ヨーロッパ由来の理念が、第二次世界大戦中に中国以外の非ヨーロッパ地域へ適用された事例を再訪すれば、本書の分析を補完する手がかりがつかめるであろう。

(3) ボリビアの社会保険

そこで、一九三〇年代ヨーロッパ由来の構想、すなわち大恐慌克服のために公共投資を拡大して社会問題を解決するという手法が、第二次世界大戦中にどのように適用されたのかをみていこう。事例として、戦時期のペルー、エクアドル、ボリビア（現在のボリビア多民族国）の社会保険制度に関するＩＬＯの技術協力が挙げられる。あわせて、アメリカ政府[16]を介してＩＬＯが着手したボリビア関与、すなわち同国で一九四二年に起きた錫鉱ストライキへの対応に着目する。

第二次世界大戦中のＩＬＯは、ペルー、エクアドル、ボリビアにおいて、税収ではなく社会保険料を財源にした病院や労働者住宅の建設のために技術協力を進めていた。この事業を担ったのはＩＬＯ社会保険部長のオズワルド・スタイン（Oswald Stein）であった[17]。こうした財源論に基づくＩＬＯの活動は、一九三〇年代の国際連盟の社会・経済分野の調査報告で提唱された政策案を国際機関の事業として実行した試みということができるだろう。[18]

そうした手法に沿って、労働者の生活水準を高めることを加盟国政府に約束させるために、ＩＬＯは激化した労資紛争の調停でアメリカ政府に協力することになる。その労資紛争が、一九四二年のボリビア錫鉱ストライキである。ＩＬＯ史を社会保険制度の観点から研究しているサンドリン・コット（Sandrine Kott）は、この件へのＩＬＯの関与をスタインが主導した社会保険分野の事業との関連で言及している。このストライキに対し、ボリビア政府が弾圧のために軍隊を差し向けた結果、カタビ錫鉱山で虐殺事件が発生したことで、いっそう労資間の緊張が高まっていた。第二次世界大戦中のアメリカにとって、軍需物資であるボリビア産錫の生産と輸送を妨げる事態は避けねばならないことであった。そこでアメリカは、ボリビア錫鉱ストライキを鎮静化させるためにＩＬＯに協力を依頼した。アメリカ経済戦争委員会の要請でニューヨークに赴いたのは前出のスタインであった。彼はラテンアメリカ諸国の鉱山労働者の労働条件の向上のために、住宅の改善、企業店舗の統制、公衆衛生の供給といった諸施策に関し、同委員会で交渉を重ねた。コットの論文はボリビアについてはここまでの経緯で記述が終わっている。[19]しかし、ボリビアでは一九四三年にクーデターが発生し、新政権に鉱山労働者の組織化に成功した政党の民族革命運動（ＭＮＲ）が入閣するといった重要な展開がある。このクーデターによって成立したボリビア政権やそれを支持した労働組合の動向はもちろん、新政権に対するアメリカ政府およびＩＬＯの対応に関しては、さらなる検討を要する。[20]一九四四年ＩＬＯフィラデルフィア総会における「生活水準の向上」論の浮上を考えるにあたっても、第二次世界大戦中のボリビアの事例をふまえた考察が必要である。しかしながら、ＩＬＯ史研究においてはほぼ未開拓の領域であったために第5章では取り上げることができなかった。

この事例について本書との関係で留意すべきことは、公共投資を用いて社会問題を解決する手法に内在する、中央政府の財政拡大を通じて国家が社会に介入する度合いを強めていく過程である。この点は、第二次世界大戦後の福祉国家の形成を考える際に注意を払うべき論点であり、「生活水準の向上」概念の歴史を理解するにあたっても無視することはできない。しかしながら、この側面でのＩＬＯの活動がより詳細に論じられたとしても、第5章で取り上げたような、中央政府による上からの経済計画と、多元的な社会運動による下からの契機との差異や、両者の併存に向けた模索といった論点はあまり浮かび上がってこないのではないか。

そのため、第二次世界大戦後の国際機関による開発援助ないし戦後経済復興を目的とする技術協力の史的検討にあたっても、中央集権的な計画と多元的な社会運動との関係性が問題となる。というのも、国際機関の開発援助を被援助国の中央政府が受け取ることによって生じた中央集権化の帰結を問う必要があるからである。中央政府が国内の経済発展や、全般的な格差是正にこだわるあまり、出自や性別を理由とした少数者への差別が発生するならば、国際的な開発援助に対する抵抗を招いてしまうであろう。中央政府が国際機関からの援助を受けたせいで従属的な地位に立たされているとは認識しなかったとしても、社会のある部分の階層はそうは考えなかったであろう。そういった視点は、近年の移民史やジェンダー史の研究動向に依拠するものである。それらの研究は、一九四〇年代から一九七〇年代にかけての国際開発援助や、経済復興から福祉国家の形成へ、といった展開で深まった差別に焦点を当てている。とりわけ人種化・ジェンダー化された労働に従事した人々が直面した差別についての研究が、近年進んでいる[21]。国際開発援助の促進や福祉国家の形成の途上で、政府に対して自立的な社会運動がどのような役割を果たしたのか、あるいは構造的な差別の領域では事態の悪化に手を貸したのだろうか。こうした観点で本書で扱った時代以降の展開を考えていくことができるだろう。そのため、国際機関のＩＬＯと女性団体のＹＷＣＡとの関係性に着目することは、第3、4章で扱った上海租界という場が有していた特殊な条件に注意したうえでならば、引き続き有効な側面があると考える。

そうした研究の一環で、一九四〇年代ボリビアの鉱山労働者の急進化を契機にした労働組合の発展と、その後のクーデターによる新政権の成立といった展開を、ＩＬＯ史においてどのように位置づけるのかという視点を設けることができる。この課題に取り組むことで、中国労働運動の急進化を発端とするＩＬＯの対中関与について検討した本書を補完できるだろう。ただし、ボリビアの労働運動とキリスト教団体との関係性について、本書で扱った中国の事例と比較検討が可能かどうかは、現段階では明確ではない。実際のところ、ボリビア先住民の村落共同体とＩＬＯを媒介したキリスト教団体について、ＩＬＯ史研究において論じられてきたわけではない[22]。とはいえ、一九三三年に結成されたボリビアＹＷＣＡ（在ラパス）に農村での活動を促すアメリカＹＷＣＡの動きを示す文書もあり[23]、中国の都市労働者の事例と比較できる要素はあるとみるべきだろう。こうした点も今後の課題としたい。

注

（1）カール・ポラニー（ポランニー）著、野口建彦・栖原学訳『［新訳］大転換―市場社会の形成と崩壊―』（東洋経済新報社、二〇〇九年、原書底本二〇〇一年、初出一九四四年）四四頁。

（2）孫文「国民政府建国大綱」一九二四年一月一八日、深町英夫編訳『孫文革命文集』（岩波書店、二〇一一年）三九〇頁。孫文「民生」の受容についての日本史研究からの接近は、酒井哲哉「「東亜共同体論」から「近代化論」へ―蠟山政道における地域・開発・ナショナリズム論の位相」酒井『近代日本の国際秩序論』（岩波書店、二〇〇七年）一五六頁。

（3）衛藤安奈『熱狂と動員―一九二〇年代中国の労働運動―』（慶応義塾大学出版会、二〇一五年）二六三―二六五頁。

（4）Eleanor M. Hinder, *Life and Labour in Shanghai: A Decade of Labour and Social Administration in the International Settlement* (New York: International Secretariat Institute of Pacific Relations, 1944), p. 139.

（5）*Ibid.*, p. 79.

（6）両者の直接的な影響関係の検討は、今後の課題である。

（7）Tommaso Milani, *Hendrik de Man and Social Democracy: The Idea of Planning in Western Europe, 1914–1940* (Cham: Palgrave Macmillan, 2020), Chap. 9.

（8）若森みどり『カール・ポランニー―市場社会・民主主義・人間の自由―』（ＮＴＴ出版、二〇一一年）三五、一一〇―一一一頁。John Lewis, Karl Polanyi and Donald K. Kitchin, eds., *Christianity and the Social Revolution* (London: Gollancz, 1935).

（9）カール・ポランニー著（木畑洋一訳）「ファシズムの本質」（一九三五年）、玉野井芳郎・平野健一郎編訳『経済の文明史』（筑摩書房、二〇〇三年）二一八頁。この論文は前出の『キリスト教と社会革命』に所収されたもの。

（10）カール・ポランニー著「近代社会における哲学の衝突」（一九三七―三八年）、福田邦夫ほか訳『ポランニー・コレクション―経済と自由　文明の転換―』（筑摩書房、二〇一五年）三五四―三六一、三八七―三九二頁。

（11）こうした通史的位置づけについては、中村元哉『対立と共存の日中関係史―共和国としての中国―』（講談社、二〇一七年）一一〇―一一一、一七三―一七四頁を参照した。興味深いことに、南京国民政府期の中国政治学にイギリス社会主義の影響があったという、下記の指摘がある。「ハロルド・ラスキ（Harold Joseph Laski）の学説は強い影響を与え、漸進的な改革を積み重ねて経済面と社会面の平等を達成しようとするフェビアニズム的主張が中国における社会民主主義的思潮を形成するのに重要な役割を果たした」（一四一頁）。この漸進的な改良主義的思想の受容との関連で、中国の不平等条約改正史、とりわけ上海租界の労働行政をめぐる問題をより詳しく再検討する余地がある。

（12）沈國儀『孔祥熙傳』（台北：国際村文庫書店、一九九六年）では、上海租界の労働法制に関する孔祥熙の姿勢はふれられていない。労働問題について同書では、孔が労働組合運動を抑制する意図を持っていたことが言及されるにとどまる（一一二頁）。

（13）鹿錫俊『蔣介石の「国際的解決」戦略 1937–1941 ―「蔣介石日記」から見る日中戦争の深層―』（東方書店、二〇一六年）一〇六―一〇七頁。

（14）金井雄一「国際連盟における社会福祉政策への志向―「栄養」・「住宅」・「生活水準」問題―」藤瀬浩司編『世界大不況と国際連盟』（名古屋大学出版会、一九九四年）第九章。

（15）エリック・ヘライナー著、矢野修一ほか訳『国家とグローバル金融』（法政大学出版局、二〇一五年、原書一九九四年）五〇頁。

（16）アメリカのニューディール政策は、国内の経済政策としての意味合いが強いものであることは否定できない。しかし、社会保険のモデルをめぐる議論は、ニューディール政策の国際的な正当性を付与するものとして労働長官のパーキンスが重視していた、という指摘がある。Kiran Klaus Patel, *The New Deal: A Global History* (Princeton: Princeton University Press, 2016), p. 196.

（17）Oswald Stein, "Building Social Security," *International Labour Review*, 44–3 (September 1941), pp. 247–274. この社会保険料の運用に関するスタイン論文は、第5章でふれた一九四二年一二月発表のいわゆるベヴァリッジ報告（『社会保険と関連サービス』）よりも公表が先行しているが、ベヴァリッジの活動および一九三〇年代の国際連盟の調査研究事業との関連で考えれば、スタインの独自案であったとは考えにくい。ただし、公刊されたベヴァリッジ報告は、財源に関する具体的な議論に進むことに抑制的であり（第四三七段落）、スタイン論文の先行性がうかがえる点は存在する。こうした社会政策学者の国際交流は十分に論じられなかった。なお、ベヴァリッジは、イギリスと他国の社会保障制度を比較するためにスタインの協力を仰いだとベヴァリッジ報告の第三六段落に記している。William Beveridge, *Social Insurance and Allied Service* (London: HMSO, 1942), pp. 18, 162.

（18）大恐慌後の財政観の変化について、一九二九年前後の社会保障政策をみていくと、社会保障制度の拡張に伴って生じる財政膨張に対する懸念が根強かったことがうかがえる。一九二〇年代、ヴァイマル共和国期のドイツの事例では、労働省が「市場整合性を基礎とした給付システムの節度」に苦慮していたという。大恐慌後はさらに財政的考慮が社会的配慮よりも優先され、議会の圧力を迂回するために政府が用いた「大統領緊急令」によって保険の拠出引き上げおよび給付引き下げが断行された。福澤直樹『ドイツ社会保険史－社会国家の形成と展開－』（名古屋大学出版会、二〇一二年）一〇八－一〇九、一一七頁。ドイツの例を挙げたのは、各加盟国の社会保険モデルの競合に着目したＩＬＯ史研究で知られるコットが、戦間期ＩＬＯの社会保険事業に「ドイツ・モデル」の影響が大きかったと指摘しているからである。Sandrine Kott, "Constructing a European Social Model: The Fight for Social Insurance in the Interwar Period," in Jasmien Van Daele, et al. eds., *ILO Histories: Essays on the International Labour Organization and Its Impact on the World during the Twentieth Century* (Bern: Peter Lang, 2010), pp. 173-195.

（19）Sandrine Kott, "Fighting the War or Preparing for Peace: The ILO during the Second World War," *Journal of Modern European History*, 12 (April 2014), pp. 359-376.

（20）ボリビアとアメリカとの関係、およびカタビ錫鉱山での虐殺事件（カタビの虐殺）をきっかけとした政治再編については、上村直樹『アメリカ外交と革命－米国の自由主義とボリビアの革命的ナショナリズムの挑戦 1943年〜1964年－』（有信堂、二〇一九年）六四－六六頁。ハーバート・S・クライン著、星野靖子訳『ボリビアの歴史』（創土社、二〇一一年、原書初出一九八二年）二九〇－二九一頁。カタビの虐殺はボリビアの政治史・労働運動史において、左派知識人と労働者を結束させた重大な契機として位置づけられるものであり、ＩＬＯ史研究とは対照的にボリビア史研究においては豊富な蓄積がある。また、ボリビア鉱山労働者の共同体における社会福祉の分野での実践に関し、文化人類学の代表的な研究として、June C. Nash, *We Eat the Mines and the Mines Eat Us: Dependency and Exploitation in Bolivian Tin Mines* (New York: Columbia University Press, 1993), pp. 91-118. この不均衡な研究史の事情も、本書でボリビア史を扱い得なかった理由である。

（21）こうした観点の歴史研究で扱われた事例としては、第二次世界大戦後のヨーロッパ復興のための移住労働者の受け入れにおける民族と性別を理由とした差別や、途上国の女性労働者の労働環境が挙げられる。Tara Zahra, *The Lost Children: Reconstructing*

Europe's Families after World War II (Cambridge: Harvard University Press, 2011); id., *The Great Departure: Mass Migration from Eastern Europe and the Making of the Free World* (New York: W. W. Norton & Company, 2017); Eileen Boris, "Difference's Other: The ILO and 'Women in Developing Countries,'" in Jill Jensen and Nelson Lichthenstein, eds., *The ILO from Geneva to the Pacific Rim: West Meets East* (New York: Palgrave Macmillan, 2016), Chap. 6; id., "Moving Workers: International Labour Organization Standards and Regulation of Migration," in id., et al., eds., *Global Labor Migration: New Directions* (Urbana: University of Illinois Press, 2023), Chap. 13.

(22) ボリビア先住民の権利向上のための、第二次世界大戦後のＩＬＯ技術協力については、Jason Guthrie, "The ILO and the International Technocratic Class, 1944–1966," in Sandrine Kott and Joëlle Droux, eds., *Globalizing Social Rights: The International Labour Organization and Beyond* (New York: Palgrave, 2013), Chap. 7, pp. 117–118.

(23) Elizabeth McFarland (Foreign Division of YWCA of the USA) to Helen Rushy (YWCA of Bolivia), 3 October 1940, Bolivia, 1933–1950, YWCA of the USA Records, Record Group 11, Five College Compass Digital Collections. https://compass.fivecolleges.edu/object/smith:204846#page/125/mode/2up（二〇二三年一二月三日閲覧）。

あとがき

本書は、二〇二三年に東京大学大学院総合文化研究科に提出した「二つの世界大戦を通じたＩＬＯの地理的拡大と「生活水準」概念の変化—ＩＬＯの対中関与と媒介者としての上海ＹＷＣＡの役割を中心に—」をもとにしたものである。今にしてみると冗長だが、選択した事例の地理的、通史的な位置づけを探るという意図でつけたタイトルとして受け取ってくだされぱと思う。

本書の刊行、その基礎となった博士論文の執筆にあたって数えきれない方々からの助けを得た。ここで全ての方を挙げることは難しいが、可能な限り記していきたいと思う。

まず、指導教員の酒井哲哉先生にお礼申し上げたい。商工官僚の岡実の史料から研究に着手した筆者は、上海租界の労働史に取り組むなかでＹＷＣＡの英米系スタッフにならって左傾していき、同じ文書で別の話をするようになっていった。さらにはＩＬＯ史の先行研究で言及された国際政治経済学の理論に中途半端に手を出すも史料的検討との整合をつけられず、およそ他者からコメントをもらうことすら困難になっていた状態にあったなかで、的確なご助言を賜った。本書がその学恩に報いるものであるのかどうかとの不安は尽きないが、あらためて酒井先生に感謝申し上げたい。副査の後藤春美先生、川島真先生からは、それぞれイギリス外交史、中国外交史の専門家の視点で貴重なご指摘をいただいた。後藤先生のゼミでは国際関係史の近年の先行研究を講読した。この経験がなければ研究史をたどることすら困難であった。川島先生からは、台湾の国立政治大学とのワークショップで報告機会に加え、その際に外交史と社会運動史を同時に扱うためのヒントをいただいた。最終の口述試験では、ＩＰＲ史研究で堅実な実証を積み重ねておられる高光佳絵先生、ヨーロッパ統合史について「生産性の政治」をあらためて論じるご研究に着手されている小川浩之先生に審査に加わっていただいた。国際ＮＧＯの観点やマーシャル・プランとＩＬＯ「生活水準の向上」との関係、といった今後の研究につながるコメントをいただき、大変励みになっている。先生方のこれまでのご指導、さらに今後につながるコメントに深く感謝する次第である。

学部、修士課程でご指導いただいた國學院大學の先生方から受けた学恩もかけがえのないものであった。卒業論文の作成では日本外交史、軍事史の造詣が深い柴田紳一先生に初歩の初歩から教わることができた。オフィスアワーで必読の文献をお示しくださる際、書誌事項がきわめて正確なことに驚いた。それも単行本ではなく初出で読むようにとおっしゃっていただいた。図書館で必死に探して、その前後も気になって際限なくコピーをとったことが、現在につながっているように思う。外交官・満鉄理事の斎藤良衛を取り上げようとしたときは、ご遺族に連絡をとって外務省外交史料館の個人履歴を読むようにと勧めてくださったのも柴田先生である。そのための手続きで斎藤健次郎さんにお世話になった。あらためてこの場で感謝申し上げたい。

修士課程では上山和雄先生、樋口秀実先生、有馬学先生よりご指導賜った。大学院の史学ゼミは当時の筆者からすると知らない話の断片的な情報が飛び交っているように感じており、そこでのやり取りを逃さず聞き、さらに自分が発言する場合には何が必要かと考え込まざるを得なかった。知らないことは聞き取れないのだから、というわけで先生方のご著書やそこに引かれた先行研究を読むなかで、はからずも経済史、外交史、社会思想史を学ぶことができた。それぞれの先生方の専門的な知見から、筆者のＩＬＯ史研究の基礎となるご指導をいただけたことは望外の喜びである。

國學院大學の学部のドイツ史の授業でお世話になった白川耕一先生にもお礼申し上げたい。授業後に残業を強いる筆者に対し、後に酒井ゼミの先輩となる平野達志さんをご紹介いただいた。平野さんには卒業論文や修士論文を読んでいただき、原稿の細部にわたるコメントをいただくなど、一方ならぬご助力を得た。斎藤良衛研究の一環で一九二〇年代の日独染料交渉について工藤章先生にお話をおうかがいできたのも、平野さんのおかげであった。この機会がなければ本書第2章は着想すらできなかったであろう。その道筋を拓いてくださった工藤先生にお礼申し上げる。そればかりでなく平野さんは、筆者がＩＬＯ史に着手した際には、国際連盟史がご専門の帯谷俊輔さんと飲みに行く手配までしてくださった。帯谷さん主催の国際連盟研究会では、早丸一真さん、樋口真魚さん、国分航士さん、番定賢治さん、赤川尚平さん、藤山一樹さん、原田明利沙さんら諸先輩方から学ばせていただいた。きっかけとなった白川先生をはじめとして、諸先輩方にお礼申し上げたい。

先輩方が学位取得を経て就職されるようになると定期的に集まるのは困難となったが、周りの同級生や後輩の方々が博士論文の提出に向けてコロキアムの準備を進めていた。国際連盟研究会では戦間期についての報告が多かったが、同級生や後輩の皆さんはほとんど、冷戦期ないしそれ以降の時期の研究をされていた。ネイティブ・チェックなどの機会にこちらが学ぶことも多かった。そこで皆さんに冷戦期の報告をしていただいて、自分では第二次世界大戦期の報告をしようと思い立ち、お集まりいただいた。その思いつきにおつき合いいただいた、金東明さん、謝晨さん、張彬彬さん、米多さん、村瀬啓さん、竹林克将さん、高橋知子さん、照井敬生さん、松井洋和さんに感謝申し上げる。

学外での報告機会にも恵まれた。斎川貴嗣先生には、国際連盟史のワークショップでの貴重な機会をいただいた。大学院ゼミではお会いできなかった詫摩佳代先生はもちろん、筆者にとって直接の先達にあたる張力先生とマデレーン・ヘレン先生の前での発表であり、忘れがたい経験となった。赤見友子先生にお会いしたのもこのときで、国際関係におけるリベラル・ソーシャリズムの意義を強調しておられたのは、ＩＬＯ史研究を進めるうえでも励みになった。石田憲先生の世界政治研究会では、三時間の緊張し続けの重要な場をご提供いただいた。その際にコメンテーターを務めてくださった先述の高光先生、バチカン史をご専門とする松本佐保先生をはじめとして、貴重なコメントをくださった先生方に感謝申し上げる。松本先生から、ＩＬＯの重要性に気づいたきっかけに拙報告があると仰っていただいた。筆者にとっては、社会主義とキリスト教の関係に関心を持つにいたる直接の契機であった。それからしばらくして、ジュネーブのＩＬＯの至近距離に世界ＹＷＣＡの事務局・文書館があろうとは、と驚くことになった（と「あとがき」に書く日が来ようとは……）。半澤朝彦先生、井上実佳先生の国連史コロキアムでは、告知、予習用の資料の配布、当日のハイブリッド設営の手際もさることながら、専門家が一同に介したときのやり取りに感銘を受けている。報告機会をいただいた際は、小阪裕城さんにコメンテーターをお願いした。国際機構論における各国内の社会運動の位置を探っていた筆者を励ましてくださったうえに、当日レジュメだけでなく既出の拙稿をも読み込んでいただき、感謝の言葉も見つからない。さらに、この縁もあって小阪さんより、二〇二三年日本国際政治学会大会の部会「国際関係史研究と「社会的なもの」」で報告する機会をいただいた。ここでの報告は博士論文の序章、終章を書きながら準備したペーパーに基づくものであり、報告時は未刊行であったが本書に一部反映されている。同部会でご一緒させていただいた鶴見太郎先生、溝口聡先生、大津留智恵子先生、小林知子先生に感謝申し上げる。さらに小林先生は、中国ＹＷＣＡ史をご専門とする石川照子先生にお引き合わせくださった。このご厚意にもお礼申し上げたい。

時系列が前後する部分もあるが、こうして報告機会をいただいた後、個別論文の投稿に取り組んだ。幸運にも掲載されたものは、奥付に示した通りであり、本書奇数章の初出となった。しかしながら、その実現にいたるまでの道程は、筆者にとってはきわめて険しいものであった。とりわけ最初の経験であった『国際政治』第一九五号の編集をご担当くださった泉川泰博先生、および匿名の査読者の二名の先生方に深く感謝申し上げたい。この論文がきっかけで上海租界の労働史の研究に着手していた余鎮利さんと出会うことができた。本書の画像には余さんのご協力で掲載が実現したものもある。また、中国外交史がご専門の松本和久さんには、博士論文提出の直前で、中国人名や外交史の基本事項のチェックを含めて、全文を詳細にご検討いただいた。お二人のご尽力に感謝申し上げる。

博士論文の提出、口述試験を経て、前述の国際政治学会での報告以外は茫然自失の状態にあった筆者に、次なる目標を与えてくださったのは、浅野豊美先生である。その国際政治学会の報告当日に一九七〇年代日本の労働組合と開発援助政策に関する質問をメールでいただき、労組史と外交史の接点の面白さとその史料の密度を再認識することができた。浅野先生は共同研究プロジェクト「普遍的価値と集合的記憶を踏まえた国際和解学の探究」の代表研究者を務めていらっしゃる。「和解」という言葉に、何やら階級政治的、あるいはキリスト教神学的な意味合いを感じていた筆者に、国際関係史に接続する形で「国際和解学」という研究分野が存在し、そこで英語で発信する必要があることをお示しくださった浅野先生に深く感謝申し上げる。それのみならず、この科研費プロジェクトでの雇用という形で早稲田大学の国際和解学研究所・次席研究員に採用していただき、貴重な研究環境もご提供くださった。同僚の川口博子さんとは、研究室、喫煙所、さらには居酒屋でプロジェクトの業務を協力して担当している。そうして分担できなければ、本書の刊行は不可能であっただろう。さらに、川口さんなしに成り立たなかったプロジェクトの企画も多く、この場でも感謝申し上げる次第である。国際和解学で受けた刺激について全て挙げることはできないが、本書の内容にも関わることに限っていえば、分担者の梅森直之先生、野尻英一先生からは、社会主義について、熊谷奈緒子先生からはジェンダーとエスニシティを横断する観点から拙報告に対しご助言をいただいた。あらためて感謝申し上げる。さらに、本書の再校に取り組んでいるとき、梅森先生と不均衡発展論や、資本主義とファシズムに関する研究についてお話する機会があった。ハリー・ハルトゥーニアン（Harry Harootunian）の一連の著作とそこに引かれた一九三〇年代日本の文献を読み進めるなかで、不均等発展が生み出した格差の解消の先に「和解」を求めたはずが、実のところファシズムを招き寄せはしないかと不安になった。「生活水準」概念を扱った本書において、ハルトゥーニアンがここで初出となるべきではなかったとも思う。だからこそ、現在の環境を生かし、研究に励んでいきたい。

第三世界研究会の早尾貴紀先生、李杏理先生、林裕哲先生、韓梨恵さん、そしてこの研究会にお誘いくださった山本興正さんから多く学ばせていただいている。「和解」という名で抑圧が生じている現状は、そこへ直結する植民地支配の歴史に対する不見識さと切り離せない。筆者自身の無知に照らしてもそう思う。それに加えて、この研究会で社会思想の分野に話題がおよんだ際に気づかされたのは、植民地支配の歴史を無視できないとわかっているからこそ、加害責任を低く見積もる方向で相対化したいという欲求があふれ出てきたのではないか、ということだった。こう問うてみると、ある種の「和解」論が、難解ながらも実のところ単純な主張に終始していることには、単なるモラルの欠如では済まない理論面での原因があるに違いない、と思わざるを得なかった。これから「和解」研究に取り組むうえで、強い拮抗力に直面したように感じたが、それゆえに弁証法的な循環にたどり着くかもしれないとの希望(ただの二枚舌へ堕落する恐怖)で日々勉強する支えになっている。

ILO 施設内の通路，100 年の年号カーペット（筆者撮影）

本書の刊行に際しては、法政大学出版局の奥田のぞみさんから並々ならぬご厚意、ご尽力を賜った。出版助成の申請期限に間に合うようご対応くださったことから始まり、全体の構成、本文の表現、注の正確さなどありとあらゆる改善のためのご助言を惜しまれなかった。さらに本書の意義に対する筆者以上のご理解をうかがわせるコメントも少なくなかった。同社の「サピエンティア」シリーズから刊行される朝鮮史、パレスチナ史、経済学の本を眺めていただけのファンの一人を、書く側に引き上げてくださった奥田さんには、感謝してもしきれない。もし本書が通読に足るものであるとすれば、それは奥田さんのご指導ゆえである。ただ、本書に含まれたあらゆる誤りの責任は筆者にあることはいうまでもない。

そして、両親と祖父に感謝申し上げたい。高校三年の後半から急に大学に行きたいと思い立ち勉強を始めてからずいぶんと時間が経ってしまった。それ以来、金銭的な面はもとより、さらには不干渉を貫き筆者を精神的にも支えてくださった。それにもかかわらず、何ら親孝行らしきことをせぬまま、生存報告の手紙のように博士論文を東京で渡したことをお詫びしたい。その間に起きたことは、ここに記した通りである。祖父からは、ここまで研究を続けることができた動機を与えられたように思う。戦時下の娯楽だった吉川英治の小説『三国志』の話を聞いて、何を思ったか魏の曹操や呉の孫権の視点で書かれた別の小説を買いに行った覚えがある。蜀の劉備視点では頼れる義弟関羽が敵として出てくる描写にワクワクしたものだが、そういった話を祖父とできたことは貴重な時間であった。今度は、孫文の『三民主義』に諸葛亮が出てきた話をしたいと思う。

初校の校正に取り組み始めたときに、ＩＬＯ文書館で一〇〇年の年号が敷き詰められたカーペットを再度目にして、反対方向から考えるべきであったとの思いを強くした。年号を遡っていった端が一九一九年の設立なのはもちろんだが、そのさらに向こうには第一次世界大戦の惨禍がある。その戦争の遂行に協力した社会主義者（ＩＬＯの創設者とかなり重なる）には負うべき責任があるのではないか。彼らはそのことをそれぞれの仕方で理解していたのではないか。ジュネーブ市内のアルベール・トーマ記念碑に「われわれの時代の人間には、平和を実現するという神聖な義務がある」と刻まれているが、これは美辞麗句なんかではない。平和を破壊した当事者の言葉に違いない。そのことの意味をほとんど理解していなかった日本人は、二回目を引き起こす原因の一つになったのだからね、とその場で思った。ＩＬＯ史研究に着手したころ、このカーペットを一九一九年から現在の方を向いて、ライフワークにするぞと意気込んだ自分があまりにも恥ずかしいので、それとは違った動機で新たな研究に着手したいと考えている。

なお、本書は、二〇二四年度の「東京大学学術成果刊行助成制度」の助成を受けて刊行される。史料調査にあたっては、日本学術振興会特別研究員ＤＣ２（二〇一六年度―二〇一七年度）、二〇二四年度研究活動スタート支援の助成を得た。記して感謝申し上げる。

二〇二五年二月

小野坂　元

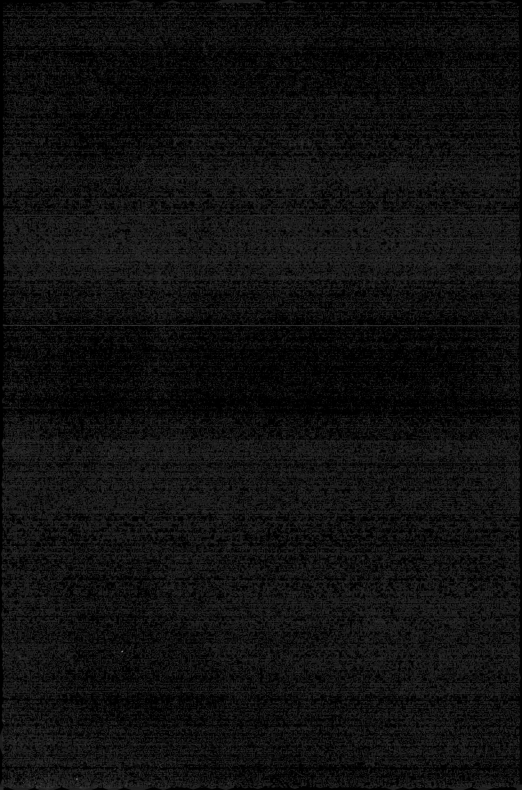

著者紹介

小野坂 元（おのざか　はじめ）

1989年新潟県生まれ。東京大学大学院総合文化研究科博士課程単位取得退学。博士（学術，2023年）。2024年から早稲田大学地域・地域間研究機構 国際和解学研究所次席研究員。

主要業績

「戦間期上海租界労働問題におけるYWCAとILOの活動―自己変革の思索とその実践―」『国際政治』第195号（2019年3月）

「日中戦争，第二次世界大戦中の国際労働機関，国際労働組合，キリスト教社会主義運動―連合国の戦争目的としての「生活水準の向上」を支えた国際的な連帯―」『国際関係論研究』第36号（2022年3月）

「ILO設立期の国際労働問題と岡実―国際労働基準の設定と国際関係の階層性―」『国際関係論研究』第38号（2023年10月）ほか

ILOの対中関与と上海YWCA
労働と平和の国際機構間関係史 1919-1946

2025年3月31日　初版第1刷発行

著　者　小野坂 元
発行所　一般財団法人 法政大学出版局
〒102-0071 東京都千代田区富士見2-17-1
電話 03（5214）5540／振替 00160-6-95814

組版　閏月社　印刷　平文社　製本　積信堂
装幀　奥定泰之

ISBN 978-4-588-62553-4　Printed in Japan

人名索引

ま 行

や 行

ら 行

わ 行

事項索引

あ　行

か　行

さ 行

た 行

な 行

は 行

ま 行

ら 行

参考文献

1　一次文献

文書館史料

外務省外交史料館
　外務省記録（2，3，B 門）
国立国会図書館憲政資料室
　岡実関係文書，牧野伸顕関係文書
東京大学総合文化研究科附属アメリカ太平洋地域研究センター
　高木八尺 IPR 関係ペーパー（マイクロフィルム）R14, 16

ILO Archives, Geneva.
CL 700, FI 1/13/1/2, PO 1000/3/1, RL 13/5/2, XRG 1/7
State Library of New South Wales, Sydney.
　Papers of Eleanor M. Hinder, MLMSS 770/2-4-2
The Modern Record Centre of Warwick University, Coventry.
　Papers of Trades Union Congress, MSS.292/925.1/1, MSS.292/951/4-8
The National Archives of UK (TNA), Kew.
　FO371, LAB13
Women's Archives of the London School of Economics, London.
　Papers of Adelaide M. Anderson, 7AMA/D/01
World YWCA Archives, Geneva.
　World/China 03, 05, 12, 13, 19
YWCA of the USA Records, Five College Compass Digital Collections.
　Record Group 11

刊行史料集

外務省編『日本外交文書』大正期第 3 巻，昭和期 I 第 1 巻 3 冊，昭和 II 第 1 巻 5 下，昭和期 III 第 2 巻。
British Documents on Foreign Affairs, Part II, Series I, The Paris Peace Conference of 1919.
ILO ed., *Minutes of the Governing Body.*
Report of Proceedings of the Annual Convention of the American Federation of Labor.
Report of Proceedings at the Annual Trades Union Congress.

2　二次文献

日本語文献

麻田雅文『蔣介石の書簡外交－日中戦争，もう一つの戦場－』全 2 巻（人文書院，2021 年）。

有馬学『日本の歴史 23 帝国の昭和』（講談社，2010 年，初出 2002 年）。

安藤良雄編『近代日本経済史要覧』第 2 版（東京大学出版会，1979 年）。

飯島渉『感染症の中国史－公衆衛生と東アジア－』（中央公論新社，2009 年）。

石井修『世界恐慌と日本の「経済外交」－一九三〇～一九三六年－』（勁草書房，1995 年）。

石川照子「上海の YWCA －その組織と人のネットワーク－」日本上海史研究会編『上海－重層するネットワーク－』（汲古書院，2000 年）257-284 頁。

石川照子「抗戦期における YWCA の活動と女性動員」中央大学人文科学研究所編『民国後期中国国民党政権の研究』（中央大学出版部，2005 年）第 2 章。

石川禎浩『革命とナショナリズム（シリーズ中国近現代史 3）』（岩波書店，2010 年）。

入江昭『増補 米中関係のイメージ』（平凡社，2002 年）。

植田捷雄『支那に於ける租界の研究』（巌松堂書店，1941 年）。

臼井勝美『日本と中国－大正時代－』（原書房，1972 年）。

宇野重昭『中国共産党史序説』全 2 巻（NHK ブックス，1973 年）。

海野芳郎『国際連盟と日本』（原書房，1972 年）。

江田憲治「在華紡と労働運動」森時彦編『在華紡と中国社会』（京都大学学術出版会，2005 年）第 2 章。

衛藤安奈『熱狂と動員－一九二〇年代中国の労働運動－』（慶応義塾大学出版会，2015 年）。

NHK〝ドキュメント昭和〟取材班編『ドキュメント昭和 世界への登場 2 上海共同租界－事変前夜－』（角川書店，1986 年）。

エプスタイン，イスラエル『宋慶齢－中国の良心・その全生涯－』全 2 巻，久保田博子訳（サイマル出版会，1995 年，原書同年）。

エプスタイン，イスラエル『わが中国－革命・戦争・建国－』王唯斯訳（左右社，2020 年，原書 2015 年）。

遠藤乾『統合の終焉－ EU の実像と論理－』（岩波書店，2013 年）第 2 章。

大蔵省財政史室編『資料・金融緊急措置－終戦直後における「経済危機緊急対策」－』（霞出版社，1987 年）。

岡実『工場法論　改訂増補』（有斐閣，1917 年）。

岡実「商工業に就て」仏教連合会編『時局講演集』第 1 回（鴻盟社，1918 年 10 月）1-39 頁。

岡義武『国際政治史』（岩波書店，1955 年）。

岡義武『転換期の大正』（岩波書店，2019 年，初出 1969 年）。

小野和子『中国女性史－太平天国から現代まで－』（平凡社，1978 年）。

帯谷俊輔『国際連盟－国際機構の普遍性と地域性－』（東京大学出版会，2019 年）。

カー，E・H『コミンテルンとスペイン内戦』富田武訳（岩波書店，2010 年，原書 1983 年）。

カー，E・H『ボリシェヴィキ革命－ソヴェト・ロシア史 1917-1923 －』第 3 巻，宇高基輔訳（みすず書房，1971 年，原書 1953 年）。

カー，E・H『ナショナリズムの発展』大窪愿二訳（みすず書房，2006年，原書1945年）。

カー，E・H『ロシア革命－レーニンからスターリンへ，1917-1929年－』塩川伸明訳（岩波書店，2000年，原書1979年）。

笠原十九司『日中全面戦争と海軍－パナイ号事件の真相－』（青木書店，1997年）

梶谷懐『日本と中国経済』（筑摩書房，2016年）。

片桐庸夫『太平洋問題調査会の研究－戦間期日本IPRの活動を中心として－』（慶応義塾大学出版会，2003年）。

金井雄一「国際連盟における社会福祉政策への志向－「栄養」・「住宅」・「生活水準」問題－」藤瀬浩司編『世界大不況と国際連盟』（名古屋大学出版会，1994年）第9章。

上村直樹『アメリカ外交と革命－米国の自由主義とボリビアの革命的ナショナリズムの挑戦1943年～1964年－』（有信堂，2019年）。

神山晃令「国際労働機関(ILO)との協力終止関係史料」『外交史料館報』第28号（2014年3月）71-83頁。

川島真『近代国家への模索（シリーズ中国近現代史2)』（岩波書店，2010年）。

川島真「社会主義とナショナリズム 一九二〇年代」川島編『岩波講座東アジア近現代通史4 社会主義とナショナリズム』（岩波書店，2011年）総論。

川島真「領域と記憶－租界・租借地・勢力範囲をめぐる言説と制度－」貴志俊彦ほか編『模索する近代日中関係－対話と競存の時代－』（東京大学出版会，2009年）第9章。

川島真・服部龍二編『東アジア国際政治史』（名古屋大学出版会，2007年）。

菊池一隆『中国工業合作運動史の研究－抗戦社会経済基盤と国際反ファッショ抗日ネットワークの形成－』（汲古書院，2002年）。

北村厚『ヴァイマル共和国のヨーロッパ統合構想－中欧から拡大する道－』（ミネルヴァ書房，2014年）。

木畑洋一「リース＝ロス使節団と英中関係」野沢豊編『中国の幣制改革と国際関係』（東京大学出版会，1981年）第6章。

久保亨『戦間期中国〈自立への模索〉－関税通貨政策と経済発展－』（東京大学出版会，1999年）。

久保亨『戦間期中国の綿業と企業経営』（汲古書院，2005年）。

久保亨『現代中国の原型の出現－国民党統治下の民衆統合と財政経済－』（汲古書院，2020年）。

クライン，ハーバート・S『ボリビアの歴史』星野靖子訳（創土社，2011年，原書初出1982年）。

ケインズ，ジョン・M『平和の経済的帰結』早坂忠訳（東洋経済新報社，1977年，原書1919年）。

国際労働局東京支局編訳『モーレット氏報告書－国際労働局次長モーレット氏の日本産業に関する報告書－』（国際労働局東京支局，1934年）。

後藤春美『国際主義との格闘－日本，国際連盟，イギリス帝国－』（中央公論新社，2016年）。

後藤春美『上海をめぐる日英関係1925-1932年－日英同盟後の協調と対抗－』（東京大学出版会，2006年）。

斉藤孝『戦間期国際政治史』（岩波書店，1978 年）。

斉藤孝『ヨーロッパの一九三〇年代』（岩波書店，1990 年）。

酒井哲哉『近代日本の国際秩序論』（岩波書店，2007 年）

酒井哲哉『大正デモクラシー体制の崩壊－内政と外交－』（東京大学出版会，1992 年）。

シューマッハー，E・F『スモール イズ ビューティフル－人間中心の経済学－』小島慶三・酒井懋訳（講談社，1986 年，原書 1973 年）。

末次玲子「『女青年報』・『女青年』解題」中央大学人文科学研究所編『民国前期中国と東アジアの変動』（中央大学出版部，1999 年）第 4 章。

末次玲子『二〇世紀中国女性史』（青木書店，2009 年）。

杉原薫「フリーダ・アトリーと名和統一」杉原四郎編『近代日本とイギリス思想』（日本経済評論社，1995 年）第 9 章。

杉山伸也「金解禁論争－井上準之助と世界経済－」杉山編『岩波講座「帝国」日本の学知 2「帝国」の経済学』（岩波書店，2006 年）第 4 章。

スノー，エドガー『アジアの戦争』森谷巌訳（筑摩書房，1973 年，原書 1941 年）。

副田義也編『内務省の歴史社会学』（東京大学出版会，2010 年）。

孫文『三民主義』全 2 巻，安藤彦太郎訳（岩波書店，1957 年，原書 1924 年）。

孫文「国民政府建国大綱」1924 年 1 月 18 日，深町英夫編訳『孫文革命文集』（岩波書店，2011 年）390–391 頁。

高橋亀吉『ソシヤル・ダンピング論』（千倉書房，1934 年）。

高橋孝助・古厩忠夫編『上海史－巨大都市の形成と人々の営み－』（東方書店，1995 年）。

高橋進『ドイツ賠償問題の史的展開』（岩波書店，1983 年）。

高光佳絵「戦間期アジア・太平洋秩序と国際的民間団体－アメリカ政府の ‘political missionary’ －」川島真編『近代中国をめぐる国際政治』（中央公論新社，2014 年）第 4 章。

高村直助『近代日本綿業と中国』（東京大学出版会，1982 年）。

詫摩佳代「機能的アプローチの実践と国際組織化－国際連盟，戦時食糧協力，FAO へ－」『国際関係論研究』第 33 号（2018 年 3 月），25–47 頁。

渓内謙『上からの革命－スターリン主義の源流－』（岩波書店，2004 年）。

中華全国婦女連合会編著『中国女性運動史 1919–49』中国女性史研究会編訳（論創社，1995 年）。

中国女性史研究会編『中国女性の一〇〇年－史料にみる歩み－』（青木書店，2004 年）。

デイル，ギャレス『カール・ポランニー伝』若森みどり・若森章孝・太田仁樹訳（平凡社，2019 年，原書 2016 年）。

デイル，ギャレス『現代に生きるカール・ポランニー－「大転換」の思想と理論－』若森章孝・東風谷太一訳（大月書店，2020 年，原書 2016 年）。

唐啓華「国際社会と中国外交」戸部健訳，飯島渉・久保亨・村田雄二郎編『シリーズ 20 世紀中国史 2 近代性の構造』（東京大学出版会，2009 年）第 3 章。

東条由紀彦『近代・労働・市民社会』（ミネルヴァ書房，2005 年）。

トッド，セリーナ『ザ・ピープル－イギリス労働者階級の盛衰－』近藤康裕訳（みすず書房，2016 年，原書 2014 年）。

豊下楢彦『イタリア占領史序説』(有斐閣，1984年)。

鳥海靖「原内閣－「純政党内閣」の明暗－」辻清明・林茂編『日本内閣史録』第2巻（第一法規，1981年）285-331頁。

トロツキー，レフ『ロシア革命史』第1巻，藤井一行訳（岩波書店，2000年，原書1931年)。

中村元哉『対立と共存の日中関係史－共和国としての中国－』(講談社，2017年)。

中村元哉『中国，香港，台湾におけるリベラリズムの系譜』(有志舎，2018年)。

中山和久『ILO条約と日本』(岩波書店，1983年)。

奈良岡聰智『加藤高明と政党政治－二大政党制への道－』(山川出版社，2006年)。

西平等『グローバル・ヘルス法－理念と歴史－』(名古屋大学出版会，2022年)。

西川正雄『社会主義インターナショナルの群像1914-1923』(岩波書店，2007年)。

西成田豊『近代日本労資関係史の研究』(東京大学出版会，1988年)。

日本ILO協会『講座ILO（国際労働機関）－社会正義の実現を目指して－』全2巻（日本ILO協会，1999年)。

波多野澄雄『太平洋戦争とアジア外交』(東京大学出版会，1996年)。

馬場明『日露戦争後の日中関係－共存共栄主義の破綻－』(原書房，1993年)。

浜田直也「「五・三〇運動」と日本労農運動家－鈴木文治，賀川豊彦，芳川哲の軌跡－」森時彦編『長江流域社会の歴史景観』(京都大学人文科学研究所，2013年）211-233頁。

原田三喜雄『近代日本と経済発展政策』(東洋経済新報社，2000年)。

費孝通『郷土中国・郷土再建』諸葛蔚東訳（東京大学出版会，2021年)。

廣田功『現代フランスの史的形成－両大戦間期の経済と社会－』(東京大学出版会，1994年)。

廣田功「戦前の欧州統合の系譜II－経済的構想（19世紀末－第二次世界大戦）－」吉田徹編『ヨーロッパ統合とフランス－偉大さを求めた1世紀－』(法律文化社，2012年）第2章。

広田寛治「南京政府工場法研究序説（3)」『中国労働運動史研究』第12号（1983年11月）23-79頁。

福澤直樹『ドイツ社会保険史－社会国家の形成と展開－』(名古屋大学出版会，2012年)。

藤原帰一「ナショナリズム・冷戦・開発－戦後東南アジアにおける国民国家の理念と制度－」東京大学社会科学研究所編『20世紀システム4開発主義』(東京大学出版会，1998年）第3章。

古厩忠夫「従属地域における国民国家の形成－中国とトルコの国民革命－」歴史学研究会編『講座世界史6必死の代案－期待と危機の20年－』(東京大学出版会，1995年）第5章。

古厩忠夫「八・一三（第二次上海事変）と上海労働者」『日中戦争と上海，そして私－古厩忠夫中国近現代論集－』(研文出版，2004年，初出1983年）143-178頁。

古厩忠夫「労働運動の諸潮流」野沢豊・田中正俊編『講座中国近現代史』第4巻（東京大学出版会，1978年）149-180頁。

ヘライナー，エリック『国家とグローバル金融』矢野修一ほか訳（法政大学出版局，2015年，原書1999年)。

ポラニー（ポランニー)，カール『[新訳］大転換－市場社会の形成と崩壊－』野口建彦・栖原学訳（東洋経済新報社，2009年，原書底本2001年，初出1944年)。

ポランニー，カール「共同体と社会－われわれの社会秩序のキリスト教的批判－（キリスト

教左派グループ講義草稿)」1937年，若森みどり・植村邦彦・若森章孝編訳『市場社会と人間の自由－社会哲学論選－』（大月書店，2012年）第6章。

ポランニー，カール「平和の意味（キリスト教左派グループ『会報』の草稿)」1938年，福田邦夫ほか訳『経済と自由－文明の転換－』（筑摩書房，2015年）第7章。

牧野裕『IMFと世界銀行の誕生－英米の通貨協力とブレトンウッズ会議－』（日本経済評論社，2014年)。

升味準之輔『日本政治史3 政党の凋落，総力戦体制』（東京大学出版会，1988年)。

マゾワー，マーク『暗黒の大陸－ヨーロッパの20世紀－』中田瑞穂・網谷龍介訳（未來社，2015年，原書1998年)。

松井慎一郎『河合栄治郎－戦闘的自由主義者の真実－』（中央公論新社，2009年)。

松尾尊兊『大正デモクラシーの研究』（青木書店，1966年)。

松永友有「世界大戦と大恐慌の時代」木畑洋一・秋田茂編『近代イギリスの歴史－16世紀から現代まで－』（ミネルヴァ書房，2011年）第6章。

松本佐保『バチカンと国際政治－宗教と国際機構の交錯－』（千倉書房，2019年)。

三谷太一郎「大正デモクラシーとワシントン体制」細谷千博編『日米関係通史』（東京大学出版会，1995年）第4章。

メイア，アーノ『ウィルソン対レーニン－新外交の政治的起源1917-1918年－』斉藤孝・木畑洋一訳（岩波書店，1983年，原書1959年)。

モーア，アーロン・S『「大東亜」を建設する－帝国日本の技術とイデオロギー－』塚原東吾監訳（人文書院，2019年，原書2013年)。

安田佳代『国際政治のなかの国際保健事業－国際連盟保健機関から世界保健機関，ユニセフへ－』（ミネルヴァ書房，2014年)。

山辺健太郎『日本統治下の朝鮮』（岩波書店，1971年)。

横山宏章『孫文と陳独秀－現代中国への二つの道－』（平凡社，2017年)。

吉岡吉典「ILOの創設と日本政府の対応」『経済』第146号（2007年11月）111-142頁。

吉岡吉典『ILOの創設と日本の労働行政』（大月書店，2009年)。

吉阪俊蔵「来るべき国際労働総会と工場監督制度の問題」『社会政策時報』第37号（1923年9月）131-159頁。

吉澤誠一郎『愛国とボイコット－近代中国の地域的文脈と対日関係－』（名古屋大学出版会，2021年)。

吉田千代『評伝　鈴木文治－民主的労使関係をめざして－』（日本経済評論社，1988年)。

余鎮利「上海共同租界と国際労働問題－1920年代前半の中国における児童労働反対運動－」『現代中国』第98号（2024年9月）93-105頁。

若森みどり『カール・ポランニー－市場社会・民主主義・人間の自由－』（NTT出版，2011年)。

渡辺和行『フランス人民戦線－反ファシズム・反恐慌・文化革命－』（人文書院，2013年)。

鹿錫俊『蔣介石の「国際的解決」戦略：1937-1941 －「蔣介石日記」から見る日中戦争の深層－』（東方書店，2016年)。

欧語文献

Akami, Tomoko. *Internationalizing the Pacific: The United States, Japan and the Institute of Pacific Relations in War and Peace 1919–45* (London: Routledge, 2002).

Alacevich, Michele. "Planning Peace: The European Roots of the Past-War Global Development Challenge," *Past and Present*, 239-1 (2018), pp. 219-264.

Alley, Rewi. "The Chinese Industrial Cooperatives," *The China Journal*, 30-5 (May 1939), pp. 254-256.

Alcock, Antony. *History of the International Labour Organization* (London: Palgrave Macmillan, 1971).

Ayusawa, Iwao F. *A History of Labor in Modern Japan* (Honolulu: East-West Center Press, 1966).

Barnes, George N. "America's Cooperation Need for the Rehabilitation of Europe," *The Annals of the American Academy of Political and Social Science,* 102 (July 1922), pp. 152-156.

Barnes, George N. *The Industrial Section of the League of Nations* (London: Oxford University Press, 1920).

Barnes, George N. "The Scope and Purpose of International Labour Legislation," in E. John Solano, ed, *Labour as an International Problem: A Series of Essay Comprising a Short History of the International Labour Organisation and a Review of General Industrial Problem* (London: Macmillan, 1920), pp. 3-37.

Barnes, George N. *History of the International Labour Office* (London: Williams and Norgate, 1926).

Beveridge, William. *Social Insurance and Allied Service* (London: HMSO, 1942).

Borgwardt, Elizabeth. *A New Deal for the World: America's Vision for Human Rights* (Cambridge: Belknap Press of Harvard University Press, 2005).

Boris, Eileen. "Difference's Other: The ILO and 'Women in Developing Countries,'" in Jill Jensen and Nelson Lichthenstein, eds., *The ILO from Geneva to the Pacific Rim: West Meets East* (New York: Palgrave Macmillan, 2016), Chap. 6.

Boris, Eileen. "Moving Workers: International Labour Organization Standards and Regulation of Migration," in id., et al., eds., *Global Labor Migration: New Directions* (Urbana: University of Illinois Press, 2023), Chap. 13.

Boyce, Robert W. D. *British Capitalism at the Crossroads 1919–1932* (Cambridge: Cambridge University Press, 1987).

Buchanan, Tom. *British and the Spanish Civil War* (Cambridge: Cambridge University Press, 1997).

Buchanan, Tom. *East Wind: China and the British Left, 1925–1976* (Oxford: Oxford University Press, 2012).

Bullock, Alan. *The Life and Times of Ernest Bevin*, Volume I, *Trade Union Leader 1881–1940* (London: Heinemann, 1960).

Bullock, Alan. *The Life and Times of Ernest Bevin*, Vol. II, *Minister of Labour 1940–1945* (London: Heinemann, 1967).

Burkman, Thomas W. *Japan and the League of Nations: Empire and World Order* (Honolulu: University of Hawai'i Press, 2008).

Butler, Harold B. *Confident Morning* (London: Faber and Farber, 1949).

Butler, Harold B. *Lost Peace: A Personal Impression* (London: Farber and Farber, 1941).

Butler, Harold B. *Problems of Industry in the East: With Special Reference to India, French India, Ceylon, Malays and the Netherlands Indies* (Geneva: International Labour Office, 1938).

Cabanes, Bruno. *The Great War and the Origins of the Humanitarianism 1918–1924* (Cambridge: Cambridge University Press, 2014).

Carew, Anthony. *American Labour's Cold War Abroad: From Deep Freeze to Détante, 1945–1970* (Edmonton: AU Press, 2018).

Carew, Anthony. *Labour under the Marshall Plan: The Politics of Productivity and the Marketing of Management Science* (Detroit: Wayne State University Press, 1987).

Carew, Anthony. et. al., eds., *The International Confederation of Free Trade Unions* (Bern: Peter Lang, 2000).

Carr, E. H. *A History of Soviet Russia: Socialism in One Country, 1924–1926*, Vol. 3–1 (London: Macmillan, 1964).

Carr, E. H. *A History of Soviet Russia: Foundations of a Planned Economy, 1926–1929*, Vol. 3–1, 3–3 (London: Macmillan, 1976).

Carr, E. H. *Conditions of Peace* (London: Macmillan, 1942).

Carr, E. H. *The Twenty Years' Crisis, 1919–1939: An Introduction to the Study of International Relations* (1939, reprented New York: Perennial, 2001). 原彬久訳『危機の二十年－理想と現実－』（岩波書店，2011 年，原書 1939 年）。

Chapple, Geoff. *Rewi Alley of China* (Auckland: Sceptre Books, 1980).

Chow, Phoebe. *Britain's Imperial Retreat from China, 1900–1931* (London: Routledge, 2017).

Clarke, Peter. *The Cripps Version: The Life of Sir Stafford Cripps 1889–1952* (London: Penguin Books, 2003).

Clavin, Patricia. *Securing the World Economy: The Reinvention of the League of Nations, 1920–1946* (Oxford: Oxford University Press, 2013).

Clavin, Patricia. *The Great Depression in Europe, 1929–1939* (London: Macmillan, 2000).

Clegg, Jenny. "Mass-and Elite-Based Strategies for Cooperative Development in wartime Nationalist China: Western Views on the 'Gung Ho' Industrial Cooperative Experience," *European Journal of East Asian Studies*, 11 (2012), pp. 305–327.

Cook, Ian and Jenny Clegg, "Shared Visions of Co-operation at a Time of Crisis: The Gung Ho Story in China's Anti-Japanese Resistance," in Anthony Webster, et. al., eds., *The Hidden Alternatives: Co-operative Values, Past, Present and Future* (Manchester: United Nations University Press, 2012), Chap. 17.

Conway, Ed. *The Summit Bretton Woods, 1944: J. M. Keynes and the Reshaping of the Global Economy* (New York: Pegasus Books, 2014).

Cooper, Frederick. *Decolonization and African Society: The Labor Question in French and British Africa* (Cambridge: Cambridge University Press, 1996).

Cox, Robert W. *Production, Power, and World Order: Social Forces in the Making of History* (New York: Columbia University Press, 1987).

Eastman, Mack. "The European Coal Crisis, 1926–1927," *International Labour Review,* 17–2 (February 1928), pp. 157–178.

Ekbladh, David. "American Asylum: The United States and Campaign to Transplant the Technical League, 1939–1940," *Diplomatic History*, 39–4 (April 2015), pp. 629–660.

Ekbladh, David. *The American Mission: Modernization and the Construction of an American World Order* (Princeton: Princeton University Press, 2010).

Federici, Silvia. *Caliban and Witch: Women, the Body and Primitive Accumulation* (2004, reprinted Dublin: Penguin Classics, 2021), 小田原琳・後藤あゆみ訳『キャリバンと魔女－資本主義に抗する女性の身体－』(以文社, 2017 年)。

Forclaz, Amalia Ribi. "A New Target for International Social Reform: The International Labour Organization and Working and Living Conditions in Agriculture in the Inter-War Years," *Contemporary European History*, 20-3 (July 2011), pp. 307-329.

Forclaz, Amalia Ribi. "From Reconstruction to Development: The Early Years of the Food and Agriculture Organization (FAO) and the Conceptualization of Rural Welfare, 1945-1955," *International History Review*, 41-2 (January 2018), pp. 351-371.

Fung, Edmund S. K. *The Diplomacy of Imperial Retreat: Britain's South China Policy, 1924-1931* (Oxford University Press, 1991).

Garner, Karen. *Precious Fire: Maud Russel and the Chinese Revolution* (University of Massachusetts Press, 2003).

Garner, Karen. "Redefining Institutional Identity: The YWCA Challenge to Extraterritoriality in China, 1925-1930," *Women's History Review*, 10-3 (March 2001), pp. 409-440.

Garner, Karen. *Shaping a Global Women's Agenda: Women's NGOs and Global Governance, 1925-1985* (Manchester: Manchester University Press, 2010).

Ghebali, Victor-Yves. *La France en guerre et les organizations internationals* (Paris: Mouton, 1969).

Ghebali, Victor-Yves. *The International Labour Organization: A Case Study on the Evolution of U.N. Specialized Agencies* (Dordrecht: M. Nijhoff, 1989).

Goldman, Lawrence. *The Life of R. H. Tawney: Socialism and History* (London: Bloomsbury, 2013).

Goodway, David. "G. D. H. Cole: A Socialist and Pluralist," in Peter Ackers and Alastair J. Reid, eds., *Alternatives to State-Socialism in Britain: Other World of Labour in the Twentieth Century* (Cham: Palgrave Macmillan, 2016), pp. 249-256.

Guthrie, Jason. "The ILO and the International Technocratic Class, 1944-1966," in Sandrine Kott and Joëlle Droux, eds., *Globalizing Social Rights: The International Labour Organization and Beyond* (New York: Palgrave, 2013), Chap. 7

Haas, Ernst B. *Beyond the Nation-State: Functionalism and International Organization* (Stanford: Stanford University Press, 1964).

Haas, Peter M. "Introduction: Epistemic Communities and International Policy Coordination," *International Organization*, 46-1 (Winter 1992), pp. 16-20.

Haworth, Nigel and Stephen Hughes, "Internationalization, Industrial Relations Theory and International Relations," *The Journal of Industrial Relations*, 42-2 (June 2000), pp. 195-213.

Haworth, and Nigel Stephen Hughes, "A Shift in the Centre of Gravity: The ILO under Harold Butler and John G. Winant," in Jasmien Van Daele, et al. eds., *ILO Histories: Essays on the International Labour Organization and Its Impact on the World during the Twentieth Century* (Bern: Peter Lang, 2010), pp. 293-311.

Helleiner, Eric. *Forgotten Foundations of Bretton Woods: International Development and the Making of Postwar Order* (Ithaca: Cornell University Press, 2014).

Helleiner, Eric and Jonathan Kirshner, "The Politics of China's International Monetary Relations," in id., eds., *The Great Wall of Money: Power and Politics in China's International Monetary Relations* (Ithaca: Cornell University Press, 2014), Chap. 2

Herren, Madeleine. "Global Corporatism after First World War - the Indian Case," in Sandrine Kott and Joëlle Droux, eds., *Globalizing Social Rights: The International Labour Organization and Beyond* (New York: Palgrave, 2013), Chap. 8.

Hidalgo-Weber, Olga. "Social and Political Networks and the Creation of the ILO: The Role of British Actors," in Sandrine Kott and Joëlle Droux, eds., *Globalizing Social Rights: The International Labour Organization and Beyond* (New York: Palgrave, 2013), Chap. 1.

Hinder, Eleanor M. *Life and Labour in Shanghai: A Decade of Labour and Social Administration in the International Settlement* (New York: International Secretariat Institute of Pacific Relations, 1944).

Honig, Emily. *Sisters and Strangers: Women in the Shanghai Cotton Mills, 1919–1949* (Stanford: Stanford University Press, 1986).

Horn, Gerd-Rainer. *European Socialists Respond to Fascism: Ideology, Activism and Contingency in the 1930s* (Oxford: Oxford University Press, 1996).

Hunter, Janet. "Britain and the Japanese Economy during the First World War," in Philip Towle and Nobuko Margaret Kosuge eds., *Britain and Japan in the Twentieth Century* (London: I.B. Tauris, 2007), pp. 15–32.

Imlay, Talbot C. *The Practice of Socialist Internationalism: European Socialists and International Politics, 1914–1960* (Oxford: Oxford University Press, 2018).

Jackson, Isabella. *Shaping Modern Shanghai: Colonialism in China's Global City* (Cambridge: Cambridge University Press, 2018).

Jensen, Jill. "From Geneva to the Americas: The International Labor Organization and Inter-American Social Security Standards, 1936–1948," *International Labor and Working-Class History*, 80 (Fall 2011), pp. 215–240.

King, Marjorie. *China's American Daughter: Ida Pruitt (1888–1985)* (Hong Kong: Chinese University Press, 2006)

Kott, Sandrine "Competing Internationalisms: The Third Reich and the International Labour Organization," in Sandrine Kott and Kiran Klaus Patel, eds., *Nazism across Borders: The Social Policies of the Third Reich and their Global Appeal* (Oxford: Oxford University Press, 2018), Chap. 2.

Kott, Sandrine. "Constructing a European Social Model: The Fight for Social Insurance in the Interwar Period," in Jasmien Van Daele, et al. eds., *ILO Histories: Essays on the International Labour Organization and Its Impact on the World during the Twentieth Century* (Bern: Peter Lang, 2010), pp. 173–195.

Kott, Sandrine. "From Transnational Reformist Network to International Organization: The International Association for Labour Legislation and the International Labour Organization, 1900–1930s," in Davide Rodogno, Bernhard Struck and Jakob Vogel, eds., *Shaping the Transnational Sphere: Experts, Networks and Issues from the 1840s to the 1930s* (New York: Berghan Books, 2015), Chap. 11.

Kott, Sandrine. "Fighting the War or Preparing for Peace: The ILO during the Second World War," *Journal of Modern European History*, 12 (April 2014), pp. 359–376.

Kott, Sandrine. "Organizing World Peace: The International Labour Organisation from the Second World War to the Cold War," in Stefan-Ludwig Hoffmann, et. al eds., *Seeking Peace in the Wake of War: Europe, 1943–1947* (Amsterdam: Amsterdam University Press, 2015), pp. 297–314.

Korbet, Rebecca Bronwyn. "The Labour M.P. George N. Barnes and the Creation of the International Labour Office in 1919," Ph.D. Thesis (King's College London, 2019).

Large, Stephen S. *Organized Workers and Socialist Politics in Interwar Japan* (Cambridge: Cambridge University Press, 1981).

Lattimore, Owen. *Solution in Asia* (Boston: Little, Brown and Company, 1945).

Lewis, John, Karl Polanyi and Donald K. Kitchin, eds., *Christianity and the Social Revolution* (London: Gollancz, 1935).

Littell-Lamb, Elizabeth A. *The YWCA in China: The Making of a Chinese Christian Women's Institution, 1899–1957* (Vancouver: UBC Press, 2023).

Long, David. *Towards a New Liberal Internationalism: The International Theory of J.A. Hobson* (Cambridge: Cambridge University Press, 1996).

Lorenzini, Sara. *Global Development: A Cold War History* (Princeton: Princeton University Press, 2019). 三須拓也・山本健訳『グローバル開発史－もう一つの冷戦－』（名古屋大学出版会，2022 年）。

Loy-Wilson, Sophie. "'Liberating' Asia: Strikes and Protest in Sydney and Shanghai, 1920–1939," *History Workshop Journal*, 72 (August 2011), pp. 75–102.

Lubin, Carl R. and Anne Winslow. *Social Justice for Women: The International Labor Organization and Women* (Durham: Duke University Press, 1990).

Ma, Tehyun. "'The Common Aim of the Allied Powers': Social Policy and International Legitimacy in Wartime China, 1940–47," *Journal of Global History*, 9–2 (2014), pp. 254–275.

Maier, Charles S. *Recasting Bourgeois Europe: Stabilization in France, Germany, and Italy in the Decade after World War I* (Princeton University Press, 1975).

Matsumura, Wendy. *Waiting for the Cool Moon: Anti-imperialist Struggles in the Heart of Japan's Empire* (Durham: Duke University Press, 2024).

Maurette, Fernand. "An Inquiry into Working Conditions in Coal Mines," *International Labour Review*, 17–6 (June 1928), pp. 785–801.

Maul, Daniel. *Human Rights, Development and Decolonization: The International Labour Organization, 1940–70* (New York: Palgrave Macmillan, 2012).

Mayer, Arno J. *Politics and Diplomacy of Peacemaking: Containment and Counterrevolution at Versailles, 1918–1919* (New York: Vintage, 1967).

McKillen, Elizabeth. "Beyond Gompers: The American Federation of Labor, the Creation of the ILO, and the US Labor Dissent," in Jasmien Van Daele, et al. eds., *ILO Histories: Essays on the International Labour Organization and Its Impact on the World during the Twentieth Century* (Bern: Peter Lang, 2010), Chap. 2.

Milani, Tommaso. *Hendrik de Man and Social Democracy: The Idea of Planning in Western Europe, 1914–*

1940 (Cham: Palgrave Macmillan, 2020).

Mitter, Rana. *Forgotten Ally: China's World War II 1937–1945* (Boston: Mariner Books, 2014).

Morse, David A. *The Origin and Evolution of the I.L.O. and Its Role in the World Community* (New York: New York State School of Industrial and Labor Relations, 1969).

Moyn, Samuel. *Not Enough: Human Rights in an Unequal World* (Cambridge: The Belknap Press of Harvard University Press, 2018).

Nash, June C. *We Eat the Mines and the Mines Eat Us: Dependency and Exploitation in Bolivian Tin Mines* (New York: Columbia University Press, 1993).

Oyen, Meredith. "Fighting for Equality: Chinese Seamen in the Battle of the Atlantic, 1939–1945," *Diplomatic History*, 38-3 (March 2014), pp. 526–548.

Packard, Randall M. *A History of Global Health: Interventions into the Lives of Other Peoples* (Batimore: Johns Hopkins University Press, 2016).

Paoli, Simone. "A European Society?: Social Policy and Migration," in Brigitte Leucht, Katja Seidel, Laurent Warlouzet, eds., *Reinventing Europe: The History of the European Union, 1945 to the Present* (London: Bloomsbury Academic, 2023), Chap. 12.

Patel, Kiran Klaus. *The New Deal: A Global History* (Princeton: Princeton University Press, 2016).

Pedersen, Susan. *The Guardians: The League of Nations and the Crisis of Empire* (Oxford: Oxford University Press, 2015).

Perkins, Frances. *The Roosevelt I Knew* (New York: Viking Press, 1946).

Pernet, Corinne A. "Developing Nutritional Standards and Food Policy: Latin American Reformers between the ILO, the League of Nations Health Organization, and the Pan-American Sanitary Bureau," in Sandrine Kott and Joëlle Droux, eds., *Globalizing Social Rights: The International Labour Organization and Beyond* (New York: Palgrave, 2013), Chap, 14.

Perry, Elizabeth J. *Shanghai on Strike: The Politics of Chinese Labor* (Stanford: Stanford University Press, 1993).

Phelan, Edward J. *Yes and Albert Thomas* (London: Cresset, 1936).

Plata-Stenger, Véronique. *Social Reform, Modernization and Technical Diplomacy: The ILO Contribution to Development (1930–1946)* (Berlin/Boston: Walter de Gruyter GmbH, 2021).

Plesch, Dan and Thomas G. Weiss, eds., *Wartime Origins and the Future United Nations* (New York: Routledge, 2015).

Pône, Camille. "Towards the Establishment of a Factory Inspectorate in China," *International Labour Review*, 25-5 (May 1932), pp. 591–604.

Porter, Robin. *Industrial Reformers in Republican China* (Armonk: M. E. Sharpe, 1994).

Rauchway, Eric. *Great Depression and the New Deal: A Very Short Introduction* (Oxford: Oxford University Press, 2008).

Rauchway, Eric. *The Money Makers: How Roosevelt and Keynes Ended the Depression, Defeated Fascism, and Secured a Prosperous Peace* (New York: Basic Books, 2015).

Reinisch, Jessica. *The Perils of Peace: The Public Health Crisis in Occupied Germany* (Oxford: Oxford University Press, 2013).

Reinolda, Bob, ed., *The International Transportworkers Federation 1914–1945* (Amsterdam: Stichting beheer IISG, 1997).

Rogaski, Ruth. *Hygienic Modernity: Meanings of Health and Disease in Treaty-Port China* (Berkeley: University California Press, 2004).

Roger Louis, Wm. *Imperialism at Bay: The United States and the Decolonization of the British Empire, 1941–1945* (New York: Oxford University Press, 1978).

Shotwell, James T. eds., *Origins of the International Labour Organization* (New York: Columbia University Press, 1934).

Sinclair, Guy Fiti. *To Reform the World: International Organizations and the Making of Modern States* (Oxford: Oxford University Press, 2017).

Staley, Eugene. *World Economic Development: Effects on Advanced Industrial Countries* (Montreal: International Labour Office, 1945).

Stein, Oswald. "Building Social Security," *International Labour Review*, 44-3 (September 1941), pp. 247–274.

Steiner, Zara. *The Lights That Failed: European International History 1919–1933* (Oxford: Oxford University Press, 2005).

Sun Yat-sen, *The International Development of China* (New York: Putnam, 1922).

Tawney, Richard H. *Land and Labour in China* (London: George Allen & Unwin, 1932).

Teh, Limin. "The International Labour Organization and the Labour Question in Republican China, 1919–1938," in Stefano Bellucci and Holger Weiss, eds., *The Internationalisation of the Labour Question: Ideological Antagonism, Workers' Movements and the ILO since 1919* (Cham: Palgrave Macmillan, 2020), pp. 279–300.

Teng, Henry S. and Rosaline S. Teng Xu. *Our Mother and the Shanghai YWCA in the 1930s: Autobiography of Helen Chung Teng* (Amazon KDP Publishing, 2024).

Tosstorff, Reiner. "The International Trade-Union Movement and the Founding of the International Labour Organization," *International Review of Social History*, 50–3 (December 2005), pp. 399–433.

Van Daele, Jasmien. "Engineering Social Peace: Networks, Ideas, and the Founding of the International Labour Organization," *International Review of Social History*, 50–3 (December 2005), pp. 435–466.

Van Daele, Jasmien. "Writing ILO Histories," Jasmien Van Daele, et al. eds., *ILO Histories: Essays on the International Labour Organization and Its Impact on the World during the Twentieth Century* (Bern: Peter Lang, 2010), Chap. 1.

Van Daele, Jasmien. "Industrial States and Transnational Exchanges of Social Policies: Belgium and the ILO in the Interwar Period," in Sandrine Kott and Joëlle Droux, eds., *Globalizing Social Rights: The International Labour Organization and Beyond* (New York: Palgrave, 2013), Chap. 11.

Van Goethem, Geert. "Phelan's War: The International Labour Organization in Limbo," in Jasmien Van Daele, et al. eds., *ILO Histories: Essays on the International Labour Organization and Its Impact on the World during the Twentieth Century* (Bern: Peter Lang, 2010), Chap. 13.

Van Goethem, Geert. *The Amsterdam International: The World of the International Federation of Trade Unions (IFTU), 1913–1945* (Aldershot: Ashgate, 2006).

van Voss, Lex Heerma. "The International Federation of Trade Unions and the Attempt to Maintain the Eight-Hour Working Day," in F. Holthoon and M. Linden, eds., *Internationalism in the Labour Movement 1830–1940 II* (Amsterdam: Brill, 1988), pp. 518–542.

Wales, Nym, [Helen Foster Snow], *China Builds for Democracy: A Story of Cooperative Industry* (1941, reprinted Beijing: Foreign Languages Press, 2004).

Weiler, Peter. *Ernest Bevin* (Manchester: Manchester University Press, 1993).

Wheelhouse, Frances. *Eleanor Mary Hinder: An Australian Women's Social Welfare Work in China between the Wars* (Sydney: Wentworth Books, 1978).

Winant, John G. "The Pursuit of Happiness in the Economic and Social World," *International Conciliation*, 422 (June 1946), pp. 281–292.

Xing, Jun. *Baptized in the Fire of Revolution: The American Social Gospel and the YMCA in China 1919–1937* (Bethlehem: Lehigh University Press, 1996).

Zahra, Tara. *Against the World: Anti-Globalism and Mass Politics between the World Wars* (New York: W. W. Norton, 2023).

Zahra, Tara. *The Great Departure: Mass Migration from Eastern Europe and the Making of the Free World* (New York: W. W. Norton & Company, 2017).

Zahra, Tara. *The Lost Children: Reconstructing Europe's Families after World War II* (Cambridge: Harvard University Press, 2011). 三時眞貴子ほか訳『失われた子どもたち－第二次世界大戦後のヨーロッパの家族再建－』（みすず書房，2019 年）。

中国語文献

沈國儀『孔祥熙傳』（台北 : 国際村文庫書店，1996 年）。

陳珠如「基督教與工業改造－以 1927 年「基督化經濟關係全國大會」例－」（桃園市：中原大學宗教研究所學位論文，2016 年）。

張力『國際合作在中国－國際聯盟角色的考察 , 1919-1946 －』（台北：中央研究院近代史研究所，1999 年）。

許金生『近代上海日資工業史（1884-1937）』（上海：学林出版社，2009 年）。